Karl Jäger war ein Direkttäter »vor Ort«. Als SS-Standartenführer leitete er die Ermordung der litauischen Juden, zunächst in der Funktion des Chefs des Einsatzkommandos 3 (EK 3), dann als Kommandeur der Sicherheitspolizei und des Sicherheitsdienstes (KdS) in Kaunas / Litauen. In seinem Tätigkeitsbericht vom 1. Dezember 1941 meldete er seinen Vorgesetzten die Exekution von 137 346 Juden und prahlte, Litauen sei jetzt »judenfrei«. Dieser detaillierte Täterbericht stellt ein Schlüsseldokument zur Geschichte des Holocaust dar.

Wer war dieser Polizeioffizier aus dem zweiten Glied der SS-Hierarchie, der sich selbst als Soldat verstand? Wie konnte aus dem feinsinnigen Musiker und Instrumentenbauer einer der effizientesten Massenmörder der NS-Zeit werden? Wette schildert nicht nur die deutschen und litauischen Täter. Er gibt auch den Opfern ein Gesicht. Nach dem Krieg führte Jäger zunächst ein unbehelligtes Leben, bis er 1959 verhaftet wurde und sich im Zuchthaus Hohenasperg bei Ludwigsburg das Leben nahm. In seiner südbadischen Heimatstadt – sie ist auch der Wohnort des Autors – löste die erst Jahrzehnte später erfolgte Aufdeckung der Taten Jägers Entsetzen, Ängste und Abwehrreaktionen aus.

Wolfram Wette, geboren 1940, Dr. phil., Historiker und freier Autor, 1971 – 1995 am Militärgeschichtlichen Forschungsamt (MGFA) in Freiburg i. Br.; Mitbegründer der Historischen Friedensforschung; seit 1998 apl. Professor an der Universität Freiburg; Ehrenprofessor der russischen Universität Lipezk.
Veröffentlichungen u. a.: »Ursachen und Voraussetzungen des Zweiten Weltkrieges« (zus. mit W. Deist, M. Messerschmidt, H.-E. Volkmann, Fischer-Taschenbuch Bd. 4432); »Der deutsche Überfall auf die Sowjetunion 1941« (als Mithrsg. zus. mit G.-R. Ueberschär, Bd. 19063); »Stalingrad« (als Mithrsg. zus. mit G.-R. Ueberschär, Bd. 11097); »Retter in Uniform. Handlungsspielräume im Vernichtungskrieg der Wehrmacht« (als Hrsg., Bd. 15221); »Zivilcourage. Empörte, Helfer und Retter aus Wehrmacht, Polizei und SS« (als Hrsg., Bd. 15852); »Die Wehrmacht. Feindbilder, Vernichtungskrieg, Legenden« (als Autor, Bd. 15645); »Militarismus in Deutschland. Geschichte einer kriegerischen Kultur« (als Autor, Bd. 18149).

Unsere Adresse im Internet: www.fischerverlage.de

Wolfram Wette

Karl Jäger

Mörder der litauischen Juden

Mit einem Vorwort
von Ralph Giordano

Fischer Taschenbuch Verlag

Die Zeit des Nationalsozialismus
Eine Buchreihe
Herausgegeben von Walter H. Pehle

Originalausgabe
Veröffentlicht im Fischer Taschenbuch Verlag,
einem Unternehmen der S. Fischer Verlag GmbH,
Frankfurt am Main, Mai 2011

© S. Fischer Verlag GmbH, Frankfurt am Main 2011
Alle Rechte vorbehalten
Satz: pagina GmbH, Tübingen
Druck und Bindung: Druckerei C. H. Beck, Nördlingen
Printed in Germany
ISBN 978-3-596-19064-5

Inhalt

»*Es ist nicht leicht oder angenehm, in diesem Abgrund des Bö-*
sen zu graben. [...] Man ist versucht, sich erschaudert abzu-
wenden und sich zu weigern, zu sehen und zu hören: Das ist
eine Versuchung, der man widerstehen muss.«

Primo Levi[1]

Vorwort

Am 22. Juni 1941 überfällt die Wehrmacht die Sowjetunion (mit der Deutschland im August 1939 einen Nichtangriffspakt geschlossen hatte). Es ist der Eintritt in ein neues Zeitalter des Verbrechens von Menschen an Menschen, etwas, das wir uns angewöhnt haben, Holocaust oder Shoah zu nennen – die Vernichtung der Juden im deutsch besetzten Europa während des Zweiten Weltkrieges, eine Tötungsenergie, wie die Welt sie noch nicht erlebt hatte.

Jetzt treten die sogenannten Einsatzgruppen auf, über die ganze 2000 Kilometer lange Front zwischen Leningrad und Schwarzem Meer verteilte mobile Todeskommandos, die mit Hilfe einheimischer Helfer innerhalb von weniger als einem Jahr in den baltischen Staaten, in Russland, Weißrussland und der Ukraine über eine Million Menschen umbringen werden, überwiegend Juden. Es ist so etwas wie der »wilde Holocaust«, die Ouvertüre, der Genozid vor seiner Technisierung durch die Gaskammern und Hochöfen der stationären Todesfabriken Auschwitz, Treblinka, Belzec, Sobibor und Chelmno.

Ein Teil des Dramas, seine Initialzündung, wird der Untergang der Litauer Judenheit. Er vollzieht sich in weniger als einem halben Jahr, von Ende Juni bis Ende November 1941, und ist akribisch aufgezeichnet in einem Dokument, das in der Holocaustforschung kaum seinesgleichen haben dürfte: dem »Jägerbericht« vom 1. Dezember 1941, ein früher Einblick in das Zeitalter der neuen Massenvernichtung, eine in den »Ereignismeldungen« an die Berliner Vernichtungszentrale Reichssicherheitshauptamt übermittelte Chronik, wann und wo wie viele Menschen erschossen oder erschlagen worden sind.

Benannt worden ist der Bericht nach Karl Jäger (1888–1959), Kommandeur des Einsatzkommandos 3 der Einsatzgruppe A, mit Schwerpunkt in Kaunas. Es ist die Probe aufs Exempel – wann immer es ab jetzt der Mörder bedurfte, sie waren zur Stelle. Wobei der Radius des Vernichtungsapparates stets identisch war mit dem der deutschen Fronten, ob

Vormarsch oder Rückzug – der territoriale Machtbereich der Wehrmacht bildet die Voraussetzung für den Holocaust.

Und Karl Jäger wird zu seinem pedantischen Protokollanten auf litauischem Boden, dem es auf die Ziffer hinter dem Komma ankommt. Nur dass er nicht Erbsen zählte, sondern Leichen.

Seine Biographie ist eingeschlossen in die Geschichte des deutschen Nationalsozialismus und seinen Zeitgeist, eine weithin exemplarische Sozialisierung im Schoße der deutschen Rechten, mit frühem Eintritt in die NSDAP, schon 1923. Es ist ein Dasein, das man vor diesem Hintergrund überblickhaft vereinfachen kann auf die Formel: Ein Musiker aus der südbadischen Kleinstadt Waldkirch wird zum Henker, ein Orgelbauer zum Buchhalter des Todes. Unheimlicherweise verlässt einem beim Studium dieser Vita nicht das dumpfe Gefühl, es hier mit einem zeitgenössisch austauschbaren Schicksal zu tun zu haben. Karl Jäger wird jedenfalls nicht mit Teufelshörnern und Pferdehuf geboren, wohl aber zu einem der effizientesten Massenmörder der neueren Geschichte werden. Wir müssen mit der Erfahrung fertig werden, dass es viele seinesgleichen gegeben hat.

Den Anfang des Großpogroms übernehmen die Litauer selbst, noch bevor die Tötungsmaschine der Deutschen angeworfen ist – der Mob bedarf keiner speziellen Aufforderung, er weiß sich einig mit den Siegern und ihrer Übermacht. So kommt es in den ersten vierzehn Tagen nach dem Einmarsch schon zu einem wahren Tötungsrausch, komprimiert zwischen dem 25. und 29. Juni 1941 – Mord auf offener Straße und in Anwesenheit grinsender Wehrmachtangehöriger; Massenerschießungen durch rasch zusammengestellte litauische Peletons; stählerne Brechstangen als Tötungswerkzeug. Die Kollaborationsbereitschaft von Teilen der Bevölkerung ist erschreckend.

Dann sehr rasch die Ausweitung des Verbrechens über die Kollaboranten hinaus, die Expansion der Vernichtung durch die mobilen Todeskommandos, darunter das Jägersche Nr. 3; die Ghettoisierung der Juden in Kaunas; dann Namen, die bis dahin keiner kannte, die nun aber zu schrecklicher Bedeutung kommen: Rokiskis, Kedainiai, Paneriai und Hunderte andere, sie alle mit dem gleichen Merkmal – Leichengebirge.

Über allem aber der Herr der *killing fields*, Anführer des Einsatzkommandos 3, der Kommandeur der Sicherheitspolizei und des Sicherheitsdienstes für den Generalbezirk Litauen – Karl Jäger.

Der hat ein Bewährungssyndrom, eine psychoneuralgische Störung, mit fürchterlichen Folgen für die Juden Litauens. Jäger ist der Älteste der Einsatzgruppen- und -kommandoführer, ohne den akademischen Bildungsstand seiner jüngeren »Kollegen«. Das erzeugt einen Druck, sich selbst und anderen fortwährend beweisen zu müssen, dass er »mithalten« kann und nicht zu alt ist für die »Aufgabe«, die er hat. Er musste »besser sein«, musste höhere Mordziffern als andere vorweisen, wenn er vor seinen gebildeteren Kameraden und Vorgesetzten bestehen wollte.

Und das kann er: 133 346 ermordete Juden innerhalb von fünf Monaten, von Ende Juni bis Ende November 1941, so die jubelnde Bilanz des *Jäger-Berichts*, ein bürokratischer Fanfarenstoß, der Triumph einer persönlichen Vollzugsmeldung: »Ganz Litauen ist nunmehr judenfrei.«

Sein »Bericht« lag den Nürnberger Tribunalen (1945–1949) noch nicht vor, obwohl der Sowjetführung schon während des Krieges eine Ausfertigung in die Hände gefallen war. Und so übergab das sowjetische Außenministerium erst im Jahr 1963 das Dokument lustlos der Ludwigsburger Zentralen Stelle für die Aufklärung von NS-Verbrechen.

Da war Jäger schon seit vier Jahren tot.

Es ist eine Lektüre, die kein Mensch ohne Pausen und Unterbrechungen durchstehen kann. Was sich von Seite zu Seite immer mehr auftut, ist der kaum aushaltbare Gegensatz zwischen der entmenschten Statistik Karl Jägers und der blutigen Wirklichkeit dahinter durch die Zeugnisse der wenigen Überlebenden; der fürchterliche Kontrast zwischen der zahlenversessenen Bürokratie des Holocaust und seiner Individualisierung und Personifizierung durch die Entkommenen.

Aus dem Munde der Täter selbst erfahren wir nichts. Kein Wort, keine Silbe, kein Buchstabe, wie ihre Opfer entrechtet, ausgeraubt und schließlich umgebracht wurden – nur Schweigen. Schweigen über einen Ausrottungsfeldzug im Schatten der Wehrmacht, von logistischer Hilfe bis zu aktiver Beteiligung an den Exekutionen. Hatte es 1939/40 im besetzten Polen bei der sogenannten Flurbereinigung der SS (grausame »Umsiedlung« von Juden, mit Tausenden von Toten) noch offen geäußerte Empörung durch hohe Offiziere gegeben – davon jetzt keine Spur mehr.

Umso leuchtender die wenigen Gegenbeispiele von »unten«, wie das des Feldwebels Anton Schmid, der dem jüdischen Widerstand im Ghetto von Wilna half und dafür mit dem Leben bezahlen musste.

Das Neue, Ungeheuerliche, was da in die Geschichte der Menschheit einzieht, konnte aber selbst bei den Mördern nicht ganz ohne Wirkung bleiben – auch Karl Jäger musste zunächst mit inneren Hemmungen fertig werden. So hat er einem noch Schuldigeren, dem SS-Offizier, Chef der Einsatzgruppe A und Befehlshaber der Sicherheitspolizei Ostland, Heinz Jost, das Geständnis gemacht: Er sei ein verlorener Mensch, ihm nütze weder ein Sanatoriumsaufenthalt noch ein Urlaub, denn er fände keine Ruhe mehr, könne nicht mehr schlafen, und weder seiner Frau guten Gewissens gegenübertreten noch seine Enkel auf den Schoß nehmen, wenn er an die Erschießungen denke …

Wir kennen ähnliche Äußerungen von ehemaligen Angehörigen der Einsatzkommandos, ohne dass solche Hemmnisse faktische Folgen hatten. Es waren dann auch verschwindend wenige, die sich der Massentötungen an wehrlosen Männern, Frauen und Kindern verweigerten, ohne dass auch nur einer von ihnen dadurch einen Karriereknick hinnehmen musste, kein Einziger. Allerdings waren es wenige genug, und es bleibt die Frage, ob es bei größerer Verweigerung nicht sehr wohl zu drastischen Konsequenzen gekommen wäre.

Jägers innere Hemmnisse, wenn es sie denn tatsächlich gegeben hätte, haben zu keinem Zeitpunkt auch nur in die Nähe einer Verweigerung geführt. Eher wirkten sie noch über das »Soll« hinaus stimulierend.

Karl Jäger überstand den Zweiten Weltkrieg, er floh nach dessen Ende nicht und tauchte auch nicht unter, sondern lebte in der Nähe der alten Universitätsstadt Heidelberg unter seinem richtigen Namen, verschwieg aber seine Zugehörigkeit zu NS-Organisationen. Die Entnazifizierung stufte ihn als »nichtbelastet« ein.

Viele Sorgen seiner Landsleute wegen brauchte Karl Jäger sich damals in den 1950er Jahren nicht zu machen. Ihr überwiegender Teil hatte mit der Aufarbeitung des Dritten Reiches nichts im Sinn, und mit der eigenen Rolle darin schon gar nicht. Und so dauerte es denn auch noch vierzehn Jahre, bis Jäger festgenommen wurde – am 10. April 1959, wegen »Mordverdachts«. Man stockt …

Sein Verhalten in der Haft war charakteristisch für Täter seiner Gattung, und stimmt völlig überein mit meinen Beobachtungen bei den NS-Prozessen vor bundesdeutschen Schwurgerichten über Jahrzehnte hin. Genaue Erinnerungen bis in kleinste Details an alles jenseits des Tatbereichs, aber notorischer Gedächtnisschwund, sobald es um seine Rolle als Kommandeur des Einsatzkommandos 3 ging. Die leugnete er nicht, wollte aber mit den Erschießungen nichts zu tun gehabt haben, sondern nur ihr Chronist gewesen sein. Als hätten seine Männer aus eigenem Antrieb ein Massaker nach dem anderen verübt. Manchmal, so eine Einlassung von ihm, habe er mit Tränen in den Augen in seiner Dienststelle gesessen …

Das sind so die Augenblicke, in denen das Bedürfnis, nicht mehr weiterzulesen, übermächtig wird.

Nun endlich aber war er gefasst, nach später Fahndung. Zu einem Urteil kommt es dennoch nicht. In der Nacht vom 22. auf den 23. Juni 1959 erhängte sich der 73jährige in seiner Zelle mit einem Stromkabel.

Juristen der Zentralen Stelle der Landesjustizverwaltungen zur Aufklärung von NS-Verbrechen kommen in ihrem Abschlussbericht vom 30. Oktober 1959 zu dem Ergebnis: Für die Vernichtung der Juden Litauens müsse, neben Hitler, Himmler und Heydrich, der SS-Standartenführer Karl Jäger verantwortlich gemacht werden. Eine höhere Einstufung in die Täterhierarchie kann es nicht geben.

Juristisch aber hat er gerade mal mit drei Monaten und zwölf Tagen Untersuchungshaft gebüßt – zwischen Verhaftung und Freitod.

Deutschland, deine Täter …

In seiner Heimatstadt Waldkirch wurde von diesem Selbstmord kaum Notiz genommen. Dort war Jäger bei Besuchen freundlich begrüßt und von niemandem behelligt worden. Dunkle Gerüchte wurden ignoriert, und so sollte es lange bleiben.

Mit anderen Worten, die Mehrheit der südbadischen Kleinstadt verhielt sich wie die übrige Nation in der Nachkriegszeit – sie forderte den Schlussstrich. Nicht Karl Jäger war für sie das Problem, sondern jene Nestbeschmutzer, die Aufklärung forderten über die Biographie des erfolgreichsten unter den damaligen Einsatzkommandochefs.

Stark angefeindeter Oberbeschmutzer aber, die Persona non grata weit übers Örtliche hinaus, war und ist der Waldkircher Bürger Wolfram Wette, Autor dieses und zahlreicher anderer Bücher im Dienste der Aufklärung über den Nationalsozialismus und seine Folgen. Er hat die Personalie Karl Jäger zum »Fall« gemacht, was ihm nachgewiesenermaßen bestimmte Kreise auch über fünfundsechzig Jahre nach dem Un-

tergang des Dritten Reiches sowohl heimlich wie auch offen übelneh-
men.

Und so widerspiegelt sich im Mikrokosmos Waldkirch der Makro-
kosmos der ganzen deutschen Nachkriegsgesellschaft: Angstbesetzte
Verdrängung, sprachlose Abwehr, tiefe innere Beziehungslosigkeit zur
Welt der Opfer, und sei ihr Leid auch noch so überwältigend dokumentiert, Gefühlskälte, Generationenkonflikte – beschwiegene Schuld. Wette
schreibt: »Hier wird der Grundkonsens der Demokratie gefährdet.« Ja!

Ich habe das die »zweite Schuld« genannt, die nach der ersten unter
Hitler. Das aber nicht bloß als eine rhetorische oder moralische Kate-
gorie, sondern als fest im Schoß der Gesellschaft verankerter »großer
Frieden mit den Tätern«. Von wenigen Ausnahmen abgesehen sind sie
straffrei davongekommen, sie konnten ihre Karrieren auch unbeschadet
fortsetzen – eine Fehlgeburt der Bundesrepublik Deutschland.

Da atmet man auf, wenn die Rede ist von historisch interessierten Bür-
gern, die im Rahmen einer städtischen Kulturwoche mit dem Thema
»Waldkirch 1939 – davor und danach« das Tabu »Karl Jäger« gebrochen
haben. Und wenn ich lese, wie Schülerinnen und Schüler des Geschwis-
ter-Scholl-Gymnasiums Überlebenden begegnet sind, die nach Waldkirch eingeladen waren, dann wird mir ganz warm ums Herz. Die »De-
ckel-zu«-Fraktion ist stark, hat inzwischen aber an Boden verloren.

Und Litauen – heute?

Die exemplarische Haltung unterscheidet sich von der der Waldkircher kaum – Wahrnehmung der Vergangenheit und Auseinandersetzung
mit ihr erfolgen hochselektiv.

Dabei steht die Opferrolle unter Moskauer Herrschaft (1940–1941
und 1944–1989) ganz im Vordergrund, während die deutschen Jahre
(1941–1944) nahezu kollektiv verschwiegen werden. Und damit ab-
sichtsvoll auch der Holocaust an den Juden Litauens.

Diese Sichtweise bestätigt sich beispielhaft an einer an der Außenwand
des traditionsreichen Polizeigebäudes in Kaunas angebrachten Gedenktafel. Sie erinnert an die »Russenjahre«1940/41 und 1944–1989, blendet
aber die drei Jahre unter deutscher Besatzung völlig aus. Kein Wort davon, dass hier auch Karl Jäger bis zu seiner Versetzung vom 1. August
1943 residiert hatte.

Obwohl den Litauern bald entgegen ihren Hoffnungen klarwurde, dass die neuen Herren dem Land keine Selbständigkeit geben würden, sondern der einheimischen Verwaltung einfach die deutsche übergestülpt wurde – der litauische Widerstand war, wenn überhaupt, schwach. Hier war vielleicht mehr so etwas wie eine lokale Komplizenschaft zwischen Mördern, ein arbeitsteiliger Korpsgeist des schlechten Gewissens entstanden. Die Viertelmillion insgesamt umgebrachter litauischer Juden liegt nicht nur wie ein Stein auf der deutschen Geschichte, sie war und ist bis heute auch die schwerste Hypothek des Baltenstaates, Quelle jenes »Schweige- und Leugnungskartells«, das immer noch in Kraft ist, obwohl auch dort neue Generationen herangewachsen sind.

Seit 1998 gibt es zwar eine internationale Kommission zur Erforschung nationalsozialistischer und sowjetischer Verbrechen in Litauen, an der unterschiedlichen »Rangordnung« beider hat sich im öffentlichen Bewusstsein des Landes jedoch wenig geändert. Längst verklärt ein Kult heroischer Taten gegen die Sowjetherrschaft die eigene Geschichte, während gleichzeitig jede Selbstkritik als nationale Schande denunziert wird.

Im Herbst und Winter 1941 geschah übrigens am Rande von Kaunas ein anderes Großverbrechen, für das die Wehrmacht allein verantwortlich war: das Massensterben sowjetischer Kriegsgefangener in der Nähe des Flughafens – Berge von Leichen, dahingerafft von Hunger und Entkräftung. Die Zahl der Toten wird auf etwa 75 000 geschätzt, ein Bruchteil der rund drei Millionen Rotarmisten, die in deutscher Gefangenschaft umgekommen sind.

Die jüdische Gemeinde Litauens ist heute bis auf 4000 geschrumpft – von ehemals 240 000 des Jahres 1939. Damit sind sechs Jahrhunderte jüdischer Geschichte nahezu ausgelöscht, und ihr Buch so gut wie geschlossen. Ein Lehrstuhl jüdischer Studien an der vierhundert Jahre alten Universität in der Hauptstadt Vilnius ist dabei nur ein schwacher Hoffnungsstrahl.

Aber die Suche nach der Wahrheit geht weiter.

Sie ist das Motiv des Buches, und für mich auch ein Akt von Zivilcourage. Als Überlebender des Holocaust bedanke ich mich dafür bei Autor und Verlag.

Beide haben sich um die Opfer verdient gemacht.

Ralph Giordano

Teil I:
Ein Täter aus der zweiten Reihe und seine Opfer

1. Das kleine Land Litauen als Testgelände für die Vernichtung der Juden

Litauen lag weder damals, während des Zweiten Weltkrieges, im Brennpunkt des deutschen Interesses, noch ist dies heute der Fall. So ist hierzulande nur wenig bekannt, dass die Ermordung des jüdischen Bevölkerungsteils dieses Landes seinerzeit rascher, radikaler und vollständiger betrieben wurde als anderswo. Das kleine Land Litauen stellte so etwas wie ein Testgelände dar, auf dem SS-Einsatzkommandos, Polizeiverbände und Zivilverwaltung in Komplizenschaft mit der Wehrmacht und einheimischen Kollaborateuren erprobten, wie weit sie bei ihren Mordaktionen gehen konnten, ohne auf Widerstand in den eigenen Reihen oder bei der Bevölkerung des militärisch besetzten Landes zu stoßen, und wie schnell und gründlich sie bei ihrem grausamen Vernichtungswerk vorgehen konnten.

Über das Mordgeschehen in Litauen informieren aus Tätersicht detaillierte Berichte eines SS-Führers, dem Kommandeur des Einsatzkommandos 3 (EK 3) SS-Standartenführer Karl Jäger. Das EK 3 war eine jener zunächst mobilen, dann stationären Mordeinheiten, die nach dem Überfall der Wehrmacht auf die Sowjetunion am 22. Juni 1941 unmittelbar hinter den deutschen Heeresverbänden in die eroberten Gebiete einzogen. Die Einsatz- und die Sonderkommandos der SS begannen sogleich damit, eine große Anzahl von Juden zu erschießen. Da die Mörder von Mord nicht reden wollten, umschrieben sie die Massaker mit dem beschönigenden Begriff »Aktionen«.

Vom 1. Dezember 1941 an war Jäger zugleich Befehlshaber der Sicherheitspolizei und des Sicherheitsdienstes (KdS). Dabei handelte es sich um eine stationäre Dienststelle mit Sitz in Kaunas[2], der zweitgrößten Stadt des Landes, die in der Zeit zwischen den Weltkriegen die zeitweilige Hauptstadt Litauens gewesen war. Jäger lieferte seinen Vorgesetzten lau-

fend detaillierte Berichte über die Exekutionstätigkeit seines Einsatzkommandos. Einige von ihnen sind erhalten geblieben. Der umfang-
reichste, als Geheime Reichssache klassifizierte Bericht vom 1. Dezember 1941, der von ihm selbst handschriftlich unterzeichnet wurde, trägt
die Überschrift: »Gesamtaufstellung der im Bereich des EK. 3 bis zum
1. Dez.[ember] 1941 durchgeführten Exekutionen.«[3]

Diese neun Maschinenseiten umfassende Vollzugsmeldung wird in
der internationalen Holocaustforschung als ein Schlüsseldokument angesehen. Es gibt kaum eine Darstellung zur Vernichtung der europäischen Juden, in welcher der *Jäger-Bericht* nicht zitiert würde. Denn in
keinem anderen Täterbericht wird das Mordgeschehen in einer bestimmten Region Osteuropas so detailliert aufgelistet wie im *Jäger-Bericht*. Ihm lässt sich entnehmen, wie das EK 3 – unterstützt von einer großen Zahl litauischer Kollaborateure – in der zweiten Hälfte des Jahrs
1941 in einer Serie »Aktionen« die Juden in den litauischen Städten und
auf dem flachen Lande systematisch ermordete. Der Bericht listet 71
Ortsnamen auf, in denen das EK 3 in der besagten Zeit zuschlug, zum Teil
mehrfach. In Kaunas gab es dreizehn Mordaktionen, in Wilna sogar
fünfzehn.

Die Massenerschießungen begannen unmittelbar nach dem deutschen Überfall auf die Sowjetunion am 22. Juni 1941 und setzten sich in
den nächsten fünf Monaten in gewissen Abständen, die keiner erkenn-
baren Regel folgten, fort. Der Höhepunkt der Mordaktionen lag zwischen Mitte August und Ende Oktober 1941. Litauen war bereits Ende
1941, wie Jäger seinen Vorgesetzten am 1. Dezember des Jahres trium-
phierend melden konnte, weitgehend »judenfrei«: 137 346 jüdische
Männer, Frauen und Kinder wurden nach seiner Rechnung bis zu diesem Zeitpunkt ermordet – von insgesamt etwa 200 000 Juden, die damals
in Litauen lebten, nicht gerechnet die jüdischen Flüchtlinge aus Polen,
deren genaue Zahl unbekannt ist, die aber einige Zehntausend Menschen
umfasst haben mag.

Anders als die anderen Chefs der zunächst mobilen, dann stationären Mordkommandos war der Führer des EK 3 und spätere Kommandeur der Sicherheitspolizei und des SD ein pedantischer Protokollant der
Exekutionen, die auf seinen Befehl und unter seiner Verantwortung
durchgeführt wurden. Die Berichte lassen den gelernten Kaufmann und
Buchhalter erkennen, aber auch den Karrieristen, der – nach eigener

Aussage – mit seinen Erfolgszahlen einer in der SS verbreiteten Tendenz folgte, »nach oben hin zu glänzen«.[4] Die Historikerin oder der Historiker, die diese Dokumente lesen und zu verstehen versuchen, können ihnen die quantitative Dimension des Geschehens entnehmen: An welchem Tag und an welchem Ort in Litauen wie viele Menschen welchen Geschlechts und Alters durch Angehörige des EK 3 und ihre Helfer erschossen wurden.

Einerseits prahlte Jäger mit der unvorstellbar hohen Zahl von über 137 000 ermordeten Juden, andererseits zeigte er sich mit ihr auch unzufrieden. Wenn er alleine zu entscheiden gehabt hätte, ließ er seinen Vorgesetzten Stahlecker in Riga wissen, wäre er noch radikaler vorgegangen und hätte noch vor dem Jahreswechsel 1941 / 42 sämtliche litauischen Juden ausgerottet. Dem Führer der Einsatzgruppe A, SS-Brigadeführer und Generalmajor der Polizei Dr. Walther Stahlecker, dem das EK 3 unterstand, erklärte er, er hätte am liebsten auch die noch am Leben gebliebenen litauischen »Arbeitsjuden« einschließlich ihrer Familien »umgelegt«. Mit Arbeitsjuden waren diejenigen jüdischen Ghetto-Bewohner gemeint, die teils freiwillig, teils gezwungenermaßen Arbeitsleistungen für die deutsche Wehrmacht und für die deutsche Zivilverwaltung verrichteten. Aber, so klagte Jäger seinem Vorgesetzten, Wehrmachts- und Zivilverwaltungsstellen seien ihm in den Arm gefallen und hätten weitere Massenexekutionen verhindert, weil sie nach wie vor dringend deren Arbeitskraft benötigten. Nützlichkeitserwägungen war es also zu verdanken, dass vorläufig noch je 15 000 Juden in den litauischen Großstädten Vilnius und Kaunas und knapp 5000 in der Stadt Siauliai (Schaulen) vor dem Zugriff des EK 3 bewahrt wurden.

In Kaunas lebten im Sommer 1941 etwa 40 000 Juden. Einige vermochten rechtzeitig vor dem deutschen Einmarsch in das Innere der Sowjetunion zu flüchten. Anderen gelang die Flucht in die litauischen Wälder. Wieder andere mussten ihre Flucht abbrechen und an ihren alten Wohnort zurückkehren. Nahezu die Hälfte der Kaunaser Juden, um die 20 000, fiel bereits 1941, im ersten halben Jahr der deutschen Besatzung, den Mordaktionen zum Opfer. Die anderen wurden später ermordet. Nur wenige überlebten.

2. Forschungsstand, Quellenlage, Fragestellungen

Die historische Täterforschung hat sich mit Karl Jäger bislang kaum beschäftigt. Der *Jäger-Bericht* wird zwar immer wieder erwähnt. Aber näher interessiert hat sich für diesen SS-Führer aus der zweiten Reihe bislang niemand. Der im Jahr 2000 von den Historikern Ronald Smelser und Enrico Syring herausgegebene Sammelband *Die SS. Elite unter dem Totenkopf* präsentiert 30 Lebensläufe von hochrangigen SS-Führern, zu denen Jäger jedoch nicht gehörte.[5] In der von den Holocaust-Forschern Klaus-Michael Mallmann und Gerhard Paul publizierten Sammlung von *23 Karrieren der Gewalt*, womit Täter aus der zweiten und dritten Reihe gemeint sind, wurde Karl Jäger ebenfalls nicht berücksichtigt.[6] Im Übrigen ist in der Holocaustforschung ein genereller Mangel an Biographien von SS-Führern zu beobachten, die an den Vernichtungsstätten das Kommando führten.

In der historischen Fachwissenschaft wie auch in der Öffentlichkeit fand der 1993 von dem amerikanischen Historiker Christopher Browning präsentierte Befund große Beachtung, dass es sich bei den einfachen Angehörigen der Polizeibataillone, die zusammen mit der SS zu den Exekutoren der Judenmorde gehörten, in der Regel um »ganz normale Männer« gehandelt habe, die keineswegs von einem mörderischen Antisemitismus geleitet gewesen seien.[7] Dieser Befund mag für die Angehörigen anderer Polizeibataillone gelten.[8] Allerdings gehörte Jäger auch nicht zu den einfachen Polizisten und Soldaten, die ihre jüdischen Opfer eigenhändig erschossen. Er gab vielmehr die Befehle, die andere ausführten. Daher stellt sich die Frage nach den Handlungsmotivationen von höherrangigen SS-Führern wie Karl Jäger, die im Reichssicherheitshauptamt (RSHA) und in speziellen Lehrgängen auf ihren Mordeinsatz vorbereitet wurden, anders als bei den einfachen Soldaten und Polizisten.

Der Motivforschung sind im Falle Karl Jägers allerdings enge Grenzen gesetzt, da neben den Exekutionsberichten von 1941/42 sowie einigen weiteren Meldungen des EK 3 kaum aussagekräftige Quellen zur Verfügung stehen. Die Akten der Dienststelle Jägers in Litauen sind wahrscheinlich vernichtet worden, jedenfalls nicht greifbar. Es gibt keinen zusammenhängenden Aktenbestand, mit dessen Hilfe sich die Logik oder die Abfolge der Judenmorde in Litauen in der zweiten Jahreshälfte

1941 entschlüsseln ließen. Eine wichtige Quelle aus der Nachkriegszeit stellen die Vorermittlungen der Zentralen Stelle der Landesjustizverwaltungen in Ludwigsburg gegen Jäger aus dem Jahr 1959 dar.[9] In diesem Aktenbestand befinden sich auch die Protokolle der damaligen Vernehmungen Jägers.[10] Allerdings sind sie nicht sonderlich aussagekräftig, da sich der Beschuldigte auf Gedächtnislücken berief, seine Täterschaft leugnete und sich ständig zu entlasten versuchte.

Nach dem Selbstmord Jägers am 22. Juni 1959 übernahm die Staatsanwaltschaft Frankfurt/M. den Fall EK3 und stellte selbst weitergehende Ermittlungen gegen Jägers Stellvertreter Heinrich Schmitz und weitere Angehörige des EK3 an.[11] Die umfangreichen Ermittlungsakten werden heute im Hessischen Hauptstaatsarchiv in Wiesbaden verwahrt.[12]

Private Quellen, die uns über die Persönlichkeit Jägers, seine Charaktereigenschaften, seine familiären Verhältnisse, seine politische Einstellung und seinen beruflichen Werdegang näheren Aufschluss geben könnten, sind Mangelware. Ein persönlicher Nachlass existiert nicht oder ist nicht zugänglich. Weder die Nachkommen Karl Jägers noch andere Wissensträger waren bereit, dem Verfasser Briefe oder Bilddokumente zur Verfügung zu stellen.

Was zur Person von Karl Jäger gesagt werden kann, stammt im Wesentlichen aus seiner Personalakte, die früher im amerikanisch verwalteten Berlin Document Center verwahrt wurde und sich heute im Bundesarchiv Berlin befindet[13], sowie aus den bereits erwähnten Ermittlungsakten. Weiterhin konnten einige spärliche mündliche Informationen von Zeitzeugen aus Jägers Heimatstadt Waldkirch, die Jäger persönlich kannten, herangezogen werden. Sie stammen aus den Jahren 1989/90.

Nach dem Ende des Kalten Krieges tauchten in den osteuropäischen Archiven neue Dokumente zur Vernichtung der Juden in Osteuropa auf, die von deutschen Historikern aufgefunden und teilweise publiziert wurden.[14] Gleichzeitig hat eine empirische, auf archivarischen Quellen beruhende Erforschung der deutschen Vernichtungspolitik in den verschiedenen Regionen des osteuropäischen Raumes eingesetzt[15], darunter auch Litauens[16], die bereits Eingang in neuere Gesamtdarstellungen[17] gefunden hat.

Die Quellenlage ist also dürftig, aber alles in allem doch dicht genug, um ein ungefähres Bild von der Karriere, der Persönlichkeit und der

Rolle Karl Jägers als höherer SS-Offizier in Litauen in den Jahren 1941–1943 zeichnen zu können.

Die forschende Beschäftigung mit einem Massenmörder wie Jäger stellt für den Historiker eine fortwährende nervliche Belastung dar. Mitunter fragt man sich, ob ein Täter wie er eine wissenschaftliche Beschäftigung mit seinen Untaten überhaupt »verdient« hat. Die Antwort ist eindeutig: Erstens haben die vielen Opfer seiner Vernichtungspolitik beziehungsweise die Überlebenden des Holocaust in Litauen und deren Nachkommen ein Anrecht darauf, dass das Geschehen in den Jahren 1941–1944 nicht vergessen wird. Zweitens lässt sich am Beispiel Jäger zeigen, wie unter den spezifischen Bedingungen seiner Zeit aus einem feinsinnigen Musiker ein Massenmörder werden konnte. Drittens folgt die historische Aufklärung über Karl Jäger und die Judenmorde in Litauen keineswegs nur antiquarischem Interesse, sondern sie weiß sich der Einsicht des Holocaust-Überlebenden Yehuda Bacon verpflichtet: »Niemand ist absolut böse, jeder hat einen Funken Menschlichkeit in sich. [...] Jeder Mensch muss vorsichtig sein, denn jeder kann in seinem Leben in die Hölle abrutschen. Der Abgrund ist eine Gefahr für uns alle.«[18]

Harald Welzer stellt in seinen *Anmerkungen zur Täterforschung aus sozialpsychologischer Sicht* fest, dass es »im Fall der Shoah keine gesellschaftliche Gruppe gegeben hat, die sich als immun gegen die Bereitschaft zum Töten gezeigt hat«. Das lasse die Vermutung zu, dass »die meisten von uns unter Umständen wahrscheinlich bereit (sein könnten) zu töten«.[19] Niemand werde als Mörder geboren, vielmehr werde der Einzelne durch bestimmte Umstände und Bedingungen zu einem Menschen, der Morde begeht, auch Massenmorde.

Das bedeutet für den Fall des SS-Offiziers Karl Jäger, dass seine Sozialisation sowie das ideologische und institutionelle Umfeld, in dem er sich in den 1920er, 1930er und 1940er Jahren bewegte, genau betrachtet werden müssen. Erst dann wird man sich einer Antwort auf die Frage annähern können, wie es dazu kommen konnte, dass dieser musisch begabte und in kaufmännischem Denken geübte SS-Offizier in die Lage geriet, zum Henker des litauischen Judentums zu werden.

3. Erinnerungen von jüdischen Opfern aus Kaunas

Die Berichte Karl Jägers über die durchgeführten Exekutionen stellen kalte, technokratische Bilanzen der Judenmorde in Litauen dar. Wer über die Anzahl der Ermordeten hinaus auch etwas über deren Leidenswege erfahren möchte, über Verfolgung, Entrechtung, Ausraubung und Tötung, wird in den Hinterlassenschaften der Täter kaum Aufschlüsse entdecken. Er wird jedoch fündig in den Augenzeugenberichten der kleinen Anzahl von Überlebenden der Judenmorde in Litauen. Sie haben der Nachwelt aus eigener Anschauung, aus eigenem Erleben, Bericht erstattet. Manche von ihnen machten schon während der Ereignisse selbst, häufig unter größten Gefahren, Tagebuchaufzeichnungen. Andere sagten nach dem Kriege als Zeugen vor Staatsanwälten und Gerichten aus. Wieder andere begaben sich gleich nach Kriegsende daran, ihre Erinnerungen aufzuschreiben. Einige schwiegen über Jahrzehnte hinweg und fanden erst ein halbes Jahrhundert nach dem mörderischen Geschehen die Kraft, ihre Erlebnisse zu Papier zu bringen. Nicht selten folgten sie dabei dem Drängen ihrer Kinder.

Die Zeugnisse von Holocaust-Überlebenden aus Litauen sind für den Historiker, der sich für das Geschehen als Ganzes interessiert, also für Täter und Opfer zugleich, eine unentbehrliche Quelle. Selbstverständlich müssen diese Berichte, bei denen es sich zum Teil um traumatische Erinnerungen handelt, auch quellenkritisch gelesen werden.[20] Für die Überlebenden beispielsweise, die nach dem Kriege als Zeugen vor Gericht auftraten, war es nicht immer leicht, zwischen ihren persönlichen Erlebnissen, den Berichten anderer und Angelesenem zu unterscheiden.

In Hinblick auf die Judenmorde in Kaunas 1941 sind unter anderem die folgenden Erinnerungen zu nennen, die in deutscher oder englischer Sprache zugänglich sind: Die Berichte von Zwi Katz, David Ben-Dor, Jokubas Jossade, Solly Ganor, Avraham Tory, Alex Faitelson, Raja Kruk, Elena Kutorgiene-Buivydaite, Jehosjua Rosenfeld, Grigorijus Smoliakovas, Leo Lewinson, Renata Yesner und Helene Holzman.[21]

Die Geschichte des Ghettos Kaunas wurde in den 1990er Jahren vom United States Holocaust Memorial Museum in New York zum Gegenstand einer großen historischen Ausstellung gemacht.[22] An der Ausgestaltung des reich illustrierten Begleitbandes beteiligten sich Historiker, die durch einschlägige Forschungen ausgewiesen waren.

Ein besonders aussagekräftiger Augenzeugenbericht soll an dieser Stelle eigens hervorgehoben werden, nämlich die tagebuchähnlichen Aufzeichnungen der aus Deutschland stammenden und 1941–1945 in Kaunas lebenden Kunstmalerin Helene Holzman. Sie schrieb ihre Erlebnisse bereits im Jahr 1944 nieder, also unmittelbar nach dem Ende der deutschen Schreckensherrschaft in Litauen. Veröffentlicht wurde der Bericht erst im Jahr 2000 unter dem Titel *Dies Kind soll leben.*[23] Diese Aufzeichnungen bieten die unverhoffte Chance eines tiefen Einblicks in die mörderischen Vorgänge in Kaunas, die in der letzten Juniwoche 1941 begannen, allerdings mit der Einschränkung, dass Holzman weder Zugang zum Ghetto noch zu den deutschen Entscheidungsträgern hatte. Gleichwohl haben Historiker diese Erinnerungen zu Recht geradezu enthusiastisch begrüßt, da die Autorin etwas ganz Besonderes leistet: »Sie ist Augenzeugin und Historikerin des Geschehens zugleich, das verleiht den Aufzeichnungen jene einzigartige Mischung aus mitfühlender Beobachtung und kühlem Blick.«[24]

Helene Holzman wurde 1891 geboren, wuchs in Jena auf, wurde Malerin – Schülerin von Max Beckmann –, Buchhändlerin, Kunst- und Deutschlehrerin. Ihr Vater Siegfried Czapski war der engste Mitarbeiter und Partner von Ernst Abbé in der Führung der Zeiss-Werke in Jena.[25] Helene Czapski-Holzman war eine gebürtige Deutsche, die einen jüdischen Elternteil hatte. Verheiratet war sie mit dem jüdischen Buchhändler Max Holzman. Mit diesem und ihren beiden Töchtern Marie und Margarete übersiedelte sie Ende der 1930er Jahre nach Kaunas.[26] Dort betrieb ihr Mann einen Verlag und eine Buchhandlung. Die Familie wurde sogleich nach dem deutschen Überfall im Juni 1941 verfolgt.

Authentisch und eindringlich schildert Helene Holzman das Schicksal ihres Mannes und ihrer älteren Tochter, die beide ermordet wurden, sowie ihr eigenes bedrohtes Leben und das ungezählter anderer Verfolgter unter der deutschen Besatzung. Sie gibt aber nicht nur den Mitgliedern ihrer eigenen Familie, sondern auch vielen anderen Opfern ein Gesicht.

Die Augenzeugin lässt uns begreifen, dass hinter der Anonymität der Mordbilanzen einzelne Menschen stehen, Männer, Frauen und Kinder, die nichts verbrochen hatten, die aber verfolgt und ermordet wurden, nur weil sie Juden waren. Die Leserin und der Leser lernen die Entrechtung der Juden aus deren eigener Perspektive kennen, ebenso die willkürlichen und brutalen Verhaftungen, die Morde auf offener Straße und

Abb. 1: Selbstbildnis von Helene Holzman, Ende der 1920er Jahre. Das Original ist verschollen.

die systematisch geplanten Massenerschießungen. Sie bekommen einen Einblick in die Lage der Menschen, die in einem kleinen Ghetto zusammengepfercht waren, aber auch in die Normalität des Lebens außerhalb des Ghettos. Helene Holzman formuliert differenzierte Urteile über deutsche und litauische Menschen, leistet sich kaum eine Pauschalisierung. Hier beobachtet eine kluge Frau, die es versteht, sich anschaulich und präzise zugleich auszudrücken.

In der vorliegenden Täterbiographie über den SS-Standartenführer Karl Jäger werden diese beiden ganz unterschiedlichen Quellen genutzt: Einerseits die kalten Mordbilanzen, andererseits die Erinnerungen von überlebenden litauischen Juden und nichtjüdischen Litauern.

4. Zur Überlieferungsgeschichte des *Jäger-Berichts*

Interessant ist die abenteuerliche Überlieferungsgeschichte des *Jäger-Berichts.* Er lag den Nürnberger Militärtribunalen, die in den Jahren 1945 bis 1949 über deutsche Kriegsverbrecher zu Gericht saßen, noch nicht vor. Ein Exemplar des Berichts, nämlich die vierte von insgesamt fünf Ausfertigungen, war noch während des Krieges, bei der Rückeroberung Litauens durch die Rote Armee 1944, in die Hände der Sowjetunion gelangt, die darüber zunächst Stillschweigen bewahrte. Erst im Jahr 1963 stellte das sowjetische Außenministerium dieses einzigartige Dokument einer Behörde der Bundesrepublik Deutschland zu, nämlich der Zentralen Stelle der Landesjustizverwaltungen für die Aufklärung von NS-Verbrechen in Ludwigsburg.[27] Dort wurde die Quelle gründlich geprüft und für echt erklärt.

Es dauerte dann noch einmal etliche Zeit, bis das Dokument in Deutschland in vollem Wortlaut publiziert wurde und damit einer interessierten Öffentlichkeit zur Verfügung stand. Der damalige Leiter der Zentralen Stelle, Oberstaatsanwalt Adalbert Rückerl, druckte den *Jäger-Bericht* als Faksimile im Anhang zu seinem 1971 veröffentlichten Buch über die NS-Prozesse der letzten 25 Jahre ab.[28] Vermutlich wählte er die Form des Faksimile-Abdrucks, um diese ebenso beeindruckende wie erschütternde Quelle aus sich heraus wirken zu lassen sowie, um die eigenhändige Unterschrift Jägers zu dokumentieren.

Eine Publikation des Berichts in transkribierter Form erfolgte im Jahr 1988 in dem Buch von Ernst Klee, Willi Dreßen und Volker Rieß mit dem Titel: *»Schöne Zeiten«. Judenmorde aus der Sicht der Täter und Gaffer.*[29] Einen weiteren, von Jäger am 9. Februar 1942 mit eigener Hand geschriebenen und unterzeichneten Bericht über die bis dahin von seinem Einsatzkommando 3 durchgeführten Exekutionen veröffentlichte der Autor dieses Buches 1990 als Faksimile in seinem Buch *Politik im Elztal.*[30] Das 2003 von Vincas Bartusevicius, Joachim Tauber und Wolfram Wette herausgegebene Werk *Holocaust in Litauen. Krieg, Judenmorde und Kollaboration im Jahr 1941* enthält beide Berichte als Faksimile und in Transkription.[31] Ein weiterer Bericht Jägers vom 10. September 1941 mit dem Titel *Gesamtaufstellung der im Bereiche des E. K. 3 bis jetzt durchgeführten Exekutionen* wurde 2003 in einer offiziellen litauischen Publikation veröffentlicht.[32]

5. »Einer der effizientesten Massenmörder der neueren Geschichte« oder »ein ziemlich inkompetenter Polizeiführer«?

Neben dem Aspekt der exakten Buchführung über Judenmorde in Litauen ist es die Sache selbst, die dem *Jäger-Bericht* zu seiner internationalen Bedeutung verhalf, nämlich die Ungeheuerlichkeit der in ihm geschilderten Massenmorde. Nach dem Diktum des Historikers Hans-Heinrich Wilhelm, der in seiner Dissertation die Taten der Einsatzgruppe A untersuchte und dabei auch ausführlich das EK 3 behandelte, war Jäger »wahrscheinlich einer der effizientesten Massenmörder der neueren Geschichte«.[33]

Der Historiker Knut Stang äußert demgegenüber den Verdacht, Jäger habe mit seinem Bericht in erster Linie renommieren und Karriere machen wollen. Er habe keineswegs eine besondere organisatorische Begabung gehabt. Der Tatbestand, dass Litauen trotz Jägers »Inkompetenz« als Polizeiführer sogar als »Paradefall« einer erfolgreichen Umsetzung der Vernichtungspolitik angesehen wurde, rühre daher, dass die radikalen Unterführer des EK 3 schalten und walten konnten, wie sie wollten.[34] Diese Deutung der Rolle Jägers wurde in neueren Forschungen bestätigt.[35]

An dieser Stelle ist allerdings zu fragen: Könnte Jäger nicht beides gewesen sein, ein karrieresüchtiger Aufschneider und ein Massenmörder zugleich, der dadurch besonders effizient war, dass er – im Sinne von Auftragstaktik – seinen Mordkommandos freie Hand ließ?

Teil II:
Karl Jägers Werdegang von 1888 bis 1935

1. Kindheit, Jugend, Militärdienst im Ersten Weltkrieg

Karl Jäger wurde am 20. September 1888 in Schaffhausen geboren, einer Stadt in der Nord-Schweiz, unmittelbar an der deutschen Grenze gelegen, bekannt durch den dortigen Rheinfall.[36] Bereits als dreijähriges Kind kam er zusammen mit seinen Eltern nach Waldkirch in Südbaden, einer kleinen Stadt 20 Kilometer nordöstlich der Universitätsstadt Freiburg im Breisgau. Sein Vater war dorthin als Musikschullehrer und als Dirigent der Stadtmusik berufen worden.[37] Zwei Jahrzehnte lang, von 1903 bis 1923, führte Vater Matthäus Jäger in Waldkirch den Taktstock.

Sohn Karl, ebenfalls musikalisch begabt, wurde am Klavier, an der Violine und am Tenorhorn ausgebildet. Er besuchte die erweiterte, achtjährige Volksschule, anschließend eine Handels- und Gewerbeschule sowie ein Musik-Konservatorium. Nach der Schulzeit volontierte er zunächst in der Waldkircher Orgelfabrik Wilhelm Bruder und später in verschiedenen Leipziger Klavierfabriken.

Im Jahr 1913 trat er in die Waldkircher Musikwerkfabrik Gebrüder Weber ein, in welcher Orchestrione, also mechanische Musikinstrumente, hergestellt wurden.[38] Ein Jahr später, 1914, heiratete er Emma Weber, die Tochter des alteingesessenen örtlichen Orchestrion-Fabrikanten Weber, und schaffte damit einen sozialen Aufstieg. Später wurde er sogar Prokurist der Firma. Mit seiner Frau Emma hatte er drei Kinder, zwei Söhne und eine Tochter. Im gleichen Jahr, in dem Jäger heiratete, verübte seine Mutter Selbstmord. Über die Hintergründe gab es in Waldkirch alle möglichen Spekulationen, aber keine zuverlässigen Informationen. Als seine Mutter starb, war Karl Jäger 26 Jahre alt. Ihr Tod muss ihn schwer getroffen haben.

Prägender als die Ausbildung zum Musiker und Orgelbauer scheint für Karl Jäger seine Militärzeit gewesen zu sein. Im Jahr 1908 meldete sich der Zwanzigjährige als Zweijährig-Freiwilliger und ließ sich beim

Feldartillerie-Regiment 86 in Freiburg zum Soldaten ausbilden. Das militärische Milieu sagte ihm zu, wie man daran ablesen kann, dass er in den Jahren 1912 und 1914 freiwillige Reserveübungen ableistete. Bei Kriegsbeginn 1914 wurde er sogleich eingezogen und rückte mit dem Freiburger Artillerie-Regiment an die Westfront. Vier Jahre lang war Jäger Frontsoldat. Er wurde als Meldereiter, Geschütz- und Zugführer sowie als Artillerie-Beobachter bei der Infanterie eingesetzt. Zunächst stieg er zum Unteroffizier auf und wurde schließlich Feldwebel und Offiziers-Stellvertreter. Wegen »vorbildlichen Verhaltens im feindlichen Feuer« erhielt er das Frontkreuz sowie das Eiserne Kreuz I. und II. Klasse. Obwohl zweimal leicht verwundet, konnte er schon bald nach Kriegsende wieder in das heimatliche Waldkirch zurückkehren, rechtzeitig zum Weihnachtsfest des Jahres 1918.[39] Er war nun 30 Jahre alt. Wie Millionen anderer deutscher Männer auch, war er von den Kriegserfahrungen und vom Leben im Militär für sein weiteres Leben tiefgreifend geprägt.

2. Der »Waldkircher Hitler«: Funktionsträger der NSDAP und der SS

Es erging ihm wie vielen anderen nationalistisch eingestellten Männern jener Zeit: Er hatte in den Nachkriegsjahren große Schwierigkeiten, mental den Absprung vom militärischen Milieu zu finden und sich wieder in das zivile Erwerbsleben zu integrieren. Jäger entsprach durchaus dem Typus des »soldatischen Mannes«[40], der in den Jahren der Weimarer Republik dem Dunstkreis militaristischer Kreise geradezu zwanghaft verbunden blieb. Von 1924 an engagierte er sich in der illegalen Schwarzen Reichswehr und zwar in einer Einheit, die ein Hauptmann namens Damm befehligte (Freischar Damm).[41] Dabei handelte es sich um einen nordbadischen Ableger der Orgesch – benannt nach dem bayerischen Forstrat Georg Escherich –, einem Zusammenschluss rechtsradikaler und antisemitischer Selbstschutzverbände mit Schwerpunkt in Süddeutschland. Die Freischar Damm wurde schon 1921 durch den badischen Innenminister Adam Remmele verboten, lebte aber offenbar in der Illegalität weiter.[42]

Ihrem Selbstverständnis nach bildete die illegale und geheime, aber von der Reichswehrführung unterstützte Schwarze Reichswehr eine

Heeresreserve für den von den deutschen Nationalisten erwarteten und erwünschten Zukunftskrieg.[43] Ihren personellen Kern bildeten ehemalige Freikorpskämpfer, die politisch rechtsradikal eingestellt waren und der Republik dezidiert feindlich gegenüberstanden. Über ihren militärischen Zweck hinaus erstrebte die Schwarze Reichswehr staatsfeindliche politische Ziele, nämlich die Errichtung einer nationalen Diktatur.[44] Damit war sie ein Teil jenes politischen Milieus, aus dem der Nationalsozialismus emporstieg. Jäger blieb in der Truppe des Hauptmanns Damm bis zu deren faktischer Auflösung im Jahr 1927.

Ungefähr gleichzeitig mit seinem paramilitärischen Nachkriegsengagement begann sich Jäger für die Bewegung Adolf Hitlers zu begeistern. Bereits im Jahr 1923, als die drei Jahre zuvor gegründete Partei noch eine politische Splittergruppe war, wurde er Mitglied der NSDAP und baute in seiner – vom politischen Katholizismus geprägten – Heimatstadt Waldkirch eine Ortsgruppe auf. Im gleichen Jahre versuchte Hitler in München einen Putsch gegen die Republik. Die Regierung des Landes Baden nahm dies zum Anlass, die NSDAP im gesamten Land zu verbieten, und zwar unter Berufung auf das bereits 1921 erlassene Reichsgesetz zum Schutz der Republik.[45]

So wurde auch die NSDAP-Ortsgruppe Waldkirch im Jahr 1925 wieder aufgelöst. In den Jahren 1925 bis 1930 setzte Jäger seine politische Tätigkeit in einer Nachfolgeorganisation fort, die sich Deutsche Partei im völkisch sozialen Block nannte. Er entfaltete eine rege politische Werbetätigkeit im gesamten Bezirk Waldkirch. Seitdem war Jäger – eigenem Zeugnis zufolge – im ganzen Elztal als »Waldkircher Hitler« bekannt, und innerhalb der NSDAP gehörte er zu den »alten Kämpfern«.[46]

Als es ihm im Jahr 1930 gelang, in Waldkirch erneut eine Ortsgruppe der NSDAP zu gründen, musste er zu seinem Entsetzen feststellen, dass die Karteikarte verschwunden war, die seinen Parteibeitritt 1923 dokumentierte. So sah er sich nun genötigt, ein neues Beitrittsformular auszufüllen. Er erhielt eine hohe, sechsstellige Mitgliedsnummer. Später hat Jäger immer wieder darauf hingewiesen, dass ihm eigentlich eine Mitgliedsnummer zwischen 7000 und 10 000 und damit das goldene Parteiabzeichen der NSDAP zugestanden hätten[47], was sich im Staat Hitlers als ausgesprochen karrierefördernd ausgewirkt hätte.

In beruflicher Hinsicht ging es Jäger nach dem Weltkrieg 1914–1918 zunächst keineswegs schlecht. Er wurde Mitinhaber, technischer Leiter und Prokurist der Waldkircher Orchestrionfabrik Weber.[48] Mit dieser Firma sollte es dann allerdings Ende der zwanziger Jahre – wahrscheinlich im Gefolge der Weltwirtschaftskrise – wirtschaftlich bergab gehen. Im Jahr 1931 musste sie, ebenso wie viele vergleichbare mittelständische Firmen, in Konkurs gehen. Jäger wurde arbeitslos, weigerte sich aber – eigenen Angaben zufolge –, vom Weimarer Staat, den er politisch verachtete, eine Arbeitslosenunterstützung anzunehmen.[49]

In dieselbe Zeit fiel auch die Trennung Jägers von seiner Ehefrau Emma, geborene Weber. Die formelle Ehescheidung erfolgte allerdings erst im Jahr 1940.[50] In den Jahren seiner Arbeitslosigkeit – 1931 bis 1934 – zehrte der gelernte Orchestriontechniker[51] Jäger sein gesamtes Vermögen auf und verarmte. Durch Beziehungen konnte er schließlich bei der Nähseidenfabrik Gütermann[52] im benachbarten Dorf Gutach eine Arbeit als kaufmännischer Angestellter bekommen. Die entfernte jüdische Abstammung der Fabrikanten Gütermann hat die Eigentümer merkwürdigerweise nicht davon abgehalten, einen bekennenden Nationalsozialisten und SS-Mann anzustellen. Das Beschäftigungsverhältnis in Gutach ging 1936 zu Ende.[53] Nach dem Kriege erwog Jäger kurzzeitig, erneut bei seinem, wie er sagte, »alten Freund«, dem Nähseidenfabrikanten Gütermann, einen Unterschlupf zu finden, wozu es allerdings nicht kam. So jedenfalls erinnert sich Jägers zweite Ehefrau Lotte Jäger, geborene Schlienkamp.[54]

Eine Waldkircherin, die als Mädchen wohl für ihn schwärmte, erinnerte sich im Jahr 1989 an den Jäger der frühen Dreißigerjahre: »Von 1928 bis 1935, wo er als Standartenführer[55] nach Ludwigsburg beordert war, hat er zuhause in unserem Elternhause in der Lange Straße 60 in Waldkirch gewohnt. Er war voll in unsere Familie integriert. Er war arbeitslos und hatte durch Beziehungen bei der Firma Gütermann einen Arbeitsplatz erhalten, wo er auch vielen Kollegen die Einstellung in den Arbeitsprozess wieder ermöglichte [...].«[56]

Bei besagter Familie handelte es sich um eine gutbürgerliche katholische Handwerkerfamilie, in der man politisch konservativ eingestellt war, zugleich aber an Jägers politischem Engagement für die NSDAP nichts auszusetzen hatte. Dieselbe Waldkircherin erinnerte sich, dass Jäger damals in einer Gaststätte, in der er sein Mittagessen einnahm, nicht bezahlen konnte und anschreiben lassen musste. Als ihre Mutter davon erfuhr, entschied sie: »Dann soll er halt bei uns zuhause am Mittagstisch essen.«[57]

Im Jahr 1931, in dem die Orchestrionfirma Weber in Konkurs ging, begann Jäger – auf Anregung der Freiburger SS, wie er in seinem Lebenslauf berichtet –, in Waldkirch eine zunächst aus sieben Männern bestehende SS-Formation aufzustellen. Allerdings konnte er, da er ein sogenannter Politischer Leiter der NSDAP war, zunächst nicht die Führung dieser Truppe übernehmen. Erst als er im September 1932 seine Parteiämter zurückgab – unter anderem war er Leiter des Bezirks Waldkirch der NSDAP –, konnte er sich in vollem Umfang dem Ausbau der Waldkircher SS widmen und einen eigenen SS-Sturm aufbauen. Zur Erläuterung: Ein Sturm der SS entsprach in Struktur und Mannschaftsstärke einer Kompanie des Heeres; eine Standarte der SS entsprach einem Regiment.[58] Dem Waldkircher SS-Sturm gehörten bald »über 100 Mann« an, »und zwar aus allen Schichten der Bevölkerung«, wie Jäger in seinem Lebenslauf nicht ohne Stolz festhielt. Er fügte hinzu: »Ich hatte die Genugtuung, dass mein Sturm (1/65) der beste innerhalb der 65. SS-Standarte wurde.«[59]

Für eine Kleinstadt wie Waldkirch, die damals etwa 6000 Einwohner zählte, war ein SS-Sturm von über 100 Mann durchaus etwas Besonderes. Bei den Mitgliedern dieser Formation soll es sich um die Söhne angesehener Waldkircher Familien gehandelt haben. Das ist wohl auch der Grund dafür, dass über die Waldkircher SS nach 1945 konsequent geschwiegen wurde und bis zum heutigen Tage kaum eine Information über sie zu erhalten ist. Vor einigen Jahren wurde immerhin ein aus dem Privatbesitz eines Waldkirchers stammendes – leider undatiertes – Foto veröffentlicht, das elf Waldkircher SS-Männer in ihren schwarzen Uniformen mit hohen schwarzen Schaftstiefeln, Koppeln, Schulterriemen und Uniformmützen zeigt.[60]

Die Akten des Waldkircher SS-Sturms scheinen vollständig vernichtet worden zu sein, ebenso wie die Akten der Waldkircher NSDAP insgesamt. Lediglich die örtliche NSDAP-Mitgliederliste ist erhalten geblieben. Was die städtischen Verwaltungsakten aus der NS-Zeit angeht, so ist verbürgt, dass 1946 zwei – namentlich bekannte – Verwaltungslehrlinge der Stadt Waldkirch damit beauftragt wurden, mit Rasierklingen alle Seiten, auf denen ein Hakenkreuz zu sehen war, aus den Akten herauszuschneiden und zu vernichten.[61] So wurde der kommunale Aktenbestand der Stadt Waldkirch über die Waldkircher NSDAP und SS dauerhaft entnazifiziert.

Im Aufgang des Waldkircher Rathauses, den man benutzt, um zum Sitzungssaal des Stadtrates zu gelangen, befinden sich zwei großflächige Wandgemälde, die seit Jahrzehnten kommunalpolitisch äußerst umstritten sind. Es handelt sich um zwei typische NS-Propagandabilder, geschaffen von dem Kunstmaler Josef Schroeder-Schoeneberg (1896–1948) aus dem Nachbarstädtchen Elzach. Sie beschönigen und verherrlichen den Krieg und die militarisierte Volksgemeinschaft.[62] Bis zum heutigen Tage geben diese Nazi-Bilder den Besuchern des Rathauses einen optischen Hinweis darauf, dass der Nationalsozialismus auch in dieser Kleinstadt, die eigentlich lieber als politikferne Idylle mit Orgelbauern und Edelsteinschleifern gesehen werden möchte, tief verwurzelt war.

3. »Korrekt bis zum Letzten«: Erinnerungen von Zeitzeugen

In einem Rundfunkinterview, das im Jahr 1990 geführt wurde, erinnerte sich Frau D., eine ältere Bürgerin des Elztalstädtchens, an die Waldkircher SS-Formation und ihren Führer Jäger in geradezu schwärmerischen Worten: »Er war für mich ein charakterfester, vorbildlicher Mann, korrekt bis zum Letzten, und so war auch die Führung seiner Friedens-SS [...]. Das war das Gegenstück zur SA und das andere war die SS, und die SS während des Krieges würde ich mit Waffen-SS bezeichnen, und die andere SS war die Friedens-SS. Es wurde Sport getrieben, sie haben Musik gemacht – dies war nur Elite. Elite – junge Elite von Waldkirch, die dort mit eingetreten ist. Und viele Herren, würde ich sagen, die beruflich gezwungen waren, in SA oder SS oder in die Partei einzutreten, weil sonst ihr beruflicher Aufstieg gehindert (worden) wäre. Das war eine Harmonie, das war ein Guss [...].«[63]

Andere Waldkircher, die Jäger in der Zeit zwischen 1925 und 1935 persönlich kannten, schilderten ihn, als sie im Jahr 1989 von Mitgliedern des Arbeitskreises Regionalgeschichte Elztal befragt wurden, als einen »feinsinnigen und kultivierten Musiker« und als einen »brillanten Führungskopf«. Sie verglichen ihn mit dem »politisch eher farblosen Sexauer[64] Gerber«, der an der Spitze der Waldkircher SA stand, die – so die Erinnerung eines Zeitzeugen – »im Unterschied zur Elite-Einheit SS die ›Drecksarbeit‹ machte, aber auch für Wehrertüchtigung und politische Schulung der Hitler-Jugend (HJ) zuständig war.«[65]

Insgesamt zeichneten die befragten Waldkircher Bürger, die Zeitgenossen Jägers waren und ihn persönlich gekannt hatten, vom Jäger der 1920er und frühen 1930er Jahre auch noch ein halbes Jahrhundert später ein rundum positives Bild. Dieses zumal von den Frauen bewunderte Prachtexemplar eines Mannes galt ihnen als charakterfest, vorbildlich, korrekt, sportlich, musikalisch, feinsinnig, kultiviert, als brillanter Führungskopf, als ein Mann der Elite. Sein frühes Engagement für den Nationalsozialismus und seine politische Rolle in der Kleinstadt Waldkirch wurden nicht geleugnet, aber auch in keiner Weise problematisiert.

4. Jägers Karriere in der SS 1936–1941

Die nächste Etappe in Karl Jägers Lebenslauf war eine rasche Karriere in der SS in den Jahren 1936 bis 1941. Der Reichsführer SS und Chef der Deutschen Polizei, Heinrich Himmler[66], signalisierte ihm im Jahr 1935, dass ihn die SS-Führung nicht vergessen habe. Jäger erhielt als Anerkennung für sein bis dahin ehrenamtliches Engagement in der SS ein symbolträchtiges Geschenk Himmlers, nämlich einen sogenannten Jul-Leuchter, dessen Bezeichnung auf das Jul[67] genannte Winterfest der Germanen zurückgeht. In Jägers Dankesschreiben heißt es im Stile der Zeit: »Ich und mein Sturm, wir gehören zur verschworenen Gemeinschaft der SS. und werden auch im kommenden Jahre unsere Pflicht tun, mehr denn je. Der Führer Adolf Hitler und unser Reichsführer SS. kann [sic!] sich auf uns verlassen, wir sind da, wenn wir gerufen werden.«[68]

Im kommenden Jahre bot sich Jäger, der seit Jahren in wirtschaftlichen Schwierigkeiten lebte, dann endlich ein neues Betätigungsfeld in dem zwischenzeitlich fest etablierten NS-Staat. Es handelte sich um eine Verwendung, die seinen politischen Ambitionen entsprach und die ihn endlich auch materiell wieder absicherte. Himmler übernahm ihn am 1. November 1936 als hauptamtlichen Führer in die SS, die sich zu dieser Zeit personell mächtig ausdehnte. Er wurde als SS-Hauptsturmführer eingestellt. Dieser Dienstgrad entsprach dem eines Hauptmanns bei der Wehrmacht. Seine erste Station war Ludwigsburg. Dort führte er den Sturmbann III/13, was der Tätigkeit eines Bataillonskommandeurs entsprach. Es folgte eine Versetzung nach Ravensburg, wo er als hauptamtlicher SS-Führer die Neuaufstellung des Sturmbanns I/79, also des ersten

Bataillons der 79. SS-Standarte, leitete.[69] 1938 wurde Jäger zum Sturm-
bannführer (Major) befördert und nach Berlin versetzt. Dort übernahm
er eine – nicht näher bekannte – Aufgabe im Hauptamt des Sicherheitsdienstes (SD) der SS.[70] Dieses wurde bei der Gründung des Reichssicherheitshauptamtes (RSHA) am 27. September 1939 umgewandelt in das
Amt III Inlandsnachrichtendienst (ehemals SD).

Nach der Wiedereinführung der Allgemeinen Wehrpflicht 1935 ab-
solvierte Jäger – inzwischen immerhin schon 47 Jahre alt – einen Offi-
zierskurs bei der Wehrmacht und qualifizierte sich bei der Artillerie zum
Reserveoffizier. Zwei Jahre nach seiner letzten Beförderung erreichte er
im März 1940 den Rang eines SS-Obersturmbannführers (Oberstleutnant), und noch im selben Jahr avancierte er auf Vorschlag des
SS-Gruppenführers Reinhard Heydrich zum SS-Standartenführer, was
dem Range eines Obersten in der Armee oder der Luftwaffe entsprach.

Aus den erhalten gebliebenen dienstlichen Beurteilungen der Jahre
1935 bis 1940, verfasst von seinen SS-Vorgesetzten, ist Folgendes zu entnehmen. In der Rubrik »rassisches Gesamtbild« heißt es: »großer,
schlanker, kräftiger Körperbau, nordische Erscheinung«. Des Weiteren
wird er geschildert als »offen, ehrlich, treu und zuverlässig, bescheiden
im Wesen«, mit ausgeprägter Willens- und Entschlusskraft, überaus
klug, mit einem »über dem Durchschnitt stehenden, umfangreichen All-
gemeinwissen« ausgestattet. Er verfüge über ein »rasches und sicheres«
Auffassungsvermögen und sei in seiner nationalsozialistischen Weltanschauung »einwandfrei und gefestigt«. Als alter Frontsoldat sei er es gewohnt, sicher und bestimmt vor der Front aufzutreten. Er stehe in bes-
tem Einvernehmen mit der Wehrmacht und ebenso mit anderen
Dienststellen und Behörden. Sein Benehmen in und außer Dienst wird
als »untadelig« geschildert. Er sei auch ein guter Redner und verstehe es
zu argumentieren. Sein Genuss von Alkohol und Nikotin sei mäßig. Besondere Schwächen und Fehler seien nicht erkennbar.[71] Regelmäßig
wurde Karl Jäger zu Beförderungen und neuen, höher qualifizierten Ver-
wendungen vorgeschlagen.

Jäger war katholisch erzogen worden und er gehörte der katholischen
Kirche 36 Jahre lang an. Als er im Jahr 1936 von der SS-Bürokratie gefragt
wurde, welcher Konfession er angehöre, gab er »katholisch« an, fügte
aber in Klammern hinzu: »Seit 12 Jahren für mich ein überlebter Stand-
punkt.«[72] Ein Jahr später trat er dann auch formell aus der katholischen

Abb. 2 und 3: Karl Jäger als SS-Offizier
Ende der 1930er Jahre.

Kirche aus und bezeichnete sich als »gottgläubig«[73], was in der NS-Sprache der damaligen Zeit als die »arteigene Frömmigkeit des deutschen
Wesens« bezeichnet wurde.[74]

Bei seiner Karriere innerhalb der SS kam es Jäger zugute, dass er es
schon im Ersten Weltkrieg zum Offiziers-Stellvertreter gebracht hatte
und in den zwanziger Jahren stets in Kontakt mit der Schwarzen Reichswehr geblieben war. Sein rascher Aufstieg wäre natürlich nicht ohne vollständige Übereinstimmung mit den weltanschaulichen Positionen der SS
möglich gewesen. Leider stehen uns bislang keine Quellen zur Verfügung – Privatbriefe beispielsweise –, denen sich genauere Informationen
über den intellektuellen Werdegang Jägers in dieser Zeit entnehmen lie
ßen.

5. Im Hauptamt des Sicherheitsdienstes der SS

Das Hauptamt des SD in Berlin muss man sich als eine Geheimdienstzentrale der Staatspartei NSDAP vorstellen. Der Sicherheitsdienst (SD) der SS war 1931 als ein Nachrichten- und Überwachungsorgan der NSDAP gegründet worden. Der Reichsführer-SS Heinrich Himmler betraute seinen Stellvertreter Reinhard Heydrich mit der Leitung. Nach der Machtübertragung auf Hitler 1933 wurde der SD nicht aufgelöst und auch nicht in den Staatsdienst überführt. Vielmehr blieb er eine Organisation der Partei, die mit den staatlichen Polizeiorganisationen Geheime Staatspolizei, Kriminalpolizei und Sicherheitspolizei konkurrierte.

Im Juni 1936 ernannte Hitler den Reichsführer-SS Heinrich Himmler zum Chef der deutschen Polizei. Das war der entscheidende Schritt zur Zentralisierung der Polizei, die nun gleichzeitig der Führung der SS unterstellt wurde. Die Polizisten blieben zwar nach wie vor Staatsbedienstete, wurden aber zugleich mit einer Organisation der NSDAP verknüpft und deren Einflüssen ausgesetzt.[75]

In den Jahren der Kriegsvorbereitung (1933–1939) kam dem SD hauptsächlich die Aufgabe zu, die Herrschaft der NSDAP im Innern zu stabilisieren. Zu diesem Zwecke beobachtete er mittels eines ganzen Heeres von Spitzeln die Gegner des Nationalsozialismus und erstattete Regierung und Parteispitze regelmäßig Bericht über die Stimmungslage der reichsdeutschen Bevölkerung.[76] Die Bekämpfung aller staatsgefährdenden Bestrebungen, also des Widerstandes gegen den Nationalsozialismus, war die Aufgabe der Gestapo, die ebenfalls Heydrich unterstand.

Nach Kriegsbeginn, am 27. September 1939, wurden mit der offiziellen Gründung des Reichssicherheitshauptamtes (RSHA) alle Polizeiorganisationen des Staates und der Partei unter einem Dach zusammengefasst. Diese Neuorganisation führte zu einer Verschmelzung der Ämter des staatlichen Bereichs mit denen der NS-Bewegung. Das bedeutete jedoch nicht, dass jetzt alle Polizeien verstaatlicht waren. Vielmehr entstand eine völlig neue Behörde, die den Doppelstatus einer Ministerialbehörde und eines SS-Hauptamtes besaß.[77] Heydrich avancierte nunmehr zum Chef des Sicherheitsdienstes (SD) der SS, der Gestapo, der Kripo, der Grenzpolizei und der Ordnungspolizei. Der SD samt seinem Hauptamt, in welchem Jäger Dienst tat, bildete jetzt das Amt III des RSHA. Die Gestapo ging im Amt IV auf.[78]

Diese beiden Ämter entwickelten sich nach Kriegsbeginn zu den eigentlichen Instrumenten des Terrors im Innern und in den von der Wehrmacht besetzten Gebieten. Hier wurde die Verfolgungs- und Vernichtungspolitik des NS-Regimes gesteuert. Aus den Ämtern SD und Gestapo gingen auch die Einsatzgruppen und Einsatzkommandos der SS hervor, deren sicherheitsdienstliche Hauptaufgabe in der Vernichtung der europäischen Juden bestand. So gesehen, wurde das Reichssicherheitshauptamt – nach den Worten des Historikers Michael Wildt – »aus dem Geiste des völkischen Massenmords« geboren.[79]

Mit seiner Versetzung in das SD-Hauptamt gehörte Karl Jäger zur Elite des Sicherheitsdienstes der SS, die sich nach dem Willen von Heydrich als »ein kämpferisches Korps fühlen« sollte.[80] Damit war gemeint, dass das SS-Führerkorps nicht die Mentalität von Verwaltungsbeamten annehmen durfte, sondern statt dessen ein Selbstverständnis als »kämpfende Verwaltung« entwickeln sollte.[81] Heydrich sah die SS-Führer als eigenständige, weltanschaulich gefestigte, politische Kämpfer. Für Heydrich und Himmler war es der SD, der weltanschaulich gefestigt, politisch radikal und administrativ ungebunden die Polizei zu führen hatte.[82]

Dieser Grundeinstellung der SS-Führer dürfte auch Karl Jägers Versetzung in das SD-Hauptamt geschuldet gewesen sein. Denn er verfügte weder über Erfahrungen in der staatlichen Verwaltung noch konnte er auf eine juristische Ausbildung verweisen, war insoweit also ein eher untypischer SS-Führer.

Im Gegensatz zu Heydrich bevorzugte der Chef des Personalwesens im RSHA, Werner Best, einen speziellen Typ von SS- und Polizeiführer, nämlich den jungen Akademiker, möglichst Volljurist, der um 1910 herum geboren war, sich schon als Student für die Partei engagiert hatte und nun als 30-Jähriger Führungspositionen in der SS übernehmen sollte.[83] Der 1888 geborene Karl Jäger aber war 1938 bereits 50 Jahre alt und konnte lediglich seine langjährige Parteimitgliedschaft, seine weltanschauliche Zuverlässigkeit, seine Verdienste beim Aufbau und der Führung von lokalen SS-Formationen und seine Kampferfahrung im Ersten Weltkrieg in die Waagschale werfen. Später, während des Einsatzes in Litauen, sollte der beträchtliche Altersunterschied zwischen den jüngeren SS-Offizieren und dem Senior Jäger noch eine bedeutende Rolle spielen.

Vom 17. Januar bis zum 12. Februar 1938 nahm Jäger an einem vierwöchigen Sturmbannführerlehrgang der Allgemeinen SS an der SD-Schule in Bernau bei Berlin teil. Dort fiel er offenbar positiv auf und wurde als künftiger Lehrgangsleiter an derselben Schule vorgesehen. Ab 1. März 1938 übernahm das SD-Hauptamt seine Besoldung.[84]

Von Mai bis September 1940 wurde Jäger in die deutsch besetzten Niederlande kommandiert. In Amsterdam tat er Dienst als Leiter des dortigen SD. Nach eigenem Bekunden bestand seine wichtigste Aufgabe darin, die Wirtschaft des Landes auszuspionieren. Hierüber fertigte er Berichte an das RSHA. Im Anschluss an seine Auslandsverwendung wurde er – inzwischen zum SS-Standartenführer befördert – nach Münster / Westfalen zurückversetzt, wo er schon im Jahr 1938 als Leiter eines SD-Abschnitts gedient hatte.[85]

6. SD-Schule Bernau: Antisemitische Indoktrination

Im Hinblick auf seinen späteren Einsatz in Litauen ist es von Interesse, etwas Näheres über Jägers antisemitische Überzeugungen zu erfahren. Hierzu liegen leider keine biographischen Primärquellen vor, beispielsweise Privatbriefe, Tagebuchnotizen oder Vortragsmanuskripte Jägers.

Allerdings sind die Historiker über die ideologische Vorbereitung der deutschen Polizei auf ihre künftigen »völkischen« Aufgaben in den Jahren vor Kriegsbeginn einigermaßen gut informiert.[86] Eine spezifische antisemitische Indoktrination erhielten nicht nur die Angehörigen der späteren »Truppe des Weltanschauungskrieges«[87], die aus der staatlichen Sicherheitspolizei (Kriminalpolizei plus Geheime Staatspolizei[88]) und dem Sicherheitsdienst der SS (SD) bestand. Eine weltanschauliche Schulung im nationalsozialistischen Sinne, mit einem besonderen Akzent auf einem grob geschnitzten antisemitischen Feindbild, fand auch bei anderen Polizeiformationen, wie zum Beispiel der Ordnungspolizei[89], und ebenso bei der Wehrmacht statt. Insoweit waren die Grenzen zwischen diesen Organisationen fließend.[90]

Die antisemitischen Einstellungen der Uniformträger, die in diesen Formationen ihren Dienst taten, waren zum Teil bereits vor 1933 wirksam, verstärkten sich im Laufe der dreißiger Jahre durch die staatliche Indoktrination und drängten schließlich zur Tat. Das wird verständlich, wenn man sich klarmacht, dass die Indoktrination keineswegs nur einseitig über die Propaganda oder die sogenannte weltanschauliche Schulung[91] lief. Das praktische Einüben der erwünschten Einstellung gegenüber der jüdischen Minderheit fand auch in der Alltagspraxis der Polizisten statt, die in einem engen Zusammenhang mit den antisemitischen Maßnahmen des NS-Regimes in der Vorkriegszeit standen.[92]

Was von den Beamten der Geheimen Staatspolizei erwartet wurde, machte Werner Best, damals Hauptabteilungsleiter im Gestapa (Gestapo-Amt), in einem Belehrungsschreiben vom Februar 1935 deutlich. Darin hieß es: »Es ist eine der vornehmsten Aufgaben der Geheimen Staatspolizei, darüber zu wachen, dass die Grundsätze der NSDAP für das Leben des deutschen Volkes für alle Zeit richtunggebend bleiben. Diese Aufgabe kann nur dann erfüllt werden, wenn diese Grundsätze zunächst von allen in der Geheimen Staatspolizei tätigen Personen als für sie bindend anerkannt werden. Ihre Nichtbeachtung muss daher für die dienstliche Stellung der Beamten, Angestellten und Lohnempfänger der Geheimen Staatspolizei ernste Folgen nach sich ziehen. Einer der wichtigsten Grundsätze der NSDAP findet seinen Ausdruck in ihrer Stellungnahme zur Rassenfrage, insbesondere in ihrer Haltung gegenüber dem Judentum. Die Richtlinien der NSDAP, betreffend den Einkauf in jüdischen Geschäften und die Inanspruchnahme jüdischer Ärzte, Anwälte usw. sind also für alle Mitglieder der Geheimen Staatspolizei bindend.«[93]

Seit 1936, als Jäger als hauptamtlicher Funktionär in die SS übernommen wurde, ließ Himmler eine Reihe von Polizeischulen einrichten, unter anderem die Grenzpolizeischule in Pretzsch an der Elbe und die SD-Schule in Bernau bei Berlin, um die ideologische Indoktrination zielgerichteter betreiben zu können. In der »weltanschaulichen Erziehung« der Polizisten (Staatspolizei, Kriminalpolizei und Ordnungspolizei) wurde gezielt rassistische Bewusstseinsbildung betrieben, und zwar im Sinne einer »Erziehung zu Rassebewusstsein und Rassestolz«, wie es in einem Leitheft der SS zur Schulung in der »Judenfrage« aus dem Jahre 1936 hieß.[94]

Die selbstgestellte Frage »Warum wird über das Judentum geschult?« wurde so beantwortet: Der Jude sei »der gefährlichste Feind des deutschen Volkes«, er habe einen »zersetzenden Einfluss« als »Rassenschänder«, »Schmarotzer« und Urheber von Freimaurerei, der politischen Kirche und aller unliebsamen Ismen, nämlich Marxismus, Bolschewismus,

Liberalismus, Kapitalismus und Pazifismus. Sein Ziel sei die »Erreichung der Weltherrschaft«, zu der sich der »Gegner Nummer eins« aller Mittel – Geld, Sex, Ideologie, Gewalt – bediene.[95]

In den Schulungen der SS wurde auch ein Filmstreifen verwendet, auf welchem in Textform zusammengefasst wurde, was jeder SS-Mann wissen musste, nämlich: »Judentum und Judengeist sind von jeher Todfeinde des nordischen Blutes gewesen. Wie der Jude vor Jahrtausenden war, so ist er heute und wird er in Zukunft sein, aus dem Gesetz seines Blutes heraus. [...] Wenn wir den Juden aus unserem Volkskörper ausscheiden, so ist das ein Akt der Notwehr«.[96]

Interessant ist die Beobachtung des Historikers Jürgen Matthäus, dass in den Vorkriegsjahren bei der Gestapo kaum ein wirkliches Sachwissen beispielsweise über jüdische Organisationen, jüdische Emigration und Assimilation vorhanden war, sondern dass »Phantasiebehauptungen, Fehleinschätzungen und Falschinformationen« dominierten, »die ihre ideologische Herleitung nur schwer verleugnen« konnten.[97] Besonders auffallend sei die »Nebelhaftigkeit in Sprache und Zielbestimmung SS- und polizeiinterner Schulungsmaterialien«[98], worin sich der Stand der deutschen Judenpolitik widerspiegelte. Als nebulös mussten schließlich auch die öffentlichen Äußerungen des obersten Vorgesetzten der Polizisten gelten.

In seiner zweieinhalbstündigen Mammutrede vor dem »Großdeutschen Reichstag« am 30. Januar 1939 rechnete es sich Hitler als sein Verdienst an, im Innern Deutschlands »durch die zwingende Gewalt unserer Propaganda den jüdischen Weltfeind zu Boden geworfen« zu haben.[99] Sodann stellte er in vagen Formulierungen Bezüge zur außenpolitischen Dimension des Problems her, zum Beispiel mit der Wendung, Europa könne »nicht mehr zur Ruhe kommen, bevor nicht die jüdische Frage ausgeräumt« sei. Wenn das Judentum nicht zu »einer soliden aufbauenden Tätigkeit« finde, dann werde es »früher oder später einer Krise von unvorstellbarem Ausmaße erliegen«.[100]

Dann ließ Hitler eine Redepassage folgen, in welcher erstmals das Ziel der »Vernichtung der jüdischen Rasse in Europa« offen ausgesprochen wurde. Diese Passage, die nach dem Kriege kaum ein Deutscher gehört haben wollte, hatte den folgenden Wortlaut:

»Und eines möchte ich an diesem vielleicht nicht nur für uns Deutsche denkwürdigen Tage aussprechen: In bin in meinem Leben sehr oft Prophet gewesen und wurde meistens ausgelacht. In der Zeit meines Kampfes um die Macht war es in erster Linie das jüdische Volk, das nur mit Gelächter meine Prophezeiungen hinnahm, ich würde einmal in Deutschland die Führung des Staates und damit des ganzen Volkes übernehmen und dann unter vielen anderen auch das jüdische Problem zur Lösung bringen. Ich glaube, dass dieses damals schallende Gelächter dem Judentum in Deutschland unterdes wohl schon in der Kehle erstickt ist.

Ich will heute wieder ein Prophet sein: Wenn es dem internationalen Finanzjudentum in und außerhalb Europas gelingen sollte, die Völker noch einmal in einen Weltkrieg zu stürzen, dann wird das Ergebnis nicht die Bolschewisierung der Erde und damit der Sieg des Judentums sein, sondern die Vernichtung der jüdischen Rasse in Europa.«[101]

Hitler drohte also mit Vernichtung der Juden und betrieb zugleich Propagandapolitik, indem er die Schuld an einem künftigen Kriege prophylaktisch auf die Juden abzuwälzen versuchte. In einer SS-Broschüre vom Frühjahr 1939 wurde diese Hitler-Rede insoweit umgesetzt, als im Hinblick auf das Ziel einer »Lösung der Judenfrage« nunmehr neben der »Aussiedlung« nach Palästina oder in »sonstige Gebiete«, zum Beispiel Kenia oder in das »noch immer ziemlich menschenleere Australien oder nach Madagaskar, auch von jener Krise von unvorstellbarem Ausmaß« und von »Vernichtung« die Rede war.[102] Wie man sieht, gab es einen engen Zusammenhang zwischen der allgemeinen Propaganda, die für die gesamte deutsche Öffentlichkeit bestimmt war, und der spezifischen Schulung innerhalb der SS.

Die polizeiinterne Propaganda kam auch später immer wieder auf diese Grundsatzrede Hitlers zurück. Als der Krieg gegen die Sowjetunion bereits im Gange war, erhielten die Ordnungspolizisten in einem für sie gemachten Schulungsblatt vom 1. Dezember 1941 beispielsweise die folgende Botschaft:

»Das Wort des Führers, dass ein vom Judentum angezettelter neuer Krieg nicht die Zerschlagung des antisemitischen Deutschlands, sondern vielmehr das Ende des Judentums bringen werde, wird in diesen Tagen vollstreckt. Die gewaltigen Räume des Ostens, die Deutschland und Europa nun zur Kolonisation zur Verfügung stehen, ermöglichen in naher Zukunft auch die endgültige Lösung des jüdischen Problems, das heißt, nicht nur die Entmachtung, sondern die tatsächliche Ausscheidung der parasitären Rasse aus der europäischen Völkerfamilie. Was noch vor zwei

Jahren unmöglich schien, wird nun Schritt für Schritt Wirklichkeit: am Ende des Krieges steht das judenfreie Europa.«[103]

Jäger, der im Jahr 1939 besagten vierwöchigen Lehrgang in der SD-Schule Bernau besuchte[104], wurde dort einmal mehr mit der Notwendigkeit des »weltanschaulichen Kampfes« konfrontiert. Zwar gab es zu dieser Zeit noch keine konkreten Planungen, wie die »Lösung der Judenfrage« aussehen könnte, aber die »Vernichtung« der Juden war bereits, wie die Hitler-Rede vom 30. Januar 1939 belegt, als eine Möglichkeit öffentlich benannt.

Nach dem Kriege beschrieb ein einflussreicher SS-Führer die Stimmung in dieser mächtigen NS-Formation so: Schon in den Vorkriegsjahren habe eine stetige Radikalisierung der rassistischen Feindbilder stattgefunden, die schließlich gleichsam von selbst zur Explosion gedrängt habe. Es handelte sich um den SS-Obergruppenführer und General der Polizei Erich von dem Bach-Zelewski (1899–1972).[105] Er führte am 7. Januar 1946 in einem Verhör des Internationalen Militärtribunals in Nürnberg Folgendes aus: »Wenn man jahrelang predigt, jahrzehntelang predigt, dass die slawische Rasse eine Unterrasse ist, dass die Juden überhaupt keine Menschen sind, dann muss es zu einer solchen Explosion kommen.«[106]

Auch Jäger wird in diesen rassenideologischen Kategorien gedacht haben. Vielleicht verstand er sein späteres Vernichtungswerk tatsächlich so, dass sein eigenes, radikalisiertes Feindbilddenken gleichsam zur Explosion drängte – und zwar auch ohne ausdrückliche Einzelbefehle.[107] Die allgemeine Richtung war jedenfalls klar.

Nach Beginn des Krieges gegen die Sowjetunion sollte das allgemeine Feindbild eine handlungsorientierende Bedeutung erlangen. Der Historiker Klaus-Michael Mallmann beschreibt den Zusammenhang von Indoktrination und Bereitschaft zum Massenmord folgendermaßen: »Denn die mitgebrachten Vorstellungen vom Gegner – insbesondere die rassistische Annahme, die Juden seien die Quelle jeder feindseligen Handlung – waren der einzige Kompass, um sich im Feindesland zurechtzufinden, die Wahrnehmungen zu ordnen und Bedrohungen zu orten. Zudem hatte sich dieses fixe ideologische Bild über Jahre und Jahrzehnte viel zu tief eingeprägt, als dass es noch eine Überprüfung an der Realität benötigt oder erlaubt hätte. Die Akteure begannen kollektiv als Gefangene ihres Feindbildes zu handeln.«[108]

7. Die Aufstellung des Einsatzkommandos 3 in Pretzsch

Im Sommer 1941, einige Wochen vor dem deutschen Überfall auf die Sowjetunion, erhielt der SS-Standartenführer Karl Jäger den Befehl, das Einsatzkommando 3 aufzustellen. Dies geschah in der Grenzpolizeischule von Pretzsch, einer kleinen sächsischen Stadt an der Elbe, im Kreis Wittenberg, Bezirk Halle. In das Einsatzkommando, das in drei Züge unterteilt war, wurden etwa 120 Beamte aufgenommen.[109] Einen erheblichen Teil des Personals stellten die Teilnehmer des laufenden SD-Lehrgangs auf der Polizeischule in Pretzsch.[110] Weiterhin setzte sich das Personal des EK 3 – wie andere Einheiten und Verbände der SS – aus Männern zusammen, die aus verschiedenen Polizeiorganisationen übernommen wurden, nämlich aus der Gestapo, der Sicherheitspolizei, der Ordnungspolizei und dem Sicherheitsdienst der SS. Formell handelte es sich bei diesem Kommando um eine staatliche Polizeitruppe[111], nämlich einen Teil der sogenannten Sicherheitspolizei. Aus dieser speziellen Polizeiorganisation wurden die SS-Einsatzgruppen gebildet, die der Wehrmacht bei ihren Feldzügen folgten.

Das 120 Mann starke Einsatzkommando 3 war in drei Züge aufgeteilt. Der erste Zug wurde vom Stellvertreter Jägers, SS-Sturmbannführer (Major) Gustav Grauer, geführt, der zweite von dem SS-Untersturmführer (Leutnant) Joachim Hamann, der dritte von SS-Hauptsturmführer (Hauptmann) Gerhart Kortkampf. Hamann, der auch als Jägers Adjutant fungierte, übernahm später die Position Grauers als Jägers Stellvertreter. Das Führungspersonal des EK 3 bestand also aus SS-Offizieren, die aus unterschiedlichen Polizeiorganisationen kamen. Einige Offiziere, zum Beispiel Hamann, gehörten der Gestapo an, andere der Kriminalpolizei, zum Beispiel Grauer, und dem SD, wie zum Beispiel Kortkampf.[112] Diese jüngeren Offiziere mit Geburtsjahrgängen zwischen 1910 und 1915 kannten sich von einem Lehrgang auf der Führerschule der Sicherheitspolizei und des Sicherheitsdienstes der SS in Berlin-Charlottenburg her, den sie in der ersten Jahreshälfte 1941 gemeinsam besucht hatten.[113] Diese personelle Konstellation sollte später im Einsatzraum Litauen noch eine bedeutsame Rolle spielen.

Die Aufgabe der Einsatzkommandos bestand, wie es hieß, vor allem darin, die von den Truppen der Wehrmacht eroberten Territorien im Osten polizeilich zu sichern. Diese Aufgabe wurde jedoch von vorneherein so verstanden, dass jüdische Männer im wehrfähigen Alter, die als potentielle Widerstandskämpfer gegen die deutsche Okkupationsmacht in Frage kamen, prophylaktisch als »partisanenverdächtig« eingestuft und, ebenso wie die bolschewistischen Funktionäre, liquidiert wurden. In der Praxis sollten sich die Einsatzgruppen und -kommandos dann zu reinen Mordkommandos entwickeln. Insoweit stellte der Begriff Sicherheitspolizei, wie so viele Termini der Lingua Tertii Imperii (LTI)[114], eine pure Verschleierung der tatsächlichen Vernichtungsaufgaben dar.

8. Die Befehlslage für die Einsatzgruppen und die Einsatzkommandos im Juni 1941

Während der Aufstellung der EKs in Pretzsch wurden die als Kommandoführer vorgesehenen SS-Offiziere bei mehreren Gelegenheiten in ihre künftigen Aufgaben eingewiesen. Zudem erhielt Jäger bereits in dieser Aufstellungsphase die Mitteilung, dass er nicht nur als Führer des EK 3 verwendet werden sollte, sondern dass er zu einem späteren Zeitpunkt zugleich als Kommandeur der Sicherheitspolizei und des SD (KdS) in Litauen vorgesehen war, mit Sitz in der litauischen Hauptstadt Kaunas.[115] Das EK sollte zunächst beweglich operieren und später, nachdem die Sicherheit im Sinne der deutschen Besatzungsmacht hergestellt sein würde, in die stationäre Dienststelle des KdS umgewandelt werden.

Zur Einweisung in die künftigen Aufgaben gehörte naturgemäß die Beschreibung der Feindgruppen, mit denen es die Sicherheitspolizei in den besetzten Gebieten zu tun haben würde. Des Weiteren wurden den Kommandoführern die Vorstellungen der SS-Führung über die Art und Weise, wie diese Feinde bekämpft werden sollten, nahegebracht.

Welche Befehle und Aufträge nahm Jäger im Juni 1941 in Pretzsch entgegen? In den Vernehmungen während seiner Haft im Jahr 1959 erinnerte er sich an mehrere Einweisungen. Bereits »einige Wochen« vor dem Überfall auf die Sowjetunion sei er zusammen mit etwa 50 anderen SS-Offizieren, die – wie er selbst – für den Einsatz im Osten vorgesehen waren, nach Berlin in das Reichssicherheitshauptamt (RSHA) in die Prinz-Albrecht-Straße befohlen worden. Dort hätten sie von Himmlers Stellvertreter Reinhard Heydrich allgemeine Instruktionen für den bevorstehenden Russlandkrieg erhalten.

Einer der dort ebenfalls anwesenden SS-Offiziere, Dr. Walter Blume, späterer Führer des Einsatzkommandos 7 a, erinnerte sich nach dem Krieg, dass Heydrich bei dieser Besprechung, die wohl am 17. Juni 1941 in Berlin stattfand, einen »Rahmenbefehl« übermittelt habe mit der zentralen Aussage, dass die gegebene Situation dazu genützt werden müsse, »um das Ostjudentum auszurotten«, und zwar ausdrücklich auch »Frauen und Kinder«.[116]

Jägers Erinnerung zufolge sprach Heydrich in Pretzsch dann noch einmal zu den versammelten SS-Führern. Er habe dort erklärt, »dass im Falle eines Krieges mit Russland die Juden im Osten alle erschossen werden müssten«. Jäger fügte hinzu: »Erwähnen möchte ich hierzu, dass ich mich nicht erinnern kann, ob er sagte, dass alle Juden erschossen werden müssten oder die Juden erschossen werden müssten.« Immerhin war ihm noch im Gedächtnis haften geblieben, dass ein Stapoleiter, also ein Offizier der Geheimen Staatspolizei, etwa wörtlich gefragt habe: »Wir sollen die Juden erschießen?«, woraufhin Heydrich geantwortet habe, das sei »doch wohl selbstverständlich«.[117]

Der Führer des Einsatzkommandos 2, Rudolf Batz, machte eine ähnliche Aussage. Er sagte, in Pretzsch sei ihnen erklärt worden, »dass besonders die Juden im Ostraum, noch dazu in dem kommenden rückwärtigen Heeresgebiet, als potentielle Gegner anzusehen seien«. Und weiter: »Es ist richtig, und das war uns auch von Beginn an bekannt, dass zu den Aufgaben die Beseitigung des jüdischen Volkstums gehörte. Diese Aufgabe wurde uns SS-Führern in Pretzsch eröffnet.«[118]

Der Historiker Peter Longerich, Autor der ersten deutschen Gesamtdarstellung der nationalsozialistischen Judenverfolgung, sichtete sämtliche verfügbaren Quellen, die geeignet sind, uns ein Bild davon zu machen, welche Instruktionen die Führer der Einsatzkommandos vor Kriegsbeginn erhielten.[119] Er legt dar, dass sich nach dem Kriege auch andere Kommandoführer, ähnlich wie Karl Jäger, an drei Besprechungen erinnerten: Erstens an eine Instruktion durch Heydrich in Berlin am 17. Juni 1941; zweitens an die Ausführungen von Bruno Streckenbach anlässlich seines Besuches in Pretzsch; drittens an eine nochmalige Instruktion des in Pretzsch versammelten SS-Führungspersonals wenige Tage vor Beginn des Krieges durch Heydrich, auf die sich auch die oben zitierten Erinnerungen von Karl Jäger beziehen.

Nach den vorliegenden Berichten scheint Heydrich bei dieser Gelegenheit so verfahren zu sein, dass er dem Führungspersonal der Einsatzgruppen und Einsatzkommandos hinsichtlich der Behandlung von Juden und Kommunisten eine allgemeine Linie vorgab, die ungefähr den Befehlen entsprach, welche das Oberkommando der Wehrmacht (OKW) den Truppen des deutschen Ostheeres gegeben hatte, also dem Kriegsgerichtsbarkeitserlass, dem Kommissarbefehl und den Richtlinien für das Verhalten der Truppe.[120]

In den – vom OKW bereits am 19. Mai 1941 erlassenen – Richtlinien für die Truppe war vom »Todfeind des nationalsozialistischen deutschen Volkes« die Rede. Er wurde im Einzelnen folgendermaßen beschrieben: »Dieser Kampf verlangt rücksichtsloses und energisches Durchgreifen gegen bolschewistische Hetzer, Freischärler, Saboteure, Juden und restlose Beseitigung jedes aktiven oder passiven Widerstandes.«[121]

Ob die oben wiedergegebenen Schilderungen der Einsatzgruppenführer über nur mündlich gegebene Befehle im Ganzen und im Detail zutreffend sind, konnte bislang nicht zweifelsfrei geklärt werden, eben weil es keine schriftlichen Dokumente gibt. Die Aussagen sind jedoch durchaus glaubhaft. Der Sache nach besagen sie, dass die Führer der SS-Einsatzgruppen und Einsatzkommandos schon vor Kriegsbeginn »ein präventives, uneingeschränktes und völkerrechtswidriges Massenmordgebot erhalten hatten, welches die Erschießung von jüdischen Frauen und Kindern nicht untersagte«.[122] Wie die anderen Führer der Einsatzkommandos wusste also auch Jäger, dass er in pauschaler Form ermächtigt war, die jüdische Bevölkerung in seinem Machtbereich zu exekutieren.

Nach dem Kriege versuchten die Angeklagten des Nürnberger Einsatzgruppenprozesses (1947/48) diesen Sachverhalt insoweit für ihre Verteidigung nutzbar zu machen, als sie für sich selbst den Befehlsnotstand reklamierten und sich als bloße Befehlsempfänger und Handlanger darstellten.[123] So berief sich der im Einsatzgruppenprozess tonangebende Angeklagte Otto Ohlendorf, vormals Führer der SS-Einsatzgruppe D, auf einen Befehl, der ihm in Pretzsch, wenige Tage vor Kriegsbeginn, von dem Amtschef I des Reichssicherheitshauptamtes, Bruno Streckenbach, bekanntgegeben worden sei. Gleiches berichteten die ebenfalls angeklagten SS-Führer Paul Blobel (SK 4 a), Walter Blume (SK 7 a), Gustav Adolf Nosske (EK 12) und Martin Sandberger (SK 1 a).

Im Gegensatz zu dieser auf die Befehlslage verweisenden Deutung hebt die neuere Holocaust-Forschung stärker auf die Eigendynamik der SS-Einsatzgruppen und Einsatzkommandos ab. Die Judenmorde im Sommer und Herbst 1941 werden hier als eine stufenförmige Radikalisierung im Einsatz selbst verstanden.[124] Die einzelnen SS-Führer, so wird argumentiert, hätten auf der Basis einer allgemeinen, nur mündlich übermittelten Befehlslage, aber auch aufgrund ihres radikalen Antisemitismus und ihrer Gewaltbereitschaft eigene, selbständige Aktivitäten entfaltet.[125] Diesen selbstinduzierten Radikalisierungsprozess hat es, wie noch zu zeigen sein wird, auch beim EK 3 gegeben.

Die allgemeinen Befehle, die vor dem Beginn des deutsch-sowjetischen Krieges an die SS-Kommandos ausgegeben wurden, erfuhren nach den ersten erfolgreichen Vorstößen der Wehrmacht mehrfach Konkretisierungen. So gab Heydrich am 29. Juni 1941, als in Kaunas bereits mehrere Tausend Juden Opfer von Pogromen geworden waren, die Instruktion heraus, dass die Einsatzkommandos »Selbstreinigungsaktionen antikommunistischer oder auch antijüdischer Kreise in den neu zu besetzenden Gebieten« auslösen sollten, »allerdings spurenlos«.[126]

In einem Schreiben an die ihm unterstellten Höheren SS- und Polizeiführer (HSSFP) vom 2. Juli 1941 fasste Heydrich dann die zuvor von ihm mehrfach mündlich erteilten Weisungen noch einmal zusammen. Unter der Rubrik »Exekutionen« wurden nun bestimmte Feindgruppen fixiert: »Zu exekutieren sind alle Funktionäre der Komintern (sowie überhaupt die kommunistischen Berufspolitiker schlechthin), die höheren, mittleren und radikalen unteren Funktionäre der Partei, des Zentralkomitees, der Gau- und Gebietskomitees, Volkskommissare, Juden in Partei- und Staatsstellungen, sonstigen radikalen Elemente (Saboteure, Propagandeure, Heckenschützen, Attentäter, Hetzer usw.).«[127]

Damit lag nun ein allgemein gehaltener, keineswegs präziser Vernichtungsbefehl in schriftlicher Form vor. Den Führern der Einsatzgruppen und Einsatzkommandos blieb es überlassen, wie sie die Juden und Bolschewisten oder den »jüdischen Bolschewismus« konkret definierten und damit zur Exekution freigaben.

Rückblickend vermochten sich die zu diesem Komplex befragten SS-Offiziere nicht mehr genau daran zu erinnern, ob auch damals schon die Erschießung von jüdischen Frauen und Kindern angeordnet wurde oder ob dieser Befehl erst später dazukam.[128] Das wird man ihnen kaum verdenken können. Denn die Exekutionspraxis der nächsten Wochen und Monate dürfte sich ihrem Gedächtnis wesentlich stärker eingeprägt haben als die Details der Befehlslage vor Kriegsbeginn.

Die unter Historikern heftig diskutierte Frage, ob es bereits im Juni 1941 einen allgemeinen Befehl Hitlers zur Ermordung der europäischen Juden gegeben hat oder nicht[129], war für die Führer der SS-Einsatzkommandos nicht von Bedeutung. Sie erhielten ihre Weisungen von ihrem Vorgesetzten Heydrich, und diese Befehle wiesen eindeutig den Weg zu einer massenhaften Ermordung von Juden, Bolschewisten und anderen irgendwie »Verdächtigen«. Ähnlich wie in den Wehrmachtbefehlen mangelte es bei der Feindbildfixierung der SS an Präzision, und das war hier wie dort von den Befehlsgebern gewollt. Den Einsatzkommandoführern wurde eine allgemeine Richtung gewiesen, die es ihrer Initiative überließ, wie sie die Befehle dann im Einzelnen praktizierten.[130]

Teil III:
Litauen im Juni 1941

1. Litauen, seine Juden und die »zeitweilige Hauptstadt« Kaunas

Wenn man die territoriale Ausdehnung zum Maßstab nimmt, so hatte Litauen seine große Zeit im 14. und 15. Jahrhundert. Damals stellte das Großfürstentum Litauen eine europäische Großmacht dar, die von der Ostsee bis zum Schwarzen Meer reichte. Zu dieser Zeit standen Weißrussland, der westliche Teil der Ukraine und Westrussland unter litauischer Herrschaft. Vom 15. bis zum 18. Jahrhundert waren Polen und Litauen in einer Staatenunion vereinigt. Mit der dritten Teilung Polens im Jahr 1795 geriet Litauen unter russische Herrschaft und wurde zu einer Provinz des Russischen Reiches. 1863 kam es in Polen und in Litauen zu Aufständen gegen die russische Herrschaft, die vom Zarenreich niedergeschlagen und mit einer systematischen Russifizierung beantwortet wurden. Wie überall in Europa verstärkten sich im ausgehenden 19. Jahrhundert auch in Litauen die Bestrebungen zur Gewinnung einer nationalen Selbständigkeit.

Im Ersten Weltkrieg eroberten deutsche Truppen weite Teile Russlands, eingeschlossen Litauen, und errichteten eine mehrjährige Besatzungsherrschaft. Mit Einwilligung der deutschen Regierung kam es im Dezember 1917 zur Wiederherstellung eines unabhängigen Staates Litauen mit der Hauptstadt Vilnius. Er sollte enge Bindungen an das Deutsche Reich akzeptieren. Als Deutschland mit der Anerkennung des neues Staates zögerte, riefen die Litauer am 16. Februar 1918 erneut die Unabhängigkeit ihres Landes aus, ohne damit anderen Staaten besondere Beziehungen einzuräumen. Gleichzeitig proklamierten sie, dass der zukünftige litauische Staat auf demokratischen Grundlagen errichtet werden sollte. Dieser Tag, an dem die Erste Litauische Republik gegründet wurde, wird in Litauen noch heute als nationaler Feiertag begangen.

Nach dem Ersten Weltkrieg erhob das Nachbarland Polen Ansprüche

Totalansicht der Festung Kowno mit Notbrücke

Abb. 4: Kaunas 1915: Totalansicht der Festung Kowno mit Notbrücke. Postkarte.

auf jene litauischen Gebiete, die mehrheitlich von Polen bewohnt waren, nämlich auf die Hauptstadt Vilnius und das umgebende Gebiet Vilnius. Im Zuge des polnisch-litauischen Krieges von 1920 besetzten polnische Truppen dieses Gebiet und annektierten es für Polen. Der Völkerbund stimmte der Annexion zwar nicht zu, nahm sie aber hin. Damit hatte die »Erste Litauische Republik« ihre Hauptstadt verloren. Jetzt avancierte Kaunas als die zweitgrößte Stadt Litauens zur »zeitweiligen Hauptstadt«. Das Provisorium hielt lange, nämlich bis zum Jahre 1939, als der Zweite Weltkrieg schon begonnen hatte.

Am 10. Oktober 1939 zwang die sowjetische Führung Litauen zu einem Abkommen, mit dem es die Einrichtung sowjetischer Militärstützpunkte auf litauischem Territorium akzeptierte und dafür im Gegenzug das gesamte Gebiet Vilnius und die Stadt Vilnius zurückerhielt. Daraufhin marschierte die litauische Armee in die Stadt ein und machte Vilnius wieder zur Hauptstadt Litauens. Kaunas hatte als vorläufige Hauptstadt ausgedient.

Im Geheimen Zusatzprotokoll zum Hitler-Stalin-Pakt vom 23. August 1939 hatten Deutschland und die Sowjetunion ihre Interessensphären in Mittel- und Osteuropa aufgeteilt. Nach dem deutschen Überfall auf Polen am 1. September 1939 besetzte die Rote Armee im Gegenzug ab Mitte September 1939 Ostpolen. Zu dieser Zeit wurden die machtpolitischen Absprachen zwischen Deutschland und der Sowjetunion noch einmal revidiert. Die Folge war, dass die UdSSR im Sommer 1940 auch Litauen okkupierte und der litauische Staatspräsident Antanas Smetona nach Deutschland floh.

Die Sowjets krempelten das Land nach sowjetischem Muster um und annektierten es schließlich als Litauische Sozialistische Sowjetrepublik (LSSR). Die Proklamation der LSSR erfolgte am 3. August 1940. Zwar dauerte die sowjetische Herrschaft – zunächst – nur ein Jahr, nämlich bis zum deutschen Überfall auf die Sowjetunion am 22. Juni 1941. Aber in diesem sogenannten Russenjahr erlebte die litauische Gesellschaft schwere Erschütterungen, die sich auf das Verhältnis der Litauer zur jüdischen Minderheit ihres Landes negativ auswirkten.

Nach der Eroberung des Landes errichteten die Deutschen eine dreijährige Besatzungsherrschaft. Sie fand ihr Ende mit der Rückeroberung Litauens durch die Rote Armee im Sommer 1944. Die wenigen überlebenden Juden sowie ein Teil der Litauer haben diese Veränderung der Machtverhältnisse als Befreiung empfunden. Der Großteil der national eingestellten Litauer empfand die Veränderungen jedoch als neuerliche Errichtung einer Fremdherrschaft. Sie dauerte diesmal nicht nur ein Jahr, sondern lange 45 Jahre lang.

Juden spielten in der litauischen Geschichte bereits zur Zeit des Großfürstentums Litauen im 14. und 15. Jahrhundert eine Rolle. Ins Land geholt hatte sie der als tolerant geschilderte Herrscher Vytautas der Große (1350–1430, Großfürst ab 1392). Er hatte erkannt, dass in den – gegenüber Westeuropa in der Entwicklung zurückgebliebenen – Räumen des Ostens tüchtige Händler, Handwerker und Finanzfachleute dringend benötigt wurden. Die auf Vytautas' Einladung hin nach Litauen eingewanderten Juden nannten sich selbst Litwaken. Viele von ihnen waren gebildete, wissbegierige Menschen, die sich als Kulturträger fühlten. Sie gründeten später Verlage, Bibliotheken, Zeitschriften, allgemeinbildende Schulen, Religionsschulen und Universitäten. Sie beeindruckten durch große Gelehrsamkeit und berufliche Tüchtigkeit. Die ostjüdische Kultur konzentrierte sich in Vilnius, der traditionellen Hauptstadt Litauens, die respektvoll und bewundernd als das »Jerusalem des Ostens« bezeichnet wurde.[131] Tatsächlich war Vilnius über Jahrhunderte hinweg nicht nur das kulturelle Zentrum der litauischen Juden, sondern gleichermaßen auch der polnischen, weißrussischen und ukrainischen Juden.

Kaunas spielte in der Geschichte Litauens die Rolle der zweitwichtigsten Stadt des Landes. Vilnius wurde sowohl in Litauen als auch in den Nachbarländern als eine Stadt wahrgenommen, die in besonders starkem Maße jüdisch geprägt war. Im Gegenzug dazu machte sich die Vorstellung breit, dass das westlicher gelegene Kaunas eine typisch litauische Stadt mit litauischer Bevölkerung war, in der die jüdischen Einwohner eine wesentlich geringere Rolle spielten. Tatsächlich war Kaunas jedoch das zweite jüdische Zentrum in Litauen.

Am Anfang des 20. Jahrhunderts lebten auf dem Territorium der späteren Republik Litauen Juden in mehr als 200 Städten und 360 Dörfern. Ihre Alltagssprache war Jiddisch, zum Teil auch Russisch und, je nach Region, auch Polnisch. Die wenigsten von ihnen beherrschten die litauische Sprache, was eines der großen Probleme der litauischen Republik darstellte. Die litauische Verfassung von 1922 garantierte ihnen Gleichheit vor dem Gesetz. Bei einer Volkszählung im Jahr 1923 wurden in Litauen 2030000 Einwohner registriert. Davon waren 1700000 Litauer (84,2 Prozent) und 153000 Juden (7,6 Prozent). In den litauischen Städten war der Prozentsatz der Juden höher, nämlich zwischen 29 und 32 Prozent. Die Stadt Vilnius samt Umland hatte – nach einer Volkszählung von 1937 – insgesamt etwa 500000 Einwohner, darunter 75000 Juden (15 Prozent). Die Stadt Vilnius für sich genommen, ohne Umland, hatte 1937 210000 Einwohner, unter ihnen 39,4 Prozent Polen, 34 Prozent Juden und 19,2 Prozent Litauer.[132]

Die Bevölkerung von Kaunas war zu diesem Zeitpunkt zu 27 Prozent jüdisch.[133] Hier blühte das jüdische kulturelle Leben nicht anders als in Vilnius: Kaunas beherbergte eine Universität, an der auch jüdische Professoren lehrten. Ende der dreißiger Jahre gab es in Kaunas drei jüdische Theater, sechs Tageszeitungen, ein Journal und verschiedene Literatursammlungen, zahlreiche Kultur-, Bildungs- und Sportgemeinschaften, Literaten und Maler.[134]

Eine dieser Kulturschaffenden in Kaunas war die aus Jena stammende Kunstmalerin Helene Holzman, geborene Czapski (1891–1968). Sie war im Jahr 1923 zusammen mit ihrem jüdischen Ehemann Max Holzman hierher gezogen, weil es in dem baltischen Land nach dem Weltkrieg 1914–1918 und der Gründung der Litauischen Republik ein reges Interesse an der deutschen Sprache, an deutscher Literatur und Kultur gab.[135] Beide Holzmans hatten in Kaunas beruflich rasch Fuß fassen können, er als Buchhändler und Verleger, sie als Zeichenlehrerin am Deutschen Realgymnasium, einer Privatschule. Helene Holzman erlebte an dieser höheren Bildungseinrichtung keine tiefgreifenden politischen, sozialen oder religiösen Konflikte, sondern ein friedliches multikulturelles Miteinander: »Während der zehn Jahre, die ich dort Lehrerin gewesen war, hatten deutsche, jüdische, litauische, russische, polnische Knaben und Mädchen in fröhlicher Gemeinschaft die Schule besucht. Auch die Lehrer waren ein buntes Volksgemisch, und keinem war es je eingefallen, es sich anders zu wünschen.«[136]

Mit dem Machtantritt der Nationalsozialisten in Deutschland 1933 hatte die ungetrübte Harmonie allerdings ein Ende. Die Holzmans sahen die gefährlichen Veränderungen in Deutschland und deren Auswirkungen auf Litauen mit klarem Blick: »Während acht Jahren [gemeint sind die Jahre 1933–1940, d. Verf.] hatte sich der Nationalsozialismus gespenstisch immer mehr aufgebläht. Wir sahen bei unseren Reisen nach Deutschland, wie er die Menschen verdarb, verdummte, durch einen verlogenen Scheinsozialismus die Menschen betrog und [wie] der irre Antisemitismus immer erbarmungsloser Tausende von Deutschen, so gute Deutsche wie alle andern, hinwegmähte, nur weil sie nach der neuen Wahnidee keine ›Arier‹ waren.«[137]

Die antisemitischen Stimmungen in Deutschland schwappten bis nach Litauen hinüber. Auch in Kaunas gab es »Volksdeutsche« – also Deutschstämmige mit litauischer oder anderer Staatsangehörigkeit –, die sich nun von dem antisemitischen Wahn infizieren ließen und sich auf einmal unterdrückt fühlten. Die Pogrome in Deutschland am 9. und 10. November 1938 hatten in Kaunas zur Folge, dass die jüdischen Schüler das Deutsche Gymnasium verließen, an dem Helene Holzman unterrichtete. Aus Max Holzmans Buchhandlung Pribacis – einer Filiale der Breslauer Buch- und Lehrmittelhandlung Priebatsch –, die bislang von Litauern, Juden und Deutschen gleichermaßen aufgesucht worden war, zogen sich die deutschen Kunden zurück, nachdem sich herumgesprochen hatte, dass der Buchhändler ein Jude war. So bauten sich die Spannungen auf.

Bei seiner Betrachtung der Lage der litauischen Juden zur Zeit der Ersten Litauischen Republik kommt der Historiker Solomon Atamuk gleichwohl zu einem tendentiell positiven Ergebnis: »Zwanzig Jahre lang [gemeint sind die Jahre 1920–1940, d. Verf.] standen die Kaunasser und Vilniusser Juden unter dem Einfluss von zwei verschiedenen Lebensarten und zwei Kulturen: der litauischen und der polnischen.« Zwar hätten zahlreiche profilierte jüdische Persönlichkeiten des öffentlichen Lebens, der Politik und der Wirtschaft vor dem Zweiten Weltkrieg Litauen verlassen und seien in andere Länder ausgewandert. Aber gleichwohl konnte man hoffen, so Atamuk, »dass die Vereinigung der Kaunasser und Vilniusser Juden unter normalen und günstigen Bedingungen einen neuen prächtigen Aufschwung des geistigen und kulturellen Lebens des litauischen Judentums versprach. [...] Leider gewährte die Geschichte der litauischen Juden jedoch keine normalen und günstigen Bedingungen. Die Lage der Juden in Osteuropa wurde immer gefährlicher«.[138]

2. Die innenpolitische Sprengkraft des »Russenjahres« 1940/41

Die erste schwere Bedrohung erlebten die litauischen Juden im sogenannten Russenjahr, also zwischen Juni 1940 und Juni 1941. In dieser Zeit unternahmen es die Sowjets nicht nur, Litauen als Staat in die Union der Sozialistischen Sowjetrepubliken (UdSSR) einzugliedern – was durch einen Beschluss des Obersten Sowjets vom 3. August 1940 geschah –, sondern sie trafen auch Maßnahmen, um die litauische Gesellschaft unter klassenpolitischen Gesichtspunkten umzugestalten. Diese Politik führte de facto – obwohl dies von den Sowjets so nicht intendiert war – zu einer massiven Verstärkung der vorhandenen Spannungen in der litauischen Gesellschaft, insbesondere zwischen Litauern und Juden.[139] Die Sprengkraft dieser Spannungen war so groß, dass es im Sommer 1941 zu Judenpogromen kam, und hernach zur litauischen Unterstützung der Deutschen, die das Ziel verfolgten, ganz Litauen »judenfrei« zu machen.

Um die Eskalation der feindseligen Gefühle angemessen verstehen zu können, müssen mehrere Ereignisse dieses »Russenjahres« in den Blick genommen werden. Zunächst die Besetzung Litauens durch die Rote Armee: Sie wurde von einer lautstarken Minderheit junger Juden begrüßt, die sich vom internationalistischen Denken der Kommunisten angezogen fühlten und sich von ihnen Gleichbehandlung bei der Besetzung von Stellen in Staat und Verwaltung erhofften.[140] Aber die Mehrheit der Juden hielt sich bedeckt. Sie dürfte dem nach Deutschland geflohenen Präsidenten Antanas Smetona (1874–1944) nachgetrauert haben. Denn dieser Politiker, der das Land von 1926 bis 1940 autoritär regiert hatte, war zwar nationalistisch und demokratiefeindlich eingestellt, nicht aber antisemitisch. Litauer und Juden lebten nun in banger Erwartung und Angst, was die Zukunft bringen würde.

Tatsächlich verordneten die Sowjets alsbald die Gleichbehandlung von Litauern und Juden bei der Vergabe von Ämtern. Diese Politik hatte zur Folge, dass die Juden jetzt – erstmals wieder seit dem Machtantritt Smetonas – Zugang zu öffentlichen Ämtern erhielten, der ihnen bis dahin faktisch verwehrt worden war. Nunmehr wurden auch wieder – was zuvor undenkbar gewesen war – jüdische Persönlichkeiten als Minister berufen.[141] Zwar blieb die Anzahl der Juden, die im »Russenjahr« Funktionen in der öffentlichen Verwaltung erhielten, gering. In den leitenden Positionen amtierten Russen und Litauer.[142] Aber in der Wahrnehmung der Litauer, die es nicht gewohnt waren, in den Ämtern auch Juden anzutreffen, verbreitete sich das pauschale Bild: Die Juden würden von den Sowjets privilegiert und die Litauer würden benachteiligt. Dagegen wurde unter anderem kaum wahrgenommen, dass auch viele nicht-jüdische Litauer mit den Sowjets kollaborierten.

Ähnliches wiederholte sich in der Wahrnehmung der Litauischen Kommunistischen Partei (LKP) und der kommunistischen Jugendorganisation Komsomol. Der LKP gehörten zur Zeit der Okkupation durch die UdSSR etwa 1600 Mitglieder an.[143] Damit war sie eine unbedeutende Partei. Nach der Sowjetisierung strömten vermehrt jüdische Jugendliche in die Kommunistische Partei und in den Komsomol. Am 1. Januar 1941 gehörten der LKP 2286 Personen an, von denen 412 (16,6 Prozent) Juden waren.[144] Eine Ausnahme scheint Kaunas gewesen zu sein. Dort sollen die Juden nunmehr 76 Prozent der Mitgliedschaft der Kommunistischen Partei gestellt haben.[145] Jüdische Jugendliche taten sich als Redner bei politischen Kundgebungen hervor. Das führte dazu, dass in der öffentlichen Meinung Litauens immer mehr der Eindruck entstand – der zudem von interessierten Kreisen propagiert wurde –, Juden und Kommunisten würden zusammengehen.

Dabei wurde übersehen, dass die sowjetische Kultur-, Gesellschafts-

Abb. 5: Prosowjetische Demonstration in Kaunas im Sommer 1940. Auf dem Plakat in der Mitte, zwischen den Stalin-Bildern, ist zu lesen: »Es lebe der Führer der Arbeiter der Welt ...«.

und Wirtschaftspolitik die litauischen Juden besonders hart traf. Viele jüdische Schulen, kulturelle Einrichtungen und Zeitungen wurden, weil sie von den Sowjets infolge der kommunistischen Klassentheorie als »konterrevolutionär« eingeschätzt wurden oder weil sie einfach als »unerwünscht« galten, geschlossen. Die hebräische Sprache wurde verboten und nur noch das Jiddische erlaubt, so dass ein wesentlicher Teil der jüdischen Kultur zum Erliegen kam. Die Produktionsmittel, also der Großbesitz, die Fabriken, Banken und Handelsunternehmen, die sich zu großen Teilen in jüdischer Hand befanden (57 Prozent der 996 Unternehmen der Großindustrie, 83 Prozent der Handelsunternehmen waren jüdisch)[146], wurden »nationalisiert«, das heißt enteignet, was eine große Anzahl von jüdischen Unternehmern ihres Wohlstands beraubte.

Für die Familie Holzman hatte die Sowjetherrschaft positive und negative Auswirkungen zugleich. Sie profitierten von der staatsbürgerlichen Gleichberechtigung, litten aber unter der Wirtschaftspolitik. Denn auch Max Holzmans Buchhandlung wurde nationalisiert. Er musste sich eine neue Arbeit suchen und fand eine Stelle beim staatlichen Antiquariat in Wilna. Seine Frau Helene wurde als Lehrerin für Deutsch beim Pädagogischen Institut angestellt.[147] Als Bourgeois eingestuft, gerieten die Holzmans am Ende des Russenjahrs auf die sowjetischen Deportationslisten. Zur Deportation – die, rückblickend betrachtet, allen Mitgliedern der Familie hätte das Leben retten können – kam es dann allerdings nicht mehr, weil die Deutschen das Land überfielen.

Die von den Behörden Sowjet-Litauens im Juni 1941 durchgeführten Deportationen von litauischen Staatsbürgern nach Sibirien erschütterten die litauische Gesellschaft ein weiteres Mal. Denn sie schienen die antijüdischen Wahrnehmungsmuster zu bestätigen.[148] Dabei folgten die Deportationen eindeutig dem sowjetischen Bild vom Klassenfeind und nicht etwa pro-jüdischen Einstellungen. Auf den Verschleppungslisten standen demnach in erster Linie »Klassenfeinde«, das heißt, die Funktionsträger des Ancien Régime, zu denen Unternehmer, Kaufleute und Persönlichkeiten des öffentlichen Lebens ebenso gehörten wie Kulturschaffende, Dorfschullehrer, Kleinbürger und Bauern mit Landbesitz, eingeschlossen deren Frauen und Kinder. Die Deportationen betrafen also alle gesellschaftlichen Schichten und ethnischen Gruppen Litauens.

In der Zeit vom 14. bis zum 22. Juni 1941 – dem Tag, an dem der deutsche Überfall auf die Sowjetunion erfolgte – deportierten die sowjetischen Staatssicherheitsorgane etwa 20 000 Menschen aus Litauen, die ihnen als »antisowjetische Elemente« galten, in östliche Gebiete der Sowjetunion. Bei diesen – gewaltsamen und rechtswidrigen – Deportationen genossen Juden keineswegs Vorteile. Vielmehr wurden auch viele von ihnen deportiert. Im Übrigen: Die nach Sibirien Deportierten und Verbannten hatten ein schweres Schicksal, aber die meisten von ihnen überlebten. Obwohl Juden und Litauer also von den Deportationen gleichermaßen betroffen waren, tauchten in der litauischen Wahrnehmung wiederum nur die Litauer selbst als die Leidtragenden auf.

Aufgrund der geschilderten Ereignisse beziehungsweise ihrer einseitigen, von Vorurteilen gesteuerten Wahrnehmung durch die Litauer schaukelte sich während des Russenjahrs in einem Teil der litauischen Gesellschaft ein regelrechtes antijüdisches Feindbild hoch. Es kulminierte in der Vorstellung, die Juden des Landes hätten mit den Sowjets kollaboriert und die Litauer verraten. Für alles wurde den Juden die Schuld gegeben: »für die Sowjetisierung, die Verhaftung von Litauern, die Vernichtung der Armee, die Trennung der katholischen Kirche vom Staat, die Deportationen ins Innere der Sowjetunion und schließlich für alle sozialen Probleme, die sich aus den Maßnahmen der neuen Herrscher ergaben«.[149]

Das war der Humus für das von der Nazi-Propaganda in Deutschland konstruierte Feindbild vom »jüdischen Bolschewismus«, das 1940 und 1941 von nationalistisch und antisemitisch eingestellten litauischen Emigranten über die Grenze hinweg in ihrem Heimatland verbreitet wurde. Damit wollten sie die Bevölkerung Litauens für ihr politisches Ziel gewinnen, im Zusammengehen mit Deutschland ihr Land vom »jüdischen Bolschewismus« zu befreien.

Wie der litauische Historiker Liudas Truska in den 1990er Jahren nachgewiesen hat, gehören die geschilderten, von litauischer Seite in die Welt gesetzten Behauptungen großenteils in das Reich der antisemitischen Legenden.[150] Richtig ist, dass die litauischen Juden die judenfeindliche Politik Hitler-Deutschlands fürchteten und dass sie die Hoffnung hegten, die Sowjetunion werde sie vor den Gefahren einer deutschen Invasion beschützen. Aufgrund der Nachrichten über die antisemitischen Ausschreitungen im deutsch besetzten Teil Polens wurde diese Gefahr als sehr real eingeschätzt. Kaum einer ahnte schon damals, dass die Sowjetunion möglicherweise gar nicht in der Lage sein würde, die Juden vor den Deutschen zu schützen. Ihr Bedürfnis nach Sicherheit war der ausschlaggebende Grund dafür, dass viele litauische Juden die Rote Armee durchaus wohlwollend empfingen und dass sie die neue, sowjetfreundliche Regierung begrüßten.[151]

Andere dachten schon weiter. Tausende von polnischen Juden, die 1939, nach dem Einmarsch der Deutschen in Westpolen und den sogleich einsetzenden Judenmorden[152], aus dem Lande geflohen waren, hatten hernach in Kaunas und anderen litauischen Städten und Gemeinden Zuflucht gesucht und damit die Anzahl der dort lebenden Juden beträchtlich erhöht. Insgesamt sollen etwa 200 000 polnische Juden nach Osten geflohen sein.[153] Offenbar trauten die zugewanderten polnischen Juden es der Sowjetunion nicht zu, ihnen im Falle einer deutschen Aggression Sicherheit bieten zu können. Daher betrieben sie schon ab Sommer 1940 fieberhaft ihre Ausreise in ein sicheres Land, wobei die Zionisten das nur schwer erreichbare Palästina als Wunschziel vor Augen hatten.

Tausenden von geflüchteten polnischen Juden leistete der japanische Vizekonsul in Kaunas, Chiune Sugihara, unschätzbare Hilfe. Entgegen den Anweisungen seiner Regierung in Tokio stempelte er – bereits im Sommer 1940, also ein ganzes Jahr vor dem Einmarsch der deutschen Wehrmacht – in seiner Kaunaser Residenz etwa 6000 fluchtwilligen Juden japanische Transitvisa in ihre Pässe. Damit konnten sie – nach Durchquerung der Sowjetunion – nach Japan einreisen, um von dort aus in ein anderes Land der Welt gelangen und damit überleben zu können.[154]

3. Die deutsche Wehrmacht erobert Litauen

Die Eroberung Litauens erfolgte im Zuge des deutschen Überfalls auf die Sowjetunion am 22. Juni 1941.[155] Es gab keine Kriegserklärung und keine anderen Vorwarnungen, so dass das Überraschungsmoment in vollem Umfang zum Tragen kam.

Elena Kutorgiene-Buivydaite, eine Augenärztin aus Kaunas, im selben Jahre 1888 geboren wie Karl Jäger, konnte es zunächst gar nicht glauben, dass nun Krieg war. Sie notierte in ihr Tagebuch:

»22. Juni 1941. Ein klarer, strahlend heller Morgen. Seit 4 Uhr morgens rauben uns Flugzeuge den Schlaf. Meine Mitbewohnerin, eine Barmherzige Schwester, kam völlig verschreckt im Nachthemd zu mir gelaufen und sagte: ›Es ist Krieg.‹ Mir schien das derart unsinnig, dass ich sie auslachte und sie wieder ins Bett schickte. […] Ich dachte mit einem ungläubigen Lächeln, wie leicht die Menschen doch in Panik verfallen. […] Über Radio hörte ich dann die Rede Hitlers über den Einmarsch. Er beschuldigt die Bolschewiki, die Verträge gebrochen zu haben. Sie unterstützen angeblich gemeinsam mit den Engländern die Serben und so weiter. Jetzt spricht Molotov. Nun erst glaube ich es.«[156]

Abb. 6: Die litauische Augenärztin Elena Kutorgiene-Buivydaite, Augenzeugin der Judenmorde in der zweiten Jahreshälfte 1941.

Der deutsche Angriff begann mit Luftangriffen auf Einrichtungen der Roten Armee, insbesondere auf deren Flugplätze. Auch der Flugplatz von Kaunas wurde bombardiert. Sodann stieß die deutsche Heeresgruppe Nord – von ihrem Aufmarschgebiet in Ostpreußen aus – auf breiter Front in das Baltikum vor. Das eigentliche Ziel war Leningrad. Die zur Heeresgruppe Nord[157] gehörende Panzergruppe 4 unter Generaloberst Erich Hoepner[158] führte den Angriff, gedeckt durch die 18. und die 16. Armee; die sollten die hinter der vorstoßenden Panzergruppe zurückbleibenden Truppen und Stellungen der Roten Armee vernichten.[159]

Die 18. Armee zog im nördlichen Teil des Operationsgebietes durch Litauen an Siauliai (Schaulen) vorbei in Richtung Riga. Das erste Etappenziel der Heeresgruppe war Daugavpils (Dünaburg) und damit die Überquerung der Düna. Am 26. Juni erreichte das LVI. Korps unter General Erich von Manstein die Stadt. Das kleine baltische Land Litauen war also für die Wehrmacht kein eigenständiges Operationsziel, sondern es stellte nur ein Durchmarschgebiet auf dem Wege nach Leningrad dar.

Die von dem Angriff überraschten Grenztruppen der Roten Armee erlitten erhebliche Verluste. In Unkenntnis dieser Lage befahl die sowjetische Führung noch am Abend des 22. Juni 1941 eine Gegenoffensive, die aus dem Raum Kaunas heraus in Richtung Suwalki geführt wer-

Abb. 7, 8, 9: Der Einmarsch der Wehrmacht in Litauen am 22. Juni 1941, dem Tag des Überfalls auf die Sowjetunion.

den sollte, um den deutschen Gegner zu umfassen und zu vernichten. So kam es am 23. Juni zu heftigen Gefechten im Raum Raseiniai, die aber den raschen deutschen Vormarsch nicht zu stoppen vermochten. Seit dem Beginn des deutschen Angriffs zogen sich Teile der Roten Armee und der sowjetischen Zivilverwaltung fluchtartig nach Osten zurück. Zu schwereren Kämpfen mit Truppen der Roten Armee kam es beim weiteren Vorstoß der Heeresgruppe in Richtung Leningrad. Aber schon nach rund einer Woche überquerten die Verbände der Wehrmacht die Düna und betraten lettisches Territorium.

Die litauische Hauptstadt Kaunas wurde von der Roten Armee kampflos geräumt, obwohl der Ring von neun, aus der Zarenzeit stammenden Forts, welche die Stadt umgaben, eine gute Verteidigungsmöglichkeit geboten hätte. Lediglich versprengte Einheiten der Roten Armee leisteten noch bis zum 24. Juni 1941 Widerstand. Am Nachmittag desselben Tages konnte dann das II. deutsche Armeekorps die Stadt mehr oder weniger kampflos einnehmen. Im Kriegstagebuch des II. Armeekorps heißt es unter diesem Datum: »18:45 Kowno in deutscher Hand, Hakenkreuzflagge weht.«[160]

Gleichentags konnten die Truppen der Heeresgruppe Mitte auch die Stadt Vilnius erobern, die von der Roten Armee ebenfalls nicht verteidigt wurde. Die drei großen Städte Litauens – Kaunas, Vilnius und Siauliai – waren also bereits drei Tage nach dem Überfall und nach vergleichsweise spärlichen Kampfhandlungen in deutscher Hand.

Tatsächlich waren die Truppen der Wehrmacht nicht nur von einer nationalistisch-faschistischen Minderheit, sondern von der breiten Mehrheit der litauischen Bevölkerung mit Blumen begrüßt worden, weil sie als Befreier von der bolschewistischen Besatzungsherrschaft angesehen wurden. Es mag vereinzelt auch distanziertes Abwarten gegeben haben. Was sich jedoch als Grundstimmung in der Öffentlichkeit zeigte, war der positive Empfang, den die Litauer den Deutschen bereiteten.

Typisch für diese Reaktion scheint das Geschehen in dem Dorf Pusetolas im Landkreis Panevezys gewesen zu sein, wo die Deutschen am 26. Juni 1941 erschienen und von der Bevölkerung mit Blumen und mit Freudentränen empfangen wurden.[161] Nach der Darstellung des Historikers Valentinas Brandisauskas spürt man in allen überlieferten Berichten »Hochstimmung und Freude über die Ankunft der Deutschen«, besonders bei der litauischen Jugend.[162]

Abb. 10: In diesem Gebäude residierte 1941–1943 der SS-Standartenführer Karl Jäger mit dem Stab des Kommandeurs der Sicherheitspolizei und des SD (KdS). Später übernahm der sowjetische Geheimdienst NKWD das Gebäude. Heute ist die litauische Kriminalpolizei hier untergebracht.

In einem Aufruf der nationalistischen Litauischen Aktivisten-Front (LAF)[163] »an die edlen Bürger und Bürgerinnen« vom 4. Juli 1941 hieß es: »Bürger Litauens! Helft auch weiterhin der deutschen Armee überall und mit allem, damit unsere Wälder und Felder so schnell wie möglich von Juden, Bolschewiken und von anderen unserem Land fremden Elementen und von litauischen Verrätern gereinigt werden können.«[164] Ein Sprecher der LAF dankte dem deutschen Volk für »die Errettung der Kultur und Zivilisation Europas« und bat seine Landsleute, der deutschen Armee zu helfen.[165]

Ein deutscher Militärarzt erlebte den freudigen Empfang durch die Litauer als eine Bestätigung der Legitimität des deutschen Ostkriegs. In sein Tagebuch trug er unter dem Datum 22. Juni 1941 ein: »Viele kleine Dörfer, primitive Holzhäuser. Manche Dörfer weitgehend verbrannt. Bewohner: Freundliche Litauer standen am Wegesrand, winkten, warfen Blumen zu! Oft sah man litauische Fähnchen, wir scheinen hier wirklich als Befreier zu kommen.«[166]

Nach der militärischen Eroberung Litauens begann die Wehrmacht sogleich, eine militärische Besatzungsverwaltung zu etablieren.[167] Sie bestand allerdings nur einen knappen Monat lang, vom 26. Juni bis zum 21. Juli 1941 und unterstand dem Kommando des Generalquartiermeisters im Oberkommando des Heeres, General Eduard Wagner. Wegen des raschen Vorrückens der Front wurde Litauen bereits am 29. Juni 1941 offiziell in ein Rückwärtiges Heeresgebiet umgewandelt. Die Rolle des Befehlshabers mit Sitz in Kaunas übernahm nunmehr General Franz v. Roques. Ihm stand für den Raum Kaunas die Sicherungsdivision 281 unter Generalleutnant Friedrich Bayer zur Verfügung. Weiterhin wurde in Kaunas die Feldkommandantur 821 unter Generalmajor von Pohl und die Ortskommandantur III 359 eingerichtet, ebenso das Durchgangslager 100 (Dulag) für die in diesem Raum gefangen genommenen Rotarmisten.[168] Die ordnungspolizeilichen Aufgaben in Kaunas übernahm das Reserve-Polizeibataillon 11 unter seinem Kommandeur Major Franz Lechthaler[169], das sich in der Folgezeit aktiv an den Massenexekutionen von jüdischen Menschen beteiligte.[170]

4. Der Aufstand litauischer Nationalisten gegen die Rote Armee (22.–28. Juni 1941)

Noch bevor die Spitzen der deutschen Angriffstruppen in Kaunas erschienen, kam es dort zu einem Aufstand litauischer Nationalisten, der sich in erster Linie gegen die Rote Armee, die Funktionäre der sowjetischen Besatzungsverwaltung und die einheimischen Mitarbeiter derselben richteten. Wer waren die Akteure dieses Aufstandes? Welche politischen Ziele verfolgten sie? Wie nutzten sie das Machtvakuum, das in den Tagen zwischen dem Abzug der Roten Armee und der Etablierung der deutschen Besatzungsherrschaft bestand?

Am Tag des deutschen Überfalls auf die Sowjetunion, am 22. Juni 1941 – zehn Tage vor dem Eintreffen von Karl Jäger und seinem Einsatzkommando 3 in Kaunas –, erlebte das kleine baltische Land eine politische Bewegung, die von den litauischen Historikern rückblickend als »litauischer Aufstand vom Juni 1941« bezeichnet wird.[171] Aus ihrer Sicht handelte es sich um einen legitimen Aufstand gegen eine Fremdherrschaft. Allerdings fehlte den litauischen Aufständischen, die sich selbst als »Partisanen« bezeichneten, mehr und mehr der eigentliche Adressat, nämlich eine Staatsmacht, die sie hätten gewaltsam stürzen können. Die kommunistischen Funktionäre der Sowjetrepublik Litauen, welche bislang die Staatsmacht verkörpert hatten, flohen nämlich beim Herannahen der deutschen Wehrmacht zusammen mit der Roten Armee nach Osten und verzichteten weitgehend darauf, um den Erhalt ihrer Macht zu kämpfen.

Schon während des Russenjahres hatten litauische Nationalisten der sowjetischen Okkupationsmacht im Lande selbst wie auch im Exil passiven und aktiven Widerstand entgegengesetzt.[172] Mit dem Angriff der deutschen Wehrmacht auf die Sowjetunion sahen diese litauischen Nationalisten die Stunde der Abrechnung mit dem Sowjetsystem und seinen Vertretern gekommen.

Bereits im März 1941 war von Exil-Litauern in Berlin, die mit dem Nationalsozialismus sympathisierten und sich in der Litauischen Aktivisten-Front (LAF) zusammengeschlossen hatten, ein Aufruf mit dem Titel »Liebe versklavte Brüder« verfasst und in Litauen verbreitet worden. Darin wurde die litauische Bevölkerung aufgefordert, im Falle eines Kriegsausbruchs in den Städten und Dörfern Aufstände zu initiieren, Gefängnisse, Brücken, Fabriken und andere strategisch wichtige Objekte zu besetzen, eine neue Regierung zu bilden und die Eigenstaatlichkeit Litauens wiederherzustellen. Des Weiteren wurde die litauische Bevölkerung aufgefordert, der deutschen Armee jegliche Unterstützung zukommen zu lassen.[173] Wie man sieht, rechneten die Exil-Litauer in Berlin also schon im Frühjahr 1941 mit einem deutschen Einmarsch in ihr Land, den sie als einen Befreiungsakt herbeisehnten.

Nun also war die Lage eingetreten: Die deutsche Wehrmacht rückte an und die Rote Armee zog sich in Richtung Osten zurück. Die nationale Aufstandsbewegung flammte in den Städten und Dörfern auf und richtete ihre Energien gegen die abrückende Rote Armee sowie gegen diejenigen Litauer, die tatsächlich oder vermeintlich das bolschewistische System hatten stützen helfen, mit ihm zusammengearbeitet hatten, insbesondere gegen die Juden des Landes. In Kämpfen mit Verbänden der abrückenden Roten Armee, insbesondere in Kaunas und Umgebung, wo etwa 4000 Partisanen organisiert waren, sollen – neueren litauischen Forschungen zufolge – zwischen dem 22. und dem 28. Juni 1941 nahezu 600 von ihnen ihr Leben im Kampf verloren haben.[174]

In ganz Litauen gab es etwa 400 Partisanenverbände, jeweils etwa 40 bis 50 Mann stark, insgesamt also zwischen 16 000 und 20 000 Männer. In Vilnius und in anderen Orten beteiligten sich an den Kämpfen gegen die Rote Armee auch die etwa 8000 litauischen Soldaten des 29. Schützenkorps der Roten Armee. Dieser militärische Verband war vor Jahresfrist zwangsweise in die Streitkräfte der Sowjetunion eingegliedert worden und hatte sich zu einer Keimzelle des militärischen Widerstandes entwickelt.

Um die machtpolitische Lage richtig einzuschätzen, muss jedoch berücksichtigt werden, dass sich die Rote Armee nicht etwa vor den litauischen Aktivisten zurückzog, sondern vor der deutschen Wehrmacht. Die litauischen Nationalisten konnten den Truppen der Roten Armee lediglich Nadelstiche versetzen. Einen wirklich ernst zu nehmenden Machtfaktor stellten sie nicht dar. Ihre Aktionen dienten, zumal im Rückblick betrachtet, eher der »nationalen Sinngebung«[175] einer selbständigen litauischen Nation. Die Kämpfer wollten demonstrieren, dass sich Litauen schon 1941 – wenigstens kurzzeitig – aus eigener Kraft vom sowjetischen Joch befreit hatte.[176]

Es ging den LAF-Kämpfern darum, das Machtvakuum zwischen dem Abzug der Roten Armee und dem Einmarsch der deutschen Wehrmacht zu nutzen, bevor diese ihrerseits ein Besatzungsregime errichtete. Daher riefen die Aufständischen schon am 23. Juni 1941 in der Hauptstadt Kaunas eine Regierung der Aufständischen aus, die sich Provisorische Regierung Litauens nannte und die aus eigener Kraft und ohne Rücksprache mit den Deutschen die »Wiederherstellung des freien und unabhängigen Staates Litauen« bekanntgab.[177] Die Regierung, die primär national und antibolschewistisch orientiert war und nur sekundär auch antisemitisch, nahm sogleich ihre Tätigkeit auf, veränderte in kürzester Zeit eine Reihe von Gesetzen und Bestimmungen und stellte die gesamte Verwaltungsstruktur auf kommunaler Ebene wieder her, einschließlich des Polizeiapparates.[178]

Als sich wenig später, ab dem 25. Juni 1941, die deutsche Militärverwaltung in Litauen etablierte und rund einen Monat später durch die deutsche Zivilverwaltung abgelöst wurde, konnte sie auf eine komplett reorganisierte Struktur der litauischen Kommunal- und Polizeiverwaltung zurückgreifen.

5. Pogrome der litauischen Nationalisten gegen die jüdische Bevölkerung von Kaunas

Bald nach dem deutschen Einmarsch in Kaunas fanden pogromartige Übergriffe von paramilitärisch organisierten litauischen Nationalisten auf die jüdische Bevölkerung statt. Die Juden waren von der Gewalt, die sich gegen ihr Leben richtete, ebenso überrascht wie vom Krieg selbst. Es handelte sich jedoch nicht um eine spontane Explosion von antisemitischer Vernichtungsgewalt. Vielmehr folgten nach dem Einmarsch der deutschen Truppen zwischen dem 25. und dem 28. Juni 1941 weitere Pogrome, denen alleine in dieser Stadt mehrere Tausend Juden zum Opfer fielen, wahrscheinlich etwa 6000.

Die Vernichtungsorgie, die in den ersten 14 Tagen des Krieges von den litauischen Nationalisten entfesselt wurde, muss nach dem Urteil des Historikers Joachim Tauber »in ihrer Brutalität und Grausamkeit, in ihrer Schnelligkeit und ihrem Umfang selbst im Rahmen des Holocaust einen besonderen Stellenwert beanspruchen«.[179] Hier, in Kaunas und ebenso in anderen litauischen Städten und Dörfern, tobte sich blanker, ja mörderischer Hass gegen die jüdischen Nachbarn – aber auch gegen prosowjetische litauische Kollaborateure – aus. Litauische Historiker versuchen das Geschehen mit den nationalistischen, antisemitischen, antibolschewistischen und hitlerfreundlichen Einstellungsmustern von Teilen der litauischen Gesellschaft zu erklären, aber auch mit den geschilderten Erfahrungen während des Russenjahres.[180]

Die Junipogrome fanden nicht etwa geheim, an abgelegenen Stellen, sondern in aller Öffentlichkeit statt. In Kaunas jagten litauische Nationalisten die Juden durch die Stadt und erschossen oder erschlugen Hunderte von ihnen auf offener Straße.[181] Elena Kutorgiene sah mit eigenen Augen, was sich am 25. Juni 1941 – die deutschen Truppen waren bereits in der Stadt – in ihrer nächsten Umgebung abspielte:

»Auf den Straßen tummelt sich eine große Zahl bewaffneter Leute mit Armbinden in den Nationalfarben. Das sind alles sehr unsympathische, ungehobelte Leute, die mit Gewehren und aufgesetztem Bajonett herumlaufen. Juden werden einzeln und in Gruppen abgeführt, voll Trauer schaue ich sie an [...]. Fest eingeprägt hat sich mir ein großer, eleganter, schon etwas älterer Mann mit bleichem Gesicht, jedoch ruhig und gefasst; dann kam eine Gruppe Frauen und Greise. [...] Die Menge rings-

Abb. 11: Juni 1941: Antikommunistische litauische Aufständische (»Weißarmbindler«) nehmen Jüdinnen in Empfang, die auf dem litauischen Land festgenommen und in Lastkraftwagen und Bussen nach Kaunas transportiert wurden.

um auf der Laisves-Allee verhöhnte, mit Schadenfreude, die Vorbeigehenden, sie feixte, lachte. [...] Ich bin von alldem, was ich gesehen habe, erschüttert, zerschlagen. An mich trat eine nicht mehr junge Frau heran und sagte mit Tränen in den Augen: ›Wie schrecklich, dass Menschen sich über so etwas freuen können.‹«[182]

Von Szenen wie diesen geht bis zum heutigen Tage eine große Beunruhigung aus. Zeigen sie doch, dass die Vernichtungsorgien der litauischen Nationalisten begünstigt wurden durch ein zustimmendes oder doch zumindest gleichgültiges Umfeld.[183]

6. Der Totschläger von Kaunas: Judenmorde in aller Öffentlichkeit

Ein deutscher Fotograf, der für das Armeeoberkommando 16 arbeitete, wurde am Nachmittag des 27. Juni 1941 in Kaunas Augenzeuge eines am helllichten Tage und in aller Öffentlichkeit vollzogenen Pogroms. Er berichtet: »In der Nähe meines ausgemachten Quartiers stellte ich am Nachmittag eine Menschenansammlung fest in einem nach drei Seiten umfriedeten Hof einer Tankstelle[184], der nach der Straße durch eine Menschenmenge abgeschlossen war. Dort fand ich folgendes Bild vor: In der linken Ecke des Hofes war eine Gruppe von Männern im Alter zwischen 30 und 50 Jahren. Es müssten etwa 40–50 Personen gewesen sein, die von einigen Zivilisten zusammengetrieben und im Schach gehalten wurden. Die Zivilisten waren mit Gewehren bewaffnet und trugen Armbinden, wie sie auf den Bildern, die ich damals machte, abgebildet sind. Ein junger Mann, es muss sich um einen Litauer gehandelt haben [...], mit aufgekrempelten Hemdsärmeln, war mit einer eisernen Brechstange bewaffnet. Er zog jeweils einen Mann aus der Gruppe heraus, erschlug ihn mit der Brechstange durch einen oder mehrere Hiebe auf den Hinterkopf. Auf diese Weise hat er innerhalb einer dreiviertel Stunde die ganze Gruppe von 40–50 Personen erschlagen. Von diesen Erschlagenen machte ich eine Reihe von Aufnahmen. [...] Nachdem alle erschlagen waren, legte der Junge die Brechstange beiseite, holte sich eine Ziehharmonika, stellte sich auf den Berg der Leichen und spielte die litauische Nationalhymne. Die Melodie war mir bekannt, und ich wurde von den Umstehenden belehrt, dass es sich um die Nationalhymne handle. Das Verhalten der anwesenden Zivilpersonen (Frauen und Kinder) war unwahrscheinlich, denn nach jedem Erschlagenen fingen sie an zu klatschen, und bei Beginn des Spiels der Nationalhymne wurde gesungen und geklatscht [...].«[185]

Ein Foto, auf dem der erwähnte »Totschläger von Kaunas« posiert, ein blonder litauischer Mann mit einer großen Eisenstange vor totgeschlagenen jüdischen Männern, ist veröffentlicht[186], ebenso weitere fotografische Aufnahmen von Totschlagsszenen, die sich auf den Straßen von Kaunas abspielten. Auf ihnen sind auch gaffende Soldaten der deutschen Wehrmacht zu sehen.[187] Das bedeutet: Die reale Macht lag zu dieser Zeit bereits bei den Deutschen.

Natürlich trugen die Augenzeugen die Nachricht über dieses Massaker mit Windeseile durch die Stadt. Helene Holzman notierte in ihrem Tagebuch:

»In der Stadt hatten sich schreckliche Szenen abgespielt. Auf der Bahnhofstraße war es auf dem Hof einer Autogarage zu einer regelrechten Schlacht der Partisanen gegen [...] Juden gekommen, wobei die Juden,

Abb. 12: Der Totschläger von Kaunas. Ein litauischer Nationalist, der auf offener Straße mit einer Eisenstange Juden erschlug.

Abb. 13: Im Garagenhof der Genossenschaft Liekutis, Kaunas, werden vor den Augen der litauischen Zivilbevölkerung und deutscher Soldaten am 27. Juni 1941 öffentlich Juden erschlagen.

die ohne Waffen waren, sämtlich umgebracht wurden. Eine riesige Menschenmenge hatte sich versammelt, um dem entsetzlichen Schauspiel zuzusehen und die blinde Wut der Mörder mit ermunternden Zurufen zu schüren.«[188]

Elena Kutorgiene war ebenso entsetzt. Sie schrieb:

»Patienten erzählten mir, dass man die Juden zwinge, Unrat mit bloßen Händen zu beseitigen, Gruben mit kleinen Schaufeln auszuheben und Abwasser zu trinken; sie mussten sich reihenweise hinlegen und wurden dann wahllos mit Eisenstangen beziehungsweise mit Kanthölzern auf den Kopf geschlagen (das hat sich in der Garage auf dem Vytauto-Prospekt hinter dem Friedhof zugetragen); die Erschlagenen wurden auf Lastwagen geworfen und irgendwo zum Einscharren gefahren. All diese Arbeiten führten Litauer aus, die Deutschen beteiligten sich nicht daran, sie standen nur dabei. Einige Deutsche haben fotografiert. Einfache arme Menschen, Bauern, waren vom Grauen gepackt, trauerten und litten mit den Juden [...].«[189]

7. Die Wehrmacht als Zuschauer und Wegschauer

Angesichts der geschilderten Judenmorde in Kaunas[190] stellt sich daher die Frage, wie die in der Stadt befindlichen Offiziere der deutschen Wehrmacht auf diese bestialischen Massaker reagierten. Walther Stahlecker, der Kommandeur der Einsatzgruppe A, der seinen Stab am 23. Juni 1941 nach Litauen verlegte und dort sogleich mit den verantwortlichen Befehlshabern der Wehrmacht Kontakt aufnahm, machte in den ersten Tagen des Russlandkrieges nur gute Erfahrungen mit der Wehrmacht. »Von vorneherein kann betont werden«, schrieb er in einem Lagebericht an das Reichssicherheitshauptamt, »dass die Zusammenarbeit mit der Wehrmacht im allgemeinen gut, in Einzelfällen, wie z. B. mit der Panzergruppe 4 unter Generaloberst Höppner, sehr eng, ja fast herzlich war. Missverständnisse, die in den ersten Tagen mit einzelnen Stellen entstanden waren, wurden durch persönliche Aussprachen im wesentlichen erledigt«.[191]

In ähnlicher Weise haben sich auch andere Einsatzgruppen- und Einsatzkommandoführer über die reibungslose Zusammenarbeit mit der Wehrmacht geäußert, beispielsweise Paul Blobel, der Führer des Einsatzkommandos 4 a, das am 29. und 30. September 1941 in Babij Jar bei Kiew 33 771 Juden exekutierte. Blobel und sein Vorgesetzter, der Führer der Einsatzgruppe C, SS-Brigadeführer Otto Rasch, konnten sich wie bei vorherigen Exekutionen so auch bei diesem Massenmord der Unterstützung durch den Befehlshaber der 6. Armee, Generalfeldmarschall Walter v. Reichenau, sicher sein.[192]

Die lobenden Worte Stahleckers über den Befehlshaber der Panzergruppe 4, Generaloberst Erich Hoepner[193], können kaum verwundern, wenn man weiß, dass dieser Truppenführer – später einer der Männer des 20. Juli 1944 – seine Offiziere schon lange vor dem 22. Juni 1941 in einem vorbereitenden Befehl darauf eingestimmt hatte, dass der Krieg gegen Russland einen anderen Charakter haben würde als die bisherigen Feldzüge: »Der Krieg gegen Russland ist ein wesentlicher Abschnitt im Daseinskampf des deutschen Volkes. Er ist der alte Kampf der Germanen gegen das Slawentum, die Verteidigung europäischer Kultur gegen moskowitisch-asiatische Überschwemmung, die Abwehr des jüdischen Bolschewismus. Dieser Kampf muss die Zertrümmerung des heutigen Russland zum Ziel haben und deshalb mit unerhörter Härte geführt werden.

Jede Kampfhandlung muss in Anlage und Durchführung von dem eisernen Willen zur erbarmungslosen, völligen Vernichtung des Feindes geleitet sein. Insbesondere gibt es keine Schonung für die Träger des heutigen russisch-bolschewistischen Systems.«[194]

Wie reagierten die in Kaunas befindlichen Wehrmachtoffiziere auf die bestialischen Massaker in Kaunas in der letzten Juniwoche 1941? Der Historiker Helmut Krausnick nennt ihre Verhaltensweise »eines der peinlichsten Kapitel der deutschen Heeresgeschichte« und führt dann Folgendes aus: »Gehörte es doch normalerweise zu den elementarsten Pflichten einer Besatzungstruppe, auch in den ersten Tagen nach ihrem Einmarsch in eine größere Stadt für ein Mindestmaß allgemeiner Ordnung zu sorgen und grundsätzlich den Schutz der – gesamten – Bevölkerung zu übernehmen. Was statt dessen damals in Kaunas geschah, sprach den traditionellen Normen einer Besetzung durch deutsches Militär Hohn und war in seinen Erscheinungsformen nach dem Zeugnis eines ehemaligen Stabsoffiziers der Heeresgruppe Nord das Abscheulichste, was er in beiden Weltkriegen erlebt hatte. Denn in aller Öffentlichkeit, auf Straßen und Plätzen der Stadt, wurden die zusammengetriebenen Juden von den litauischen ›Partisanen‹ umgebracht, an einer Tankstelle, wie zwei Augenzeugen berichten, zu Hunderten der Reihe nach totgeschlagen. Letzteres geschah nur 200 Meter vom Quartier der Führungsabteilung der 16. Armee entfernt, unter den Augen einer großen Menschenmenge, darunter ungezählten deutschen Soldaten in ihren Uniformen, wie dies erhalten gebliebene fotografische Aufnahmen in abstoßender Weise dokumentieren.«[195]

Ernst Klee, Willi Dreßen und Volker Rieß haben im Jahr 1988 einige dieser Fotos, die in den Beständen der Zentralen Stelle der Landesjustizverwaltungen zur Aufklärung von NS-Verbrechen in Ludwigsburg aufbewahrt werden, in ihrem Band »*Schöne Zeiten«. Judenmord aus der Sicht der Täter und Gaffer* veröffentlicht.[196] Sie fügten mehrere Augenzeugenberichte von Wehrmachtsoldaten hinzu, nämlich den eines Obersten, den eines Gefreiten einer Bäckerei-Kompanie, den eines Hauptfeldwebels und den eines Sanitätsdienstgrades.

Die deutschen Soldaten schauten sich also die öffentlichen Massenmorde an, griffen aber in keiner Weise ein, auch nicht, als die Massaker in den nächsten Tagen fortgesetzt wurden, was wiederum Tausenden von Menschen das Leben kostete. Man fragt sich, wie dieses Verhalten zu erklären ist. Mussten die SS-Kommandos, die diese Massaker inszenierten und durchführten, nicht damit rechnen, dass Offiziere der Wehrmacht einschreiten und das entsetzliche Morden unterbinden würden? Krausnick zufolge, der sich auch hier auf Stahlecker beruft, gab es nicht nur eine Absprache zwischen dem hitlertreuen Befehlshaber der 16. Armee, Generaloberst Ernst Busch, und ihm, dem Chef der Einsatzgruppe A, sondern auch strikte, mündlich erteilte militärische Befehle, sich aus den Massakern herauszuhalten, die als »Selbstreinigungsaktionen« getarnt wurden.[197]

Als dem Befehlshaber des Rückwärtigen Heeresgebietes Nord, General Franz v. Roques, die Massaker in Kaunas gemeldet wurden, begab er sich an die Stätten des Geschehens und dann zu seinem Vorgesetzten, dem Oberbefehlshaber der Heeresgruppe Nord, Generalfeldmarschall Wilhelm Ritter v. Leeb. Dieser nahm die Klagen v. Roques zur Kenntnis und erwiderte ihm dann, er habe auf diese Maßnahmen keinen Einfluss und man könne sich eben nur fernhalten. Leeb notierte weiter in sein Tagebuch: »Roques meinte wohl zutreffend, dass auf diese Weise die Judenfrage wohl nicht gelöst werden kann. Am sichersten wäre sie durch die Sterilisierung aller männlichen Juden zu lösen.«[198]

Hier siegten also die Gleichgültigkeit und der Opportunismus. Sie nährten die Bereitschaft zu einem arbeitsteiligen Vorgehen von Wehrmacht, Sicherheitspolizei und ziviler Besatzungsverwaltung, um die tatsächlichen und vermeintlichen potentiellen Gegner der deutschen Herrschaft durch Mordkampagnen auszuschalten.[199]

Fazit: Die Wehrmachtoffiziere im besetzten Litauen und ihre Vorgesetzten waren über die – vor aller Augen durchgeführten – Judenmorde in Kaunas zwischen dem 25. und dem 29. Juni 1941 genau unterrichtet.[200] Sie unternahmen nichts, sondern schauten tatenlos zu, arbeiteten mit allen anderen Dienststellen der deutschen Besatzungsherrschaft eng zusammen und deckten damit die SS-Kommandos und ihre litauischen Mordhelfer. Mit diesem Präzedenzfall war der weitere Weg vorgezeichnet.

8. Die SS als Anstifter zu »spontanen Selbstreinigungsaktionen«

Die Deutschen ließen die »Selbstreinigungsaktionen« nicht etwa nur geschehen, die SS stiftete diese direkt an. Ein eigenständiges litauisches Vorgehen hat es offensichtlich nicht gegeben. Zwischen dem 28. Juni 1941 und dem Eintreffen des EK 3 in Kaunas am 2. Juli wirkten dort die Männer des SK 1 b unter Dr. Erich Ehrlinger. Dieser will hier von seinem Vorgesetzten Stahlecker, dem Kommandeur der Einsatzgruppe A, von dem besonderen Auftrag der Einsatzkommandos erfahren haben, »die Juden allein aus rassischen Gründen zu vernichten«.[201] Ehrlinger handelte sogleich nach diesem Befehl. Unter seiner Verantwortung erschossen litauische Partisanen und Angehörige des SK 1 b im VII. Fort von Kaunas im kurzen Zeitraum von fünf Tagen mindestens 5300 Juden.[202]

Stahlecker rühmte sich später, die Juni-Pogrome in Kaunas persönlich in Gang gebracht zu haben: »[...] schon in den ersten Stunden nach dem Einmarsch [wurden], wenn auch unter erheblichen Schwierigkeiten, einheimische antisemitische Kräfte zu Pogromen gegen die Juden veranlasst. Befehlsgemäß war die Sicherheitspolizei entschlossen, die Judenfrage mit allen Mitteln und aller Entschiedenheit zu lösen. Es war aber nicht unerwünscht, wenn sie zumindest nicht sofort bei den doch ungewöhnlich harten Maßnahmen, die auch in deutschen Kreisen Aufsehen erregen mussten, in Erscheinung trat. Es musste nach außen gezeigt werden, dass die einheimische Bevölkerung selbst als natürliche Reaktion gegen jahrzehntelange Unterdrückung durch die Juden und gegen den Terror durch die Kommunisten in der vorangegangenen Zeit die ersten Maßnahmen von sich aus getroffen hat.«

Es wurde also »von vornherein angestrebt, dass die zuverlässige Bevölkerung selbst bei der Bekämpfung der Schädlinge in ihrem Lande – also insbesondere der Juden und Kommunisten – mitwirkt. Über die Steuerung der ersten spontanen Selbstreinigungsaktionen hinaus [...] musste Vorsorge getroffen werden, dass zuverlässige Kräfte in die Säuberungsarbeit eingespannt und zu ständigen Hilfsorganen der Sicherheitspolizei gemacht wurden«.[203] Aufgabe der Sicherheitspolizei habe es demzufolge sein müssen, so Stahlecker, »die Selbstreinigungsbestrebungen in Gang zu setzen und in die richtigen Bahnen zu lenken, um das gesteckte Säuberungsziel so schnell wie möglich zu erreichen«.

Sodann berichtete der Einsatzgruppenführer Einzelheiten über die Pogrome in Kaunas: »In Litauen gelang dies zum ersten Mal in Kauen durch den Einsatz der Partisanen. Es war überraschender Weise zunächst nicht einfach, dort ein Judenpogrom größeren Ausmaßes in Gang zu setzen. Dem Führer der [...] Partisanengruppe, Klimatis, der hierbei in erster Linie herangezogen wurde, gelang es, aufgrund der ihm von dem in Kauen eingesetzten kleinen Vorkommando gegebenen Hinweisen ein Pogrom einzuleiten, ohne dass nach außen irgendein deutscher Auftrag oder eine deutsche Anregung erkennbar wurde. Im Verlaufe des ersten Pogroms in der Nacht vom 25. zum 26. wurden über 1500 Juden von den litauischen Partisanen beseitigt, mehrere Synagogen angezündet oder anderweitig zerstört und ein jüdisches Wohnviertel mit rund 60 Häusern niedergebrannt. In den folgenden Nächten wurden in derselben Weise 2300 Juden unschädlich gemacht. In anderen Teilen Litauens fanden nach dem in Kauen gegebenen Beispiel ähnliche Aktionen, wenn auch in kleinerem Umfange, statt, die sich auch auf zurückgebliebene Kommunisten erstreckten.«[204]

9. Litauische Aktivisten-Front (LAF) – Speerspitze des mörderischen Antisemitismus

Schon vor Kriegsbeginn pflegten litauische Emigrantenkreise in Deutschland Kontakte zu deutscher Stellen im Reichssicherheitshauptamt und im Amt Ausland / Abwehr des Oberkommandos der Wehrmacht. Diese Stellen hatten im Hinblick auf den kommenden Krieg nicht nur ein nachrichtendienstliches Interesse an den – mit dem Nationalsozialismus sympathisierenden – Emigranten, sondern sie verfolgten mit diesen Kontakten auch ein militärisches Interesse.[205] Beispielsweise wurden in Berlin dem Oberstleutnant Dr. Kurt Gräbe vom Amt Ausland / Abwehr des Oberkommandos der Wehrmacht 65 Litauer unterstellt, die später die deutschen Truppen bei ihrem Vormarsch als Berater begleiteten und ihnen halfen, den Widerstand von Teilen der litauischen Bevölkerung gegen die abziehende Rote Armee mit den eigenen Operationen zu koordinieren.[206]

Die Führer der rechtsradikalen Litauischen Aktivisten-Front (LAF), die am 23. März 1941 in Berlin gegründet wurde, verfassten schon damals einen politischen Aufruf, der den ideologischen Hintergrund der Pogrome vom Juni 1941 zu beleuchten vermag. Da der Aufruf mit der Überschrift »Direktiven für die Befreiung Litauens« auf geheimen Wegen nach Litauen transportiert und dort illegal verbreitet worden war, kann man ihn als eine Handlungsanleitung für den Tag X ansehen. Die LAF ging davon aus, »dass es mit Sicherheit zu einem bewaffneten deutsch-russischen Konflikt kommen« werde. Der Kriegsbeginn, so die zentrale Botschaft der Direktive, sollte die Stunde der Abrechnung mit den Juden und Kommunisten werden. Weiter heißt es in dem Aufruf: »Es ist von großer Wichtigkeit, dass dabei die Möglichkeit genutzt wird, sich aller Juden zu entledigen. Wir müssen eine Atmosphäre schaffen, die für Juden so drückend ist, dass kein einziger Jude denkt, er habe das geringste Recht oder die Möglichkeit, im neuen Litauen zu leben. Es ist unser Ziel, die Juden gemeinsam mit den roten Russen zu vertreiben. Je mehr von ihnen bereits jetzt das Land verlassen, um so einfacher wird es, später den Rest von ihnen loszuwerden. Die Gastfreundschaft, die den Juden durch Vytautas den Großen gewährt worden ist, ist hiermit für allezeit widerrufen, wegen ihres wiederholten Verrates der litauischen Nation an ihre Unterdrücker.«[207]

In einem anderen Flugblatt der LAF vom Frühjahr 1941, das nach Recherchen des russischen NKWD ebenfalls in ganz Litauen verbreitet wurde[208], hieß es: »Alle Kräfte müssen sich auf den Augenblick konzentrieren, in dem der Krieg ausbricht. Die örtlichen Kommunisten und sonstigen Verräter müssen sofort gefangen genommen werden, damit sie nicht der Bestrafung für ihr Verbrechen entgehen.«[209]

Die Litauische Aktivisten-Front hing also ebenso wie die nationalsozialistische Führung Deutschlands der Vorstellung an, dass Juden und Bolschewisten gleichzusetzen seien und dass man sich dieses »jüdischen Bolschewismus« gewaltsam entledigen müsse. Wer von dieser Feindbildpropaganda erst einmal eingenebelt war, den vermochten die wirklichen Sachverhalte nur noch wenig zu interessieren. Zum Beispiel der immer wieder zu hörende Vorwurf, die litauischen Juden hätten in dem sogenannten Russenjahr mit der sowjetischen Besatzungsverwaltung zusammengearbeitet.

Der amerikanische Historiker Michael MacQueen hält dieser Behauptung die folgenden Zahlen entgegen: »Zwar waren die Juden in manchen Institutionen der Partei relativ stark vertreten, z. B. in der Jugendorganisation ›Komsomol‹, in der 15 Prozent aller Juden Mitglied waren, bei einem Anteil von nur 7,5 Prozent der Gesamtbevölkerung. Dieser Sachverhalt lässt sich jedoch mit der stärkeren Konzentration der Juden in den Städten und mit ihrer überwiegenden Zugehörigkeit zur (bzw. Sympathie für die) Arbeiterklasse erklären. Von den 79 Abgeordneten der litauischen Volksvertretung, dem ›Sejmas‹, gehörten hingegen nur vier der jüdischen Religionsgemeinschaft an. Noch wichtiger: Unter den insgesamt 279 leitenden Beamten des Volkskommissariats für Innere Angelegenheiten der UdSSR (NKWD) gab es 148 Russen und 111 Litauer, lediglich die restlichen 20 waren Polen, Juden und andere. Daher kann von einem ›judeo-bolschewistischen System‹ in Litauen keine Rede sein.«[210]

Karl Jäger und das Einsatzkommando 3 hatten mit den Pogromen in Litauen während der ersten Woche des deutsch-sowjetischen Krieges nichts zu tun, wohl aber Ehrlingers Einsatzkommando 1 b. Die Beamten des EK 3 hielten sich in dieser Zeit noch gar nicht in Litauen auf. Gleichwohl nahm Jäger die damals ermordeten Juden – der Ordnung und der Vollständigkeit halber – in seine Zwischenbilanz vom 1. Dezember 1941 auf: »Vor der Übernahme der sicherheitspol. Aufgaben durch das EK. 3, Juden durch Pogrome und Exekutionen – ausschließlich von Partisanen – liquidiert. 4000.«[211]

Das dürfte ihm bei seiner Ankunft in Kaunas von Stahlecker, seinem direkten Vorgesetzten, mitgeteilt worden sein. Jedenfalls stimmen die Zahlen in den Berichten der beiden SS-Offiziere in diesem Punkt weitgehend überein. Mit den Informationen, die er von Stahlecker erhielt, bekam Jäger einmal mehr eine klare Vorstellung davon, was man von ihm ab sofort in Kaunas erwartete.

10. Deutsche Zivilverwaltung und litauische Kollaboration

Da sich in dem Land, dessen Bevölkerung die deutsche Wehrmacht mehrheitlich freudig begrüßt hatte, kein Widerstand gegen die Deutschen regte, konnte die Militärverwaltung schon am 21. Juli 1941 an eine Zivilverwaltung übergehen.[212] Damit begannen allerdings nicht etwa »zivilere« Verhältnisse, im Gegenteil! Denn das Personal der deutschen Zivilverwaltung, das nunmehr die Herrschaft in Litauen übernahm, bestand durchgängig aus überzeugten nationalsozialistischen Funktionären, die jetzt in verantwortlichen Exekutivpositionen ihre Machtgelüste austoben konnten. Die Masse der Judenmorde in Litauen geschah unter der arbeitsteiligen Mitverantwortung der deutschen Zivilverwaltung.

Ende Juli 1941 wurde für die drei baltischen Staaten das Reichskommissariat Ostland unter Führung des Reichskommissars und Gauleiters Hinrich Lohse mit Sitz in Riga eingerichtet. Als für Litauen verantwortlicher Chef der Zivilverwaltung mit dem Titel eines Generalkommissars für Litauen fungierte Theodor Adrian v. Renteln mit Sitz in Kaunas. Er nahm seine Tätigkeit am 28. Juli 1941 auf.[213] Dem für ganz Litauen zuständigen Generalkommissar v. Renteln waren fünf Stadt- beziehungsweise Gebietskommissare unterstellt.[214] Im Herbst 1941 wurde als sechstes noch das Gebietskommissariat Panevezys eingerichtet. Die Zuständigkeit als Stadtkommissar für Kaunas-Stadt erhielt der SA-Brigadeführer Hans Cramer, ehemaliger Bürgermeister der Stadt Dachau. Für Kaunas-Land war als Gebietskommissar SA-Brigadeführer Arnold Lentzen verantwortlich. In Wilna-Stadt wurde SA-Sturmbannführer und NSDAP-Kreisleiter Hans Hingst Stadtkommissar. In Siauliau amtierte Kreisleiter Hans Gewecke als Gebietskommissar. Cramer und Lentzen kamen aus der SA, Hingst und Gewecke waren NSDAP-Funktionäre, ein anderer Gebietskommissar kam aus der SS.[215]

Es ist wichtig, zu begreifen, dass die deutsche Zivilverwaltung die schon vorhandene litauische Verwaltung nicht ersetzte, sondern sich gleichsam über diese stülpte und lediglich die entscheidenden Positionen mit eigenen Leuten besetzte. Insbesondere auf den unteren Ebenen, also in den Kommunalen, Kreisen und Bezirken, war die einheimische Verwaltung komplett erhalten geblieben und wurde nun zu einem Bestandteil der deutschen Besatzungsverwaltung.[216] So unterstanden beispielsweise die litauischen Bürgermeister und Dorfältesten einem deutschen Kreischef oder Landrat.

Der Übergang von der Militär- zur Zivilverwaltung bedeutete allerdings nicht, dass nun alle militärischen Dienststellen aus dem besetzten Litauen abgezogen worden wären. Für das Baltikum insgesamt blieb die Zuständigkeit eines sogenannten Wehrmachtbefehlshabers Ostland bestehen. Der mit dieser Funktion betraute Generalleutnant Walter Brämer hatte sich mit dem Reichskommissar Lohse abzustimmen. Für Litauen ernannte General Brämer den Obersten Erich Just, der von 1939 bis 1941 Militärattaché in Kaunas gewesen war, zum Beauftragten des Wehrmachtbefehlshabers Ostland.[217] Für im engeren Sinne militärische Sicherungsaufgaben blieb die Sicherungsdivision 207 in Litauen, und in Kaunas existierte nach wie vor die Feldkommandantur 821. Auch in anderen litauischen Städten und Dörfern gab es unter der mehrjährigen deutschen Zivilverwaltung Feld- und Ortskommandanturen der Wehrmacht.[218]

Neben der Zivilverwaltung und der Militärverwaltung operierte in Litauen – wie in allen besetzten Ostgebieten – auch eine von diesen unabhängige Verwaltung von SS und Polizei. Sie glich sich in der territorialen Zuständigkeit den anderen Verwaltungen an. Oberster SS-Führer im Baltikum war zunächst der Höhere SS- und Polizeiführer Baltikum (HSSPF B), SS-Gruppenführer Hans-Adolf Prützmann, mit Sitz in Riga.[219] Ihm unterstanden alle SS- und Polizeikräfte im deutsch besetzten Baltikum. Befehlshaber der Sicherheitspolizei (BdS) war zunächst der Führer der Einsatzgruppe A, SS-Brigadeführer Franz Stahlecker, nach dessen Tod der SS-Brigadeführer Heinz Jost, der damit zum Vorgesetzten von Karl Jäger werden sollte, mit dem er auch mehrfach in persönlichen Kontakt kam, wovon noch zu berichten sein wird. Als Untergebener des Höheren SS- und Polizeiführers in Riga fungierte der für ganz Litauen zuständige SS- und Polizeiführer, SS-Brigadeführer Lucian Damianus Wysocki. Nach Aussage von Karl Jäger waren die Zuständigkeiten zwischen Wysocki und ihm so verteilt, dass dieser für die Ordnungspolizei und er selbst für die Sicherheitspolizei verantwortlich waren.[220]

Aber auch damit ist nur ein Teil des dichten Geflechts der deutschen Besatzungsbehörden in Litauen genannt. Hinzu kommen die Wehrwirtschaftsverwaltung, die Arbeitsverwaltung und viele andere Dienststellen, die nicht im Einzelnen vorgestellt werden können. Im Übrigen ist hier auch nicht der Ort, auf den für den NS-Staat insgesamt typischen Kampf um Zuständigkeiten einzugehen, der auch die Verhältnisse im Reichskommissariat Ostland kennzeichnete. Wie kompliziert die Beziehungen zwischen der Militär-, Zivil- und SS-Verwaltung im deutsch besetzten Litauen im Einzelnen auch immer gewesen sein mögen, so lässt sich doch feststellen, dass die Kooperation in einem der wichtigsten Tätigkeitsbereiche, nämlich beim Massenmord an den litauischen Juden, offenbar gut funktionierte. Was die neuere historische Forschung insgesamt herausgearbeitet hat, nämlich die arbeitsteilige Kooperation aller Funktionsträger der deutschen Besatzungsverwaltung auf der Basis mündlicher und fernmündlicher – seltener schriftlicher – Absprachen untereinander, das funktionierte auch in Litauen.[221]

Hatte ein Großteil der litauischen Bevölkerung die deutsche Wehrmacht zunächst freudig begrüßt und diese Stimmung auch noch in den folgenden Wochen beibehalten, so sollte sich dies seit der Einrichtung der deutschen Zivilverwaltung rasch ändern. Denn jetzt wurde klar, dass Hitler – ganz im Gegensatz zu den Hoffnungen der litauischen Nationalisten – nicht beabsichtigte, eine litauische Selbständigkeit zu dulden. Er ließ die Provisorische Regierung Litauens auflösen, ebenso die mit dem NS-System am meisten sympathisierende LAF und das Bürgerkomitee in Vilnius. Die Zeit der litauischen Selbstverwaltungsorgane war jetzt vorüber. Die letzte Sitzung der Provisorischen Regierung fand am 5. August 1941 statt.[222] Die Partisanen-Einheiten wurden jetzt zu Kompanien der litauischen Hilfspolizei umgewandelt und unter deutsche Aufsicht gestellt. Nun wurde den Litauern klar, dass lediglich die sowjetische von der deutschen Besatzungsherrschaft abgelöst worden war.

11. Zwei von Tausenden: Die Ermordung des Buchhändlers Max Holzman und seiner Tochter Marie

In der ersten Woche des Krieges wurde auch die aus Deutschland stammende Familie Holzman Opfer der litauischen Nationalisten.[223] Da Helene Holzman aus Deutschland stammte und zum Protestantismus konvertiert war, galt sie in Kaunas als Deutsche, obwohl sie, ebenso wie ihr jüdischer Ehemann, 1936 die litauische Staatsbürgerschaft angenommen hatte. Bereits in den ersten Tagen nach dem Einmarsch der Wehrmacht in Litauen wurde Max Holzman, der Buchhändler, ohne jegliche Begründung auf offener Straße verhaftet und wenig später, noch im Juni 1941, im VII. Fort ermordet, und zwar nicht von den Deutschen, sondern von antisemitisch verhetzten litauischen Nationalisten.

Wenig später wurde auch die damals 19 Jahre alte, vielseitig begabte Tochter der Holzmans, Marie mit Namen, verhaftet. Sie hatte sich im sogenannten Russenjahr in der kommunistischen Jugendorganisation der Komsomolzen engagiert. Die Tochter Marie lebte ein paar Monate länger als ihr Vater. Trotz unentwegter Rettungsversuche ihrer Mutter wurde dann auch sie am 29. Oktober 1941 im Zusammenhang mit der

Abb. 14: Der aus Jena stammende, nach Kaunas umgezogene Buchhändler Max Holzman und seine Tochter Marie wurden 1941 in Kaunas ermordet. Das Foto stammt aus dem Jahre 1940.

»Großen Aktion« im IX. Fort von Kaunas erschossen. Nun war Helene Holzman noch die jüngere Tochter Margarete geblieben. Ein litauischer Bekannter, der um das Schicksal der Familie wusste, sagte – offenbar in einem Anfall von Mitgefühl: »Dies Kind soll leben!«, was für die Mutter ein Ansporn zum Durchhalten wurde. Tatsächlich gelang es ihr, die Tochter über die extrem entbehrungsreichen und bedrohlichen Kriegsjahre hinweg erfolgreich zu beschützen. Der schmerzliche Verlust von zwei Familienmitgliedern mobilisierte in ihr neue Kräfte, die sie in waghalsigen Rettungsaktionen, insbesondere für jüdische Frauen und Mädchen, einsetzte.

Berichtet wird auch über Fruma Kucinskiene aus Kaunas, die als achtjähriges Mädchen mit ihrer Familie ins Ghetto von Kaunas ziehen musste und zwei Jahre später herausgeschmuggelt wurde.[224] Helene Holzman nahm sie als Ziehtochter auf, versteckte sie, und so konnte Fruma als einziges Mitglied ihrer Familie die Jahre der deutschen Herrschaft in Litauen überleben.

Teil IV:
Jägers Einsatz in Litauen 1941–1943

1. Jäger als Kommandeur des EK 3 in Kaunas

Nach eigenen Aussagen blieb Jäger nach Beginn des Überfalls auf die Sowjetunion noch etwa eine Woche im sächsischen Pretzsch und verlegte dann Ende Juni 1941 zusammen mit den Männern seines Einsatzkommandos mit einer Pkw-Kolonne von etwa zehn Fahrzeugen über Landsberg an der Warthe, Gumbinnen in Ostpreußen und Eydtkau nach Kaunas in Litauen.[225] Es gehört zu den Charakteristika eines selektiven und mit Schuldgefühlen beladenen Gedächtnisses, dass sich Jäger noch fast zwei Jahrzehnte später ganz genau daran erinnern konnte, dass ihm für diesen Einsatz ein Opel-Admiral zur Verfügung stand und dass der vor ihm fahrende Pkw auf eine Mine fuhr, wobei aber niemand verletzt wurde. An seine Rolle bei den Massenmorden dagegen wollte er sich bei den Vernehmungen im Zuchthaus Ludwigsburg im Jahr 1959 nicht erinnern können.

Zeitgleich mit der Wehrmacht, also noch vor der Jäger-Truppe, war das Einsatzkommando 1 b unter SS-Sturmbannführer Dr. Erich Ehrlinger am 24. Juni 1941 in Kaunas eingetroffen.[226] Dieser hatte auch bereits ein stattliches Gebäude im Zentrum der Stadt requiriert und dort die Einrichtung der Dienststelle des Kommandeurs der Sicherheitspolizei und des SD (KdS) vorbereitet.[227] Jäger zeigte sich bei seinem Eintreffen mit diesen Vorbereitungen sehr zufrieden.

Man muss sich klarmachen, dass auf die deutsche Sicherheitspolizei in Kaunas vielfältige Aufgaben zukamen. Sie sollte Kommunisten jagen und exekutieren, versprengte russische Soldaten aufspüren, Kriegsgefangenenlager nach Juden und Kommunisten durchkämmen, litauische Kollaborateure auf ihre Zuverlässigkeit hin überprüfen, Aktenbestände der litauischen Behörden sichern und ständigen Kontakt zur deutschen und zur litauischen Zivilverwaltung sowie zu den Kommandostäben der Wehrmacht halten.[228] Neben diesem Regelbetrieb wurde die Verfolgung und Ermordung der Juden jedoch rasch zum zentralen Tätigkeitsfeld der Sicherheits-Polizei.

Zur Person des nunmehr im Kriegseinsatz befindlichen Standartenführers Jäger ist an dieser Stelle anzumerken, dass er sich von den gleichrangigen Funktionsträgern der SS in mehrerer Hinsicht unterschied: Er war mit seinen 53 Lebensjahren deutlich älter als alle anderen Einsatzgruppen- und Einsatzkommandoführer und er hatte nicht deren Bildungsstand.

Der Historiker Ulrich Herbert schreibt über das Sozialprofil des Führerkorps der Sicherheitspolizei und des SD: »Vier Fünftel von diesen Männern besaßen Abitur, zwei Drittel eine abgeschlossene Hochschulausbildung, nahezu ein Drittel einen Doktorgrad, fast ausnahmslos in den Rechtswissenschaften. Das Führerkorps von Sicherheitspolizei und SD war mithin erheblich jünger als die Führungsgruppen in Verwaltung, Wirtschaft und Wehrmacht und deutlich gebildeter als diejenige der Partei, übrigens auch der allgemeinen und Waffen-SS sowie der Höheren SS- und Polizeiführer. Es handelt sich also um eine sowohl generationell wie sozial relativ homogene Gruppe. Sie entstammte nicht den Rändern oder dem Bodensatz der deutschen Gesellschaft, sondern eher ihrer Mitte und ihrem oberen Segment: der akademisch ausgebildeten bürgerlichen Jugend, die in den Jahren der Weimarer Republik politisch sozialisiert wurde.«[229]

Diese Charakterisierung traf zwar nicht auf den Kommandeur des Einsatzkommandos 3 zu, wohl aber auf einige seiner führenden Mitarbeiter, etwa die SS-Offiziere Gustav Grauer, Peter Eisenbarth, Erich Wolff, Gerhard Kortkampf und Joachim Hamann.[230] Bei ihnen handelte es sich um junge, ehrgeizige Kriminalbeamte. Der unteren Mittelschicht entstammend, die am Ende der Weimarer Republik in wirtschaftliche Schwierigkeiten gekommen war, traten sie schon vor 1933 der NSDAP bei und setzten bei ihren Hoffnungen auf eine berufliche Karriere ganz auf die Partei Hitlers beziehungsweise den NS-Staat. Nach 1933 gehörten sie zu den ausgesuchten Nachwuchskräften für den Leitenden Dienst der SS. Die zwischen 1910 und 1915 geborenen SS-Offiziere waren zum Zeitpunkt ihres Einsatzes im Osten zwischen 26 und 31 Jahre alt, also eine ganze Generation jünger als ihr 1888 geborener Vorgesetzter Karl Jäger. Im Sommer 1941 wurden sie in der Polizeischule Pretzsch an der Elbe zusammengezogen und dem EK 3 unter Jäger zugewiesen. Grauer, Kortkampf und Hamann führten die drei Züge des 139 Mann starken EK 3. Grauer, der Dienstälteste, fungierte zugleich als Stellvertreter Jägers.

Als das EK 3 am 2. Juli 1941 in Kaunas eintraf und dort die sicherheitspolizeiliche Gewalt übernahm, baute es eine stationäre Dienststelle auf, deren Organisationsstruktur sich weitgehend am Aufbau des Reichssicherheitshauptamtes orientierte. Sie umfasste fünf Hauptabteilungen, und zwar für Personalangelegenheiten (Abt. I), Haushalt (Abt. II), Sicherheitsdienst (SD) (Abt. III), Gestapo (Abt. IV) und Kripo (Abt. V). Die genannten jüngeren SS-Offiziere, die sich von der gemeinsamen Ausbildung an der Führerschule in Berlin-Charlottenburg her kannten und die zu diesem Zeitpunkt die Ränge SS-Haupt- oder Obersturmführer (Hauptmann oder Oberleutnant) erreicht hatten, übernahmen nun die Führung dieser Abteilungen. Grauer, der Stellvertreter Jägers, leitete die gesamte administrative Arbeit und koordinierte die Abteilungen.[231] In der Dienststelle arbeiteten – der Erinnerung Jägers zufolge – auch »4 oder 5 Schreibdamen, [...] reichsdeutsche Mädchen von ca. 20 Jahren«.[232] Es ist anzunehmen, dass diese Frauen unter anderem die Exekutionsberichte tippten und Jäger zur Unterschrift vorlegten. Da Jäger selbst weder über eine administrative noch über eine juristische Ausbildung verfügte, überließ er dieses Geschäft daher gerne seinen jüngeren, ehrgeizigen und tüchtigen Untergebenen.[233]

Die von der SS-Norm abweichenden Sozialdaten Jägers dürften sich von Beginn seines Einsatzes in Litauen an in spezifischer Weise ausgewirkt haben. Als der »alte Mann« unter den SS-Führern mit vergleichbaren Funktionen spürte er sehr wahrscheinlich einen ständigen Druck, sich und anderen beweisen zu müssen, dass er seiner Aufgabe trotz seines Alters durchaus gewachsen war. Als Beweismittel für Tüchtigkeit und Effizienz galt innerhalb der SS in erster Linie der Wille zu einem radikalen Vorgehen gegen die Juden im Rahmen der allgemeinen Vorgaben.

Das singuläre Mordgeschehen zwischen Juli und Oktober 1941, das im *Jäger-Bericht* dokumentiert wird, sollte daher auch vor dem Hintergrund der spezifischen Biographie dieses Täters gelesen werden: Hier war ein SS-Führer, der mehr als andere Funktionsträger greifbare Erfolge vorweisen musste, in diesem Falle eine beeindruckend hohe Anzahl von Exekutionen, wollte er vor seinen Offizierskameraden und Vorgesetzten bestehen.

Welche sicherheitspolizeiliche Lage fand Jäger vor, als er Anfang Juli

1941 in Kaunas eintraf? Die aufgeheizte Pogromstimmung der letzten 14 Tage lag noch in der Luft. Uniformierte Litauer, die als Soldaten ausgebildet waren und die eigentlich den Kern einer national-litauischen Armee bilden wollten, von den Deutschen aber nur als kollaborierende Hilfspolizisten unter deutschem Befehl akzeptiert wurden, beherrschten die Straßen der Stadt, verhafteten Juden und Kommunisten, übten willkürlich Gewalt aus und erschossen noch immer vereinzelt Juden auf offener Straße. Jäger muss die litauische Hauptstadt zunächst als ein mörderisches Durcheinander erschienen sein, das nach einer ordnenden Hand verlangte.

Gleichzeitig dürfte ihm schnell klar geworden sein, dass die aufgeheizte Atmosphäre in keiner Weise die Sicherheit der Deutschen beeinträchtigte. Vielmehr konnte er eine ausgeprägte Bereitschaft eines Großteils der litauischen Bevölkerung beobachten, mit den Deutschen zusammenzuarbeiten. Gleiches galt übrigens auch für die in Litauen einflussreiche katholische Kirche. In dieser Lage bot sich der deutschen Sicherheitspolizei die Chance, sich gegenüber den Juden als Ordnungsmacht aufzuspielen.

So kann man nachvollziehen, weshalb Jäger in einem Anfang 1942 verfassten Bericht gar nicht auf die sicherheitspolizeilichen Probleme einging, die ihm geringfügig erschienen sein mögen, und er sich stattdessen sogleich mit der Situation der jüdischen Minderheit in Kaunas sowie in anderen Städten des Landes beschäftigte:

»Als das EK 3 in Kauen einrückte, bewegten sich die Juden noch völlig frei in den Haupt- und Kreisstädten. Als erste Maßnahme wurde die Kennzeichnung der Juden eingeführt und in Kauen die Bildung eines Ghettos in Angriff genommen.«[234]

Wie wirkten diese Maßnahmen auf die verfolgten Juden? Diese standen naturgemäß noch unter dem Schock der großen, auf offener Straße verübten Pogrome in den ersten 14 Tagen nach dem deutschen Überfall. Daher erhofften sie sich von der deutschen Besatzungsmacht zunächst einmal die Wiederherstellung der öffentlichen Ordnung. Dies lassen Briefe erkennen, die jüdische Bürger aus Kaunas an die deutsche Sicherheitspolizei richteten. Darin baten sie die SS darum, ihre Familienmitglieder, die von den litauischen Nationalisten völlig grundlos verhaftet worden waren, wieder freizulassen.[235] Auch die – auf Befehle Stahleckers und Jägers zurückgehende – Ankündigung der deutschen Besatzungsbehörden, man wolle die – von den Litauern verfolgten – Juden in einem noch einzurichtenden Ghetto schützen, schien zunächst in eben diese Richtung zu deuten: Die kultivierten Deutschen als Ordnungsfaktor. Im Ghetto gäbe es Sicherheit vor den mordenden litauischen Antisemiten.

Es dauerte seine Zeit, bis die verfolgten Juden erkannten, dass sich unter der deutschen Besatzungsherrschaft tatsächlich ein geordnetes System von Willkür, Diskriminierung, Terror und Erschießungen breitmachte.[236] Vordergründig schien es so, dass seit dem Eintreffen Jägers keine Juden mehr willkürlich auf offener Straße erschossen oder erschlagen wurden. Erst nach und nach durchschauten die Bedrohten, was die deutsche »Ordnung« wirklich bedeutete: Dass die Exekutionen der Juden nunmehr wohl organisiert und zugleich viel effizienter als während der Pogromphase im Fort VII und dem abgelegenen Fort IX stattfanden, mit dem Unterschied allerdings, dass sie den Augen der Öffentlichkeit entzogen blieben.

2. Erste systematische Massenerschießungen in Kaunas am 4. und 6. Juli 1941

Bereits zwei Tage nach dem Eintreffen von Jäger begann in Kaunas das systematische Morden.[237] Jäger berichtete in seiner Meldung:

```
Auf meine Anordnung und meinen Befehl durch die lit.[aui-
schen] Partisanen durchgeführte Exekutionen:
4.7.41  Kauen – Fort VII – 416 Juden, 47 Jüdinnen [ges.] 463
6.7.41  Kauen – Fort VII – Juden                        2514.[238]
```

Diese Massenexekutionen fanden durch Erschießung in den Festungsanlagen des VII. Forts am Stadtrand von Kaunas statt. Geschossen wurde mit Karabinern, Maschinengewehren und Maschinenpistolen.[239] Die Aufsicht führten Offiziere des EK 3. Die Absperrungen wurden durch Polizisten des Reserve-Polizeibataillons gestellt. Das Mordgeschäft selbst erledigten die litauischen Gehilfen.

In einer Vernehmung nach dem Kriege erinnerte sich Jäger an dieses Massaker noch ganz genau, da er es bald nach seiner Ankunft in Kaunas erlebte. Als er ins Fort VII fuhr, so seine Schilderung, habe sich ihm »ein furchtbares Bild« geboten. Im Hofe des Forts hätten etwa 3000 Leichen ermordeter Juden gelegen: »Das war die erste Erschießungsstelle, die ich gesehen hatte. Es war so schrecklich für mich, dass ich lange Zeit nicht damit fertig werden konnte.«[240] Das war die verständliche Reaktion eines psychisch ganz normalen Menschen seiner Zeit, der Jäger ja war. Denn erst jetzt begriff er in vollem Umfang, welche außergewöhnlichen Aufgaben auf ihn warteten.

Wie Holocaust-Forscher ermittelt haben, hatten zunächst alle Täter »mit tiefsitzenden psychologischen Hemmungen und Widerständen fertig zu werden«, mit moralischen Skrupeln, die der zweitausendjährigen abendländischen Moral und Ethik geschuldet waren.[241] Auch Karl Jäger musste sich an die massenhafte Ermordung wehrloser Menschen erst noch gewöhnen.[242] Den Gedanken allerdings, sich diesem Mordgeschäft zu verweigern, hatte er nicht.

Als Jäger im Juli 1941 in Kaunas einmal mit seinem Vorgesetzten Stahlecker zusammentraf, hielt dieser es für angebracht, Jäger in einem kurzen Vortrag einige ideologische, sicherheitspolizeiliche und militärische Rationalisierungen der Judenerschießungen anzubieten.[243] Nach Jägers Erinnerung von 1959 sagte Stahlecker, »die Juden seien die Träger des Kommunismus. Weiterhin inszenierten sie Sabotageakte und gefährdeten somit die Front. Zum Schutze dieser, des zurückliegenden Gebietes sowie der Heimat, müssten sie vernichtet werden. Weiterhin erklärte er mir, ich sei doch Soldat gewesen und wisse doch auch, was ein Befehl im Kriege bedeute.«[244]

Zu dieser Zeit wurden in Litauen in erster Linie jüdische Männer im wehrfähigen Alter umgebracht, von denen die Deutschen am ehesten eine Gegenwehr befürchten mussten. Bekanntlich herrschte in deren Köpfen die Vorstellung, Juden seien zugleich Bolschewisten und damit gefährliche Träger des sowjetischen Staates. Die sogenannten sicherheitspolitischen Begründungen für die Terror- und Mordaktionen rekurrierten immer wieder auf diese Gleichsetzung.

Den mehrmonatigen Mordprozess im Zeitraum von Juni bis Dezember 1941 hat der Holocaust-Forscher Raul Hilberg als die »erste Tötungswelle« bezeichnet.[245] Man muss diese erste Welle allerdings noch einmal in einzelne Etappen untergliedern, wenn man eine annähernde Vorstellung von diesem Geschehen bekommen möchte, also von der Entrechtung der Opfer, den Verhaftungen, dem Zusammentreiben der Opfer an Erschießungsplätzen, den großen und den kleineren Mordaktionen in den Städten Litauens und auf den vielen Dörfern.

Abb. 15: Im VII. Fort, das am Rande der Stadt Kaunas lag, wurden viele Massenerschießungen vorgenommen.

Die erste Etappe innerhalb der ersten Tötungswelle war die soeben geschilderte »Aktion«, die Jäger sogleich nach seinem Eintreffen in Kaunas angeordnet haben muss. Den Statistiken des EK 3-Kommandeurs zufolge fielen ihr 2977 Juden zum Opfer. Von den am 4. Juli 1941 Ermordeten war bereits jedes zehnte Opfer eine Frau. Bis zum 2. August 1941 folgten in Kaunas dann noch mehrere Erschießungen kleineren Umfangs.

3. Errichtung des Ghettos Kaunas Mitte August 1941 und die »Aktion der Tausend«

Eine der ersten Amtshandlungen Jägers bestand darin, in Kaunas die Errichtung eines Judenghettos im Stadtteil Vilijampole anzukündigen. Den Befehl dazu hatte der Kommandeur der Einsatzgruppe A, Walther Stahlecker, gegeben. In Vilijampole hatten bis dahin etwa 4000 bis 5000 Juden gelebt. Nun sollten dorthin weitere 30 000 Juden aus anderen Teilen der Stadt Kaunas umziehen. Dass diese Maßnahme zu qualvoll engen Verhältnissen führen musste, bedarf keiner näheren Erläuterung. Bis zu zehn Menschen mussten in einem einzigen Raum leben.[246]

Zuständig für die Verwaltung des Ghettos war nicht das EK 3, sondern die deutsche Zivilverwaltung unter dem SA-Brigadeführer und Stadtkommissar Hans Cramer. Im Ghetto selbst wurde ein Ältestenrat gewählt, der – unter der allgegenwärtigen Kontrolle der deutschen Besatzungsorgane – eine Art jüdischer Selbstverwaltung praktizierte. Es gab auch eine unbewaffnete jüdische Ghettopolizei, ein jüdisches Sozialamt und ein statistisches Büro. Die im Ghetto übliche Sprache war jiddisch.

Der Umzug in den Ghetto-Bereich, der von der übrigen Stadt abgetrennt war und in dem ausschließlich Juden wohnen durften, musste bis zum 15. August 1941 beendet sein. Dann wurden die Ghettotore geschlossen und die Juden waren vom Rest der Welt abgeriegelt. Die auf dem litauischen Land lebenden Juden sollten ebenfalls, sofern sie nicht an Ort und Stelle ermordet wurden, in die Ghettos der drei Städte Kaunas, Vilnius und Siauliai umziehen.

Weshalb wurden die Juden in Kaunas – wie in anderen Städten unter deutscher Besatzungsherrschaft auch – gezwungen, in Ghettos umzuziehen? Für die deutschen Besatzungsbehörden erfüllte ein solches Judenghetto in erster Linie ein Herrschaftsbedürfnis: Es sollte die Menschen ihrer Freiheit berauben und zugleich den jederzeitigen Zugriff der Machthaber auf die eingepferchten Menschen gewährleisten, sei es zum Zwecke der Zwangsarbeit oder zu einer Erschießungsaktion.[247] Des Weiteren konnte auf diese Weise die jüdische Bevölkerung von der »arischen« getrennt werden. Das Ghetto stellte also keineswegs einen dauerhaften Schutzraum für die verfolgten Juden dar, wie es manche von ihnen anfangs irrtümlich annahmen oder erhofften. Vielmehr war es ein nur vorübergehend sicherer Raum, bis die deutschen Okkupanten wieder eine Mordaktion planten und durchführten. In dieser Zwischenzeit konnte bei den eingesperrten Juden der Eindruck entstehen, dass sie hinter der – von Beamten des Reserve-Polizeibataillons 11 bewachten – Umzäunung vor mordenden und plündernden litauischen Partisanen einigermaßen geschützt waren.[248]

Überlebende haben geschildert, wie sich die Errichtung des Ghettos Kaunas gestaltete. Jehoshua Rosenfeld, der an der Universität Kaunas Nationalökonomie studiert und hernach als Kaufmann gearbeitet hatte,

Abb. 16: Ghetto Kaunas. Formierung von Kolonnen jüdischer Zwangsarbeiter am Tor des Ghettos.

war zur Zeit des deutschen Überfalls auf Litauen 33 Jahre alt. Im Jahr 1959 gab er bei der Staatsanwaltschaft in München einen Augenzeugenbericht über die Errichtung des Ghettos Kaunas im August 1941 zu Protokoll:

»Spätestens Anfang Juli [1941] erging der Befehl, dass die gelben Sterne zu tragen seien, dass Juden die Bürgersteige und die öffentlichen Verkehrsmittel nicht mehr benutzen sowie nicht mehr die öffentlichen Gebäude und sonstigen öffentlichen Einrichtungen betreten durften. Bald danach, etwa Anfang bis Mitte Juli, verlangte die Gestapo, dass die jüdischen Ältesten im Dienstgebäude vorzusprechen hätten. Vier oder fünf Personen gingen hin, u. a. Dr. Elkes und Rabbiner Snieg, letzterer weil der Oberrabbiner in Kowno, Herr Shapiro, sich durch Alter und Gebrechlichkeit entschuldigen konnte. Schon bei dieser Vorsprache der Ältesten oder aber auch bei einer späteren erging die Anordnung, dass alle Juden in einen Teil des Stadtteils Vilijampole umzusiedeln hätten und zwar bis zum 15. 8. 1941. Zur Umsiedlung standen also vier bis fünf Wochen zur Verfügung. Die Umsiedlung der 30 bis 35 000 Juden in dem gesamten Stadtteil in so kurzer Zeit ohne die nötigen Transportmittel, ohne ausreichende Organisation war ein allgemeines Durcheinander.

Insbesondere aber auch deshalb, weil der Platz in Vilijampole bei weitem nicht ausreichte. Am 15.8.1941 wurde das Ghetto (es war an einem Freitag) durch Stacheldraht und Wachmannschaften hermetisch abgeschlossen.«[249]

Rosenfeld berichtete weiter:

»Am Freitag, dem 15.8.1941, war das Ghetto geschlossen worden, und zwar gegen 16 Uhr. Zwei Stunden vorher, gegen 14 Uhr, arbeiteten noch etwa 30 Juden auf der dem IX. Fort zugewandten Ghettoseite an der Vollendung der Stacheldrahtumzäunung. Als die litauischen Bewacher dieses Stacheldrahtarbeitskommandos der Gestapo meldeten, dass die Angehörigen dieses Arbeitskommandos Lebensmittel gehamstert hätten, wurde das gesamte Kommando von etwa 30 Personen an Ort und Stelle erschossen.«[250]

Die Einrichtung und Schließung des Ghettos Kaunas wurde am 14. und 15. August 1941 von größeren Mordaktionen begleitet, die von den Ghettoinsassen als »Aktion der Tausend« bezeichnet wurde. Jäger trug diese Ereignisse unter dem Datum des 18. August 1941 in seinen Rechenschaftsbericht ein:

```
Kauen-Fort IV 698 Juden, 402 Jüdinnen, 1 Polin.[251]
```

Jehoshua Rosenfeld schildert diese Mordaktionen, teilweise aus eigener Anschauung, folgendermaßen:

»Einen Tag zuvor, am 14.8.1941, morgens um 6 Uhr (an einem Donnerstag) fuhren deutsche Lkws mit deutschen SS-Leuten in die Stadt und griffen wahllos insgesamt 1000 jüdische Männer auf, die sie zunächst in das gelbe Gefängnis brachten (so genannt, weil dieses Gebäude vor dem Ersten Weltkrieg einen gelben Anstrich hatte), die sie noch am Nachmittag desselben Tages im VII. Fort erschossen. Bei dieser Aktion sind viele meiner Freunde und Bekannten ums Leben gekommen, u.a. Elimelech Kaplan, er war Rechtsanwalt und der erste Sekretär des Ältestenrats, Mula Shapiro (nicht verwandt mit dem Oberrabbiner), von Beruf Ingenieur. Weitere Namen fallen mir im Augenblick nicht ein. Diese Aktion nannten wir die ›Aktion der Tausend‹ bzw. die ›Donnerstagsaktion‹.«[252]

4. Die Verfolgung und Ermordung der aus Frankfurt / Main nach Kaunas geflüchteten Familie Simon

Ins Ghetto von Kaunas übersiedeln musste auch die Familie Simon, die aus Frankfurt am Main über Memel in das vermeintlich sichere Kaunas geflohen war. Der Kaufmann Simon hatte im Zentrum der Stadt Frankfurt einen gut gehenden Papiergroßhandel betrieben. Schon 1933 war den Simons klargeworden, dass es für die Juden im nationalsozialistischen Deutschland gefährlich wurde: »Als ich die Hitler-Jugend mit ihrem begeisterten Absingen des ekelhaften Horst-Wessel-Liedes in den Straßen marschieren sah«, erinnerte sich Rosa Simon in einer Aufzeichnung aus dem Jahre 1958, »war es für mich klar, dass die deutschen Kinder mit der Muttermilch vergiftet wurden und es für uns Juden keine Rettung gab, vor allem kein Bleiben dort.«[253] Daher hatte sich die wohlhabende Familie Simon schon zu einem frühen Zeitpunkt entschlossen, Deutschland zu verlassen und nach Memel zu gehen, wo die Eltern von Rosa Simon, der Mutter der vierköpfigen Familie, wohnhaft waren. Als sie dort ebenfalls von einer starken antisemitischen Welle bedroht worden waren, hatten sie versucht, in die USA auszuwandern, was ihnen jedoch wegen bürokratischer Hemmnisse nicht gelungen war. Kurz vor dem Einmarsch der Wehrmacht in Memel im März 1939 war die Familie Simon dann – zusammen mit vielen anderen Juden aus Memel – nach Kaunas geflüchtet in der Hoffnung, dass sie dort sicherer sei. Im Russenjahr 1940 / 41 war die Hoffnung auf eine Ausreise in die USA schließlich völlig zunichte geworden, da die Russen trotz vielfacher drängender Bitten nicht bereit gewesen waren, ihnen ein Ausreisevisum auszustellen. Nun saßen sie also in Kaunas fest.

Mit dem deutschen Überfall auf Litauen begann auch für die Familie Simon eine »furchtbare Tragödie«. Rosa Simon schildert den Terror, dem sie, ihr Mann und ihre Kinder schon in der letzten Woche des Juni 1941 ausgesetzt waren: »Zuerst schickten die Deutschen die Litauer vor, die unsere jüdischen Häuser angeblich nach Waffen absuchten. Litauische und deutsche Offiziere erschienen in unserem Haus – wir waren mit unseren Eltern und Brüdern in eine wunderbare 7-Zimmer-Wohnung zusammen gezogen –, stellten uns alle mit dem Gesicht zur Wand und suchten angeblich nach Waffen. Nur der Aufopferung unseres langjährigen Dienstmädchens, die schnell die Hilfe unseres litauischen Portiers im Hause holte und auf ihre gemeinsamen Bitten, uns leben zu lassen, verließen sie das Haus, ohne uns erschossen zu haben. Die folgenden Tage lebten wir in panischem Schrecken und sobald wir draußen Schritte hörten, versteckten wir uns im Hause bei Litauern, darunter einem bekannten Arzt, die es nicht gerade gerne geschehen ließen, aber uns doch nicht verrieten. Langsam fanden wir uns mit Freunden zusammen, mit denen wir über unsere furchtbare Lage berieten. Unterdessen hörten wir von furchtbaren Gräueltaten, die auch die Litauer, angestachelt von den Nazis, nur zu gerne ausführten [...].«

Als die Simons von den in aller Öffentlichkeit begangenen Mordtaten vor der Lietukis-Garage hörten, erhofften sie sich von einem Ghetto zusätzliche Sicherheit: »Der Zustand war unhaltbar geworden und wir wollten schon ein Ghetto. Wir wussten ja nicht und wollten nicht glauben, dass die Ghetti zur Vernichtung bestimmt waren.« Rosa Simon berichtete sodann über den Umzug ins Ghetto Vilijampole, für das sie den jiddischen Ausdruck »Slabotke« benutzte: »[…] am 15. August schlossen sich für uns ca. 35000 Juden die Stacheldrähte. Wir waren von der Welt abgeschlossen, der Willkür der Nazihorden ausgesetzt. Slabotke, das Ghetto Kowno […]. Vor meinen Augen rollt sich das verzweifelte und schaurige Bild unseres Auszuges in die Hölle ab. Es war unvorstellbar. Nachdem uns die Nazis anempfohlen hatten, unsere besten Sachen mitzunehmen, versuchte jeder eine Fahrtgelegenheit bei den Litauern zu bekommen und mit schwerem Geld war es uns gelungen, eine Fuhre zu bekommen, und setzten uns auf den vollgefüllten Wagen. Die grausige Karawane begann über die Brücke in unsere Tragödie [zu rollen]. Wer Glück hatte, erhielt für eine große Familie ein Zimmer, und viele hausten draußen im sogenannten Reservat. Die Wände in vielen Zimmern waren mit Blut befleckt, dem Blut unserer Rabanim und ihrer Jünger, die auf bestialische Weise dort erschlagen worden waren.«

Über die »Aktion der Tausend« berichtet Rosa Simon ebenfalls, wenngleich mit einer falschen Datierung. Die Mordaktionen machten in der Folgezeit auch vor ihrer Familie nicht halt. Am 1. September 1941 veranstaltete die SS im Ghetto Kaunas einen organisierten Raubzug auf Wertgegenstände. Bei dieser Gelegenheit wurden die beiden Brüder von Rosa Simon, Dr. Jakob Burstein und Benno Burstein, von zwei deutschen Mördern in SS-Uniform, die aus Memel stammten, »wie Wild durch die Straßen gejagt, nachdem sie den Befehl erhalten hatten, ihren sehr wertvollen, riesengroßen Perserteppich zu den Offizieren zu schleppen«. Jakob gelang es, über den Zaun zu springen und zu entkommen, aber der jüngere Bruder Benno wurde von den SS-Männern ergriffen, in sein Zimmer hineingejagt und dort »vor den Augen meiner unglücklichen Eltern und seiner Frau auf der Stelle erschossen [...]. Als meine Mutter sich dazwischen warf, wollte man sie nur mit erschießen. [...] Es erübrigt sich wohl, unsere Verzweiflung zu beschreiben. Mein älterer Bruder war nur mit Mühe vom Selbstmord abzuhalten und meine Mutter starb gebrochenen Herzens im Ghetto. Sie hat nicht mehr zu erleben brauchen, dass auch meine zwei anderen Brüder, Schwester, mein Vater und mein Mann erschossen wurden. Ist das jemals zu überwinden?«

5. Die »Intelligenz-Aktion« vom 18. August 1941

Drei Tage nach der Schließung des Ghettos, am 18. August 1941, befahl Jäger eine weitere »Aktion«. Man kann sie als zweite Etappe innerhalb der ersten Tötungswelle bezeichnen.

Im *Jäger-Bericht* wird die Bilanz dieser Mordtat in den folgenden dürren Worten festgehalten:

```
Kauen-Fort IV [...] 711 Intell.[igenz]-Juden aus dem Ghetto
als Repressalie für eine Sabotage-Handlung.[254]
```

Als Reaktion auf diese angebliche Sabotagehandlung ordnete Jäger an, dass sich am Morgen des 18. August 1951 500 intelligente und gut gekleidete jüdische Männer am Ghettotor von Vilijampole einfinden sollten.[255] Den »Studierten« wurde vorgegaukelt, sie sollten für Arbeiten im Rathausarchiv und in den Archiven der Ministerien herangezogen werden, die sich in einem verwahrlosten Zustand befänden.[256] Tatsächlich ließ sich der EK 3-Kommandeur bei diesem Unternehmen, das bald als »Intelligenz-Aktion« bezeichnet wurde, von der Annahme leiten, dass die Intellektuellen besonders gefährlich waren, da sie zum Kristallisationspunkt von Widerstand gegen die deutsche Besatzungsmacht werden konnten.

Durch den Bericht des Zeitzeugen David Ben-Dor ist überliefert, dass SS-Standartenführer Karl Jäger einen Kollaborateur, nämlich den Journalisten Josef Kaspi-Serebrowicz, damit beauftragte, eine Liste der gebildeten Juden – Ärzte, Ingenieure, Anwälte, Lehrer, Studenten – zusammenzustellen.[257] Bei Serebrowicz handelte es sich um einen antisowjetisch eingestellten, jüdischen Journalisten. In seinen Presseartikeln hatte er die jüdischen Linken in Kaunas als Handlanger Stalins bezeichnet und war deswegen denunziert und von den Russen ins Gefängnis gesteckt worden.[258] Nach dem Einmarsch der Wehrmacht wurde er aus dem Gefängnis entlassen. Zusammen mit David Ben-Dors Vater, dem aus dem österreichischen Innsbruck stammenden Arzt Dr. David Haber, der auch als Dolmetscher fungierte, nahm Serebrowicz an mehreren Besprechungen mit dem EK3-Kommandeur Jäger und anderen SS-Offizieren teil. Den Auftrag Jägers, eine Liste der jüdischen Intellektuellen von Kaunas zu erstellen, erledigten Serebrowicz und Haber gemeinsam. Sie nahmen an, die auf ihrer Liste genannten Männer wären sicher, weil die Deutschen sie für eine kriegswichtige Arbeit vorgesehen hatten. Haber verfasste ein Memorandum, »in dem die Leistungen der genannten Personen und ihre absolute Loyalität den deutschen Behörden gegenüber hervorgehoben wurden: Viele der aufgeführten Personen hatten an deutschen Universitäten studiert, so dass man darauf bauen könne, dass sie ihr ›kulturelles Erbe‹ nicht veruntreuen würden«.[259]

Die Männer, die sich am 18. August 1941 freiwillig auf dem Sammelplatz im Ghetto einfanden und dort sogleich von litauischen Hilfskräften umstellt wurden, scheinen ihrerseits trotz der früheren Massenerschießungen, von denen sie Kenntnis hatten, die Hoffnung gehabt zu haben, durch den Arbeitseinsatz in den Archiven geschützt zu sein.

Jehosua Rosenfeld, damals Angehöriger der jüdischen Ghettopolizei in Kaunas, erlebte die praktischen Vorbereitungen zur »Intelligenz-Aktion« im Ghetto selbst:

»Am Sonntag [17.8.1941] hatte Kaminskas, der Verbindungsmann zwischen Jordan und dem Ältestenrat, den Befehl überbracht, am Montag, dem 18. ganz früh hätten 500 intelligente junge Leute, die in die Archive der litauischen Ministerien Ordnung bringen sollten, bereitzustehen. Die vom Ältestenrat ergangenen Aufforderungen, die sich vorwiegend an Akademiker richteten, um 8 Uhr sich am Ghettotor einzufinden (Krischcziukaizio-Tor, durch welches regelmäßig die Arbeitskommandos ausrückten), wurde von etwa 300 Personen befolgt, während nach den Übrigen die jüdische Ghettopolizei ausrückte. Dabei wurde schon jedermann genommen, der gerade angetroffen wurde, so dass am Ende am Tor nicht nur 500, sondern sogar 534 Personen standen.«

Am darauffolgenden Tag, dem 19. August 1941, erhielt der jüdische Ghettopolizist Rosenfeld von einem befreundeten litauischen Wachmann genaue Informationen über die Vorgänge, die sich ereigneten, nachdem die »Studierten-Brigade« das Ghetto Kaunas verlassen hatte:

»Die 534 Personen wurden zum IV. Fort nach Panemuni geführt und dort noch am selben Tag erschossen. Schon auf dem Marsch dahin, auf der Verbindungsbrücke zwischen Chanci und Panemuni, mussten sie die Hände hochnehmen und so die restlichen Kilometer marschieren. Ich weiß dies ganz sicher von dem Litauer Stepschis, der mit mir zusammen im litauischen Heer gedient hat und zur litauischen Partisanenwachmannschaft am Ghetto gehörte und mit dem ich als jüdischer Ghettopolizist engen Kontakt hatte.

Die litauischen Wachen gingen außerhalb des Stacheldrahts Wache, die jüdische Polizei ging innerhalb des Stacheldrahts Wache; wenn ich auf solchen Wachgängen den Stepschis traf, unterhielten wir uns. Den Bericht von Stepschis über das Schicksal der 534 habe ich am Dienstag, dem 19. 8., früh morgens erfahren und an den Judenrat weitergemeldet. Dieser Bericht wurde übrigens Anfang 1944 dadurch bestätigt, dass ein jüdisches Aufräumkommando bei Arbeiten im IV. Fort Ausweise und ähnliche Papiere von Personen, die unter den 534 waren, gefunden hat. Diese Ausweise sind dem Ältestenrat gebracht worden.

Als am Morgen die 534 sich am Tore sammelten, hatte ich dort als Ghettopolizeibeamter Dienst. Folgende deutsche Funktionäre, die sich am Tor aufhielten und in deren Händen die Leitung lag, habe ich einwandfrei erkannt: SS-Hauptsturmführer Jordan vom Stadtkommissariat, die SS-Hauptscharführer Rauca und Stütz von der Gestapo und die Hauptwachtmeister Koslowski und Blaszke von der 3. Polizeikompanie sowie den Litauer Kaminskas, der mit Jordan gekommen war.«[260]

Keiner der litauischen oder deutschen Polizisten, die an der Ermordung der Opfer der »Intelligenz-Aktion« beteiligt waren oder durch Augenzeugen von ihr erfuhren, hat von der Anwesenheit des SS-Standartenführers Karl Jäger im Ghetto oder in der Mordstätte IV. Fort berichtet. So muss man vermuten, dass dieser in seinem Büro saß und sich lediglich die Ausführung der Mordaktion melden ließ, der seinem Bericht zufolge an diesem Tage 711 jüdische Menschen zum Opfer fielen.

6. Das Rollkommando Hamann und die Ermordung der Juden auf dem litauischen Land: Das Beispiel Rokiskis (15. / 16. August 1941)

Ausweislich des *Jäger-Berichts* wüteten zur gleichen Zeit, als in der Hauptstadt Kaunas die geschilderten Tötungsaktionen stattfanden und als die vorläufig Davongekommenen zwangsweise in das Ghetto Vilijampole übersiedeln mussten, Teile des Einsatzkommandos 3, unterstützt von litauischer Polizei, in mehreren Dörfern und Städten auf dem flachen Land: In Mariampole, Circalinei, Wandziogala, Panevezys, Kedsiniai, Rasainiai, Agriogala, Utena, Ukmerge, Alytus und Jonava töteten sie jeweils Hunderte von Juden und Kommunisten.[261] In der zweiten Augusthälfte 1941 folgten ohne Unterbrechung Massenexekutionen von jüdischen Männern, Frauen und Kindern in Rokiskis (3207 Tote), Raminiai (298 Tote), noch einmal in Rokiskis (981 Tote), Ukmerge (645 Tote), Aglona (544 Tote), Panevezys (7523 Tote), Rasainiai (1926 Tote), Obelisi (1160 Tote), Seduva (664 Tote), Zarasai (2569 Tote), Pasvalys (1349 Tote), Kaisiadorys (1911 Tote), Prienai (1078 Tote), Dagda und Kraslawa (216 Tote), Josiskis (355 Tote), Wilkia (402 Tote), Jedainiai (2076 Tote), Rumsiskis und Ziezmariai (784 Tote), Utena und Moletai (3782 Tote), Alytus und Umgebung (233 Tote).[262] Im September und Oktober gingen die Morde im gleichen Tempo und in der gleichen Intensität weiter.[263]

Eine der größten dieser Vernichtungsaktionen erlebte die Kleinstadt Rokiskis. Dort wurden im August 1941 sämtliche Juden erschossen, Männer, Frauen und Kinder. Der Name der Kleinstadt Rokiskis taucht im *Jäger-Bericht* an zwei Stellen auf. Die eine Erwähnung lautet:

> 27.6. bis 14.8.41 Rokiskis 493 Juden, 432 Russen, 56 Litauer (alles aktive Kommunisten) [ges.] 981.

Die andere:

> 15. und 16.8.41 Rokiskis 3200 Juden, Jüdinnen und J-Kinder, 5 lit. Komm., 1 Pole, 1 Partisane [ges.] 3207.[264]

Die erstgenannten Mordaktionen, die sich über eine Zeitspanne von sieben Wochen hinzogen, wurden wahrscheinlich von litauischen Nationalisten in Eigenregie durchgeführt, die sich vom EK 3 gedeckt wussten. Das große Massaker, auf welches der zweite Eintrag hinweist, trägt dagegen alle Kennzeichen einer planvoll durchgeführten Vernichtungsak-

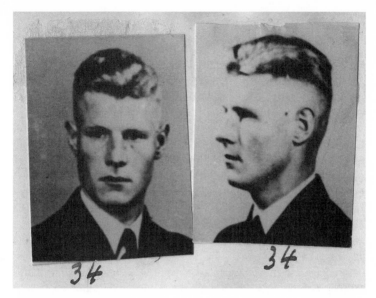

Abb. 17: SS-Obersturmbannführer Joachim Hamann, Führer des »Rollkommandos Hamann« des Einsatzkommandos 3, Kaunas.

tion. Ihr fielen an zwei Tagen sämtliche bis dahin am Leben gebliebenen jüdischen Bewohner des Städtchens zum Opfer. Das bedeutet, dass in Rokiskis insgesamt 4125 Juden und weitere 63 zu Feinden erklärte Personen umgebracht wurden.

In seiner geheimen Vollzugsmeldung vom 1. Dezember 1941 benutzte Jäger eben dieses Städtchen Rokiskis, um seinen Vorgesetzten in exemplarischer Weise die Erfahrungen des Einsatzkommandos 3 beziehungsweise des ihm unterstellten Rollkommandos Hamann bei der praktischen Durchführung der Massenerschießungen in den Städten und Dörfern auf dem flachen Lande Litauens zur Kenntnis zu bringen. Er führte aus:

»Die Durchführung solcher Aktionen ist in erster Linie eine Organisationsfrage. Der Entschluss, jeden Kreis systematisch judenfrei zu machen, erforderte eine gründliche Vorbereitung jeder einzelnen Aktion und Erkundung der herrschenden Verhältnisse in dem betreffenden Kreis. Die Juden mussten an einem Ort oder an mehreren Orten gesammelt werden. An Hand der Anzahl musste der Platz für die erforderlichen Gruben ausgesucht und ausgehoben werden. Der Anmarschweg von der Sammelstelle zu den Gruben betrug durchschnittlich 4 bis 5 Kilometer. Die Juden wurden in Abteilungen zu 500, in Abständen von mindestens 2 km, an den Exekutionsplatz transportiert. Welche Schwierigkeiten und nervenaufreibende Arbeit dabei zu leisten war, zeigt ein willkürlich herausgegriffenes Beispiel:

In Rokiskis waren 3208 Menschen 4½ km zu transportieren, bevor sie liquidiert werden konnten. Um diese Arbeit in 24 Stunden bewältigen zu können, mussten von 80 zur Verfügung stehenden litauischen Partisanen über 60 zum Transport, bzw. zur Absperrung eingeteilt werden. Der verbleibende Rest, der immer wieder abgelöst wurde, hat zusammen mit meinen Männern die Arbeit verrichtet. Kraftfahrzeuge stehen zum Transport nur selten zur Verfügung. Fluchtversuche, die hin und wieder vorkamen, wurden ausschließlich durch meine Männer unter eigener Lebensgefahr verhindert.«[265]

Der Historiker Knut Stang hat sich im Zusammenhang mit seinen Forschungen über das Rollkommando Hamann näher mit der Ermordung der Juden von Rokiskis beschäftigt. Dieses Kommando war bereits im Sommer 1941 als eine Sondereinheit des EK 3 zusammengestellt worden. SS-Obersturmführer (Oberleutnant) Joachim Hamann, Jahrgang 1913, war damals 28 Jahre alt. Er galt als ein fanatischer Judenhasser und als extrem ehrgeizig. Hamann wurde schon in Pretzsch zum Adjutanten von Jäger bestellt und blieb auch in den Monaten Juli bis Oktober 1941, in denen er das Exekutionskommando Jägers leitete, in dieser Funktion.

Die Bezeichnung »Rollkommando« rührte von der Ausstattung dieser Polizeitruppe mit Kraftfahrzeugen her. Dem motorisierten Kommando mit Mordauftrag war es möglich, von seinem Stationierungsort Kaunas aus nach raschen Anfahrten jeweils überraschend in ganz Litauen zum Einsatz zu gelangen. Die Aufgabe, die Jäger dem Rollkommando Hamann stellte, lautete, die jüdische Landbevölkerung Litauens systematisch zu ermorden. In seiner Rolle als Führer des nach ihm benannten Rollkommandos erwarb sich Hamann rasch den Ruf, rastlos als Jägers »übereifriger Bluthund« zu agieren.[266] Seine ungebändigte Energie, die er zur Vernichtung der litauischen Landjuden einsetzte, befriedigte seinen radikalen Antisemitismus und seine Karriereerwartungen zugleich.

Da der Personalbestand der in Kaunas verbliebenen Kräfte des EK 3 gering war – die meisten Beamten waren über das ganze Gebiet Litauen verteilt –, entwickelte Hamann die Idee, die Morde in der Provinz im Wesentlichen durch einheimische Hilfskräfte durchführen zu lassen. Damit handelte er zweifellos im Sinne von Heydrich, der in seiner Weisung vom 29. Juni 1941 eben dieses angeordnet hatte.

Auf der Suche nach litauischen Hilfskräften griff Hamann auf die radikal antisemitischen Hilfspolizisten zurück, die sich selbst als »Partisanen« bezeichneten.[267] Ihr äußerliches Kennzeichen war eine weiße Armbinde, weshalb diese Polizisten auch als »Weißbänder« bezeichnet wurden. Aus diesen radikalen Nationalisten wurden dann militärische beziehungsweise paramilitärische Einheiten gebildet, die nun nicht mehr als Partisanen oder Weißbänder bezeichnet wurden, sondern als »Hilfspolizisten«. In Kaunas entstand Anfang Juli 1941 ein Polizei-Hilfsdienst-Bataillon, auf Litauisch abgekürzt TDA-Bataillon, in einer Stärke von insgesamt 1755 Mann.[268] Diese litauische Hilfspolizei war eng an die deutsche Sicherheitspolizei, also an das EK 3, angebunden. Aus den TDA-Einheiten rekrutierte Hamann die einheimischen Angehörigen seines Rollkommandos. Unter ihnen befand sich auch ein Leutnant namens Bronius Norkus, ein Offizier der alten litauischen Armee, der sich in der Folgezeit als ein ebenso energischer wie skrupelloser Antisemit und zugleich als williger Helfer Hamanns bei der Ermordung der jüdischen Landbevölkerung Litauens hervortun sollte.

Wie konnte es geschehen, dass in der Kleinstadt Rokiskis mehr als 4000 jüdische Männer, Frauen und Kinder in zwei Tagen erschossen wurden, nahezu jeder zweite Bürger des Städtchens? Als aktive Täter traten die wenigen (8–10) SS-Männer von Hamanns Kommando auf. Sie arbeiteten eng mit der örtlichen Kommunalverwaltung sowie mit der lokalen litauischen Ordnungspolizei zusammen.[269]

Einen Tag vor dem Wochenende 16./17. August 1941 kündigte das EK 3 der litauischen Polizei in Rokiskis an, dass es zu einer Massenerschießung von Juden kommen werde. An dieser sollten sich nur solche Angehörigen der örtlichen Polizeiformationen beteiligen, die sich freiwillig meldeten. Die anderen Polizisten würden zu den erforderlichen Wachaufgaben eingeteilt werden.

An diesem Tag trieben die früheren Partisanen, die jetzt als Polizisten fungierten, in Rokiskis 500 Juden zusammen. Sie begleiteten den Fußmarsch der Opfer zum Tatort, nämlich einem nahe gelegenen Wald, wo sie erschossen werden sollten.[270] Auch die Entkleidung der Opfer gehörte zu den Aufgaben der örtlichen litauischen Polizei. Dafür erhielten die Polizisten Tagegeld und kostenlose Verpflegung. Erst zu diesem Zeitpunkt übernahm der SS-Obersturmführer Hamann das Kommando.

Über den weiteren Verlauf des Massakers berichtet der Historiker Knut Stang:

»Die Juden hatten ihre Kleidung abzulegen; wer sich weigerte, wurde [...] mit einem Stock geschlagen. In Gruppen von 30 bis 40 Personen stiegen sie dann in eine der Gruben und legten sich auf den Boden bzw. auf die vorangegangenen Opfer. Dann wurde von den beiden Längsrändern der Grube geschossen. Wer von den Opfern nur verwundet war, wurde dann von den Deutschen mit gezieltem Schuss ermordet. Dennoch gab es noch immer Schwerverletzte, wenn sich die nächste Gruppe schon in die Grube legte.«[271]

Am nächsten Tag gingen die Erschießungen in Rokiskis weiter. Wie immer, standen den Mordschützen unbegrenzte Mengen Wodka zur Verfügung, mit der Folge, dass sie nach den Erschießungen in der Regel volltrunken waren.

Jäger fand in seinem Bericht vom 1. Dezember 1941 anerkennende Worte für seinen radikalen Untergebenen Hamann:

»Das Ziel, Litauen judenfrei zu machen, konnte nur erreicht werden durch die Aufstellung eines Rollkommandos mit ausgesuchten Männern unter der Führung des SS-Obersturmführers [Oberleutnants] Hamann, der sich meine Ziele voll und ganz aneignete und der es verstand, die Zusammenarbeit mit den litauischen Partisanen und den zuständigen zivilen Stellen zu gewährleisten.«[272]

7. Vom »Paradeschießen« in Kaunas und Paneriai zum Widerstand

Im Gegensatz zu den organisatorisch aufwändigen und in ihrem Ablauf nur schwer kalkulierbaren Exekutionen in den kleineren Städten und den Dörfern Litauens waren die Erschießungen in den Forts von Kaunas einfacher durchzuführen. Gleiches galt auch für die Massenexekutionen im Wald von Paneriai bei Vilnius, der anderen großen Mordstätte in Litauen[273], für die ab August eine Hauptaußenstelle des EK 3 in Vilnius unter den SS-Offizieren Peter Eisenbarth und Erich Wolff verantwortlich war.[274]

Zuvor hatte das Einsatzkommando 9 dort bereits mit der systematischen Ermordung der Juden begonnen. Eisenbarth und Wolff gehörten zu der – schon erwähnten – Sechsergruppe der jungen SS-Nachwuchs-Führer aus der SD-Schule Berlin-Charlottenburg. Sie betrieben ihr Vernichtungswerk mit organisatorischem Geschick und hoher Effizienz. In Wilna und Paneriai operierten sie im Rahmen der allgemeinen Vorgaben ihres Vorgesetzten Jäger weitgehend selbständig. Ob und gegebenenfalls wie häufig Jäger bei Massenerschießungen in Paneriai anwesend war, ist nicht bekannt. Die Zeugen Hans Greule und Fritz Hamann wollen in einer Vernehmung von 1959 auf einem Foto Karl Jäger erkannt haben, wie er auf der Exekutionsstätte Paneriai einem älteren Juden den »Fangschuss« gab.[275]

Jäger schrieb in seinem Bericht, die »Aktionen in Kauen selbst, wo genügend einigermaßen ausgebildete Partisanen zur Verfügung« gestanden hätten, könnten »als Paradeschießen betrachtet werden«.[276] Unter einem Paradeschießen versteht man gewöhnlich ein Schauschießen zur Demonstration der Wirkungsweise neuartiger Waffen während einer Militärparade. Jäger wollte mit diesem Begriff wahrscheinlich die Asymmetrie des mörderischen Geschehens umschreiben: Auf der einen Seite befanden sich die bewaffneten SS-Leute, die Ordnungspolizisten und ihre litauischen Gehilfen, auf der anderen die wehrlosen und gedemütigten Opfer, die an die Erschießungsgräben geführt wurden. Wie bei einer militärischen Parade in Friedenszeiten war alles bis ins Detail geregelt und niemand hatte die Macht, den von den militärischen Führern geplanten Ablauf zu stören. Die Täter konnten ihre Opfer Zug um Zug »umlegen« – um einen von Jäger gern benutzten Begriff zu gebrauchen –, ohne dass diese sich wehrten.

Aus der Sicht der Opfer stellte sich das Geschehen naturgemäß vollständig anders dar. Sie hatten nichts weniger im Sinn als den Mördern ihr Geschäft zu erleichtern. Aber sie verfügten über keine Waffen, waren nicht organisiert und hatten überdies häufig keine klaren Vorstellungen von den wirklichen Absichten der uniformierten Befehlsgeber. Gleichzeitig war ihnen die Ausweglosigkeit ihrer Lage bewusst. Wer ihnen mangelnden Widerstandswillen vorwerfen wollte, verkennt, dass ihre Lage vergleichbar war mit der von Kriegsgefangenen, denen man die Waffen

abgenommen hatte. Auch diese waren den Funktionären der Sieger-
macht in den Gefangenenlagern vollständig ausgeliefert.

Auf der Seite der verfolgten Juden sprach sich nach solchen Massakern, die den Opfern nicht die geringste Chance zur Gegenwehr ließen,
die resignative, an ein Wort des Propheten Jeremias[277] erinnernde Botschaft herum, die Juden würden sich »wie die Schafe zur Schlachtbank«
führen lassen.[278] So berichtet der jüdische Journalist Grigorij Schur, ein
Augenzeuge aus dem Wilnaer Ghetto:

»Die Menschen gingen vereinzelt zur Schlachtbank, wie eine Schaf-
herde, völlig apathisch. Niemand bekundete auch nur den geringsten
Protest, und alle klammerten sich bis zur letzten Minute an die trügeri-
sche Hoffnung, dass sie auf irgendeine Weise am Leben bleiben würden,
dass ein Wunder geschehen und ihnen der Tod erspart werden würde.«[279]

Tatsächlich gab es jedoch an einigen litauischen Erschießungsorten –
etwa in Kedainiai und Zagare[280] –, heftigen, wenngleich erfolglosen
Spontanwiderstand von zum Tod geweihten Juden gegen ihre Mörder.
Ein planmäßiger Widerstand in den Ghettos konnte erst ganz allmählich
organisiert werden.[281] In Wilna geschah dies im Winter 1941/42 sogar
mit Hilfe eines deutschen Soldaten, nämlich des Wehrmachtfeldwebels
Anton Schmid, der in Wilna eine kleine Dienststelle leitete, deren Aufgabe darin bestand, versprengte deutsche Soldaten einzusammeln und
sie wieder an die Front zu schicken. Schmid rettete temporär Hunderte
von Juden und unterstützte den jüdischen Widerstand.[282]

In Feldwebel Schmids Wohnung fand in der Silvesternacht 1941/42
eine als Feier getarnte Versammlung von jüdischen Widerstandskämp-
fern statt. Sie beschlossen einen Aufruf, den der Partisanenführer Abba
Kovner entworfen hatte. Er war an die jungen jüdischen Männer in den
litauischen Ghettos gerichtet, die der Vernichtung bislang entgangen
waren, und verfolgte das Ziel, deren Widerstandswillen zu mobilisieren.
In dem Aufruf hieß es:

»Es ist wahr, wir sind schwach und hilflos, aber die einzige Antwort an
den Feind lautet: Widerstand! Brüder! Lieber als freie Kämpfer fallen, als
von der Gnade der Mörder leben. Widerstand leisten! Widerstand bis
zum letzten Atemzug.«[283]

Abb. 18 (links): Feldwebel Anton Schmid, Leiter der Versprengten-Sammelstelle der Wehrmacht in Wilna, rettete mehrere Hundert Juden und unterstützte den jüdischen Widerstand.

Abb. 19 (rechts): Major Karl Plagge, Kommandeur des Heeres-Kraftfahr-Parks (HKP) 562 in Wilna, rettete Hunderte von Juden, indem er sie in seinen Werkstätten beschäftigte und sie vor dem Zugriff der SS zu schützen verstand.

8. Massaker in Kedainiai, Jubarkas und Zagare

Zwei Wochen nach dem Massenmord in Rokiskis suchte das Rollkommando Hamann die Stadt Kedainiai heim, die nördlich von Kaunas liegt, ungefähr in der Mitte des kleinen Landes Litauen. Jäger vermerkte in seinem Bericht:

28.8.41 Kedainiai 710 Juden, 767 Jüdinnen, 599 Judenkinder [gesamt] 2076.[284]

Bei Beginn des Krieges lebten in Kedainiai etwa 3000 Juden, von denen viele als Gemüsebauern arbeiteten. Einigen gelang beim Einmarsch der Wehrmacht die Flucht ins Innere der Sowjetunion. Die Zurückgeblie-

Abb. 20: Jüdischer Widerstand. Partisanen aus Vilnius (vermutlich 1944). In der Mitte Abba Kovner, Anführer der »Vereinigten Partisanenorganisation« (FPO), die am 21. Januar 1941 gegründet wurde.

benen erlebten einen Pogrom von litauischen »Weißbändern«, die in der Folgezeit eine Reihe von antijüdischen Verordnungen erließen und die Juden zu gefährlichen Zwangsarbeiten verpflichteten. Ende Juli 1941 wurde auch in dieser Stadt ein Ghetto eingerichtet. Dort wurden ungefähr 3700 Juden aus Kedainiai und den nahegelegenen Städten Zeimiai und Seta unter miserablen Lebensbedingungen eingesperrt.

Am 28. August 1941 begannen die Massenmorde. Das EK 3 leistete zusammen mit litauischen Exekutionskommandos ganze Arbeit: Sämtliche Juden von Kedainiai – Männer, Frauen und Kinder – wurden erschossen. Während der Erschießungen kam es zu einem Aufsehen erregenden Vorfall: Einer der Juden griff zwei Mitglieder eines Erschießungskommandos an, zerrte sie in einen Graben und erwürgte einen von ihnen, bis er selbst erschossen wurde.[285]

Das Dorf Jubarkas (deutsch Georgenburg), an der litauischen Grenze zur deutschen Provinz Ostpreußen gelegen, war bereits am 3. Juli 1941 vom Einsatzkommando 1 a heimgesucht worden, das wie das EK 3 zur Einsatzgruppe A gehörte. Der mobilen Mordtruppe waren damals »322 Männer und Frauen« zum Opfer gefallen.[286] Bekannt wurde dieses Massaker durch den Ulmer Einsatzgruppenprozess von 1958.

Einen Monat später fiel das zum EK 3 gehörende Rollkommando Hamann über den gleichen Ort noch einmal her. Das neuerliche Massaker wird im *Jäger-Bericht* vom 1. Dezember 1941 mit einer dürren Zeile dokumentiert:

> 6.9.41 Säuberung in Georgenburg alle Juden alle Jüdinnen alle Judenkinder [gesamt] 412.[287]

In Jubarkas lebten auch das Ehepaar Moshe und Dora Krelitz mit ihrer Tochter Esther. Moshe war Führer der zionistischen Jugendbewegung Betar. Er organisierte Trainingslager für einen Neuanfang in einem jüdischen Staat. Die gesamte Familie wurde am 6. September 1941 in Jubarkas erschossen.[288]

Die letzte Mordaktion des Rollkommandos Hamann fand am 2. Oktober 1941 in Zagare statt. Sie kostete 2236 Juden das Leben.[289] Auch diese ließen sich keineswegs »wie die Schafe zur Schlachtbank« führen[290], sondern leisteten heftigen Widerstand. Hierüber berichtet Jäger: »Beim Abführen dieser Juden entstand eine Meuterei, die jedoch sofort niedergeschlagen wurde. Dabei wurden 150 Juden sofort erschossen. 7 Partisanen wurden verletzt.«[291]

SS-Bericht über den jüdischen Widerstand in Zagare

»Eine besondere Aktivität zeigten die Juden in Zagare. Dort brachen am 2.10.1941 50 Juden aus dem bereits geschlossenen Ghetto aus. Der größte Teil konnte durch eine sofort durchgeführte Großfahndung ergriffen und erschossen werden. Bei der daraufhin vorbereiteten Exekution der gesamten Juden in Zagare gingen während des Abtransportes die Juden auf ein verabredetes Zeichen gegen die Wachmannschaften und die Männer des sicherheitspolizeilichen Einsatzkommandos tätlich vor. Einige Juden, die von den litauischen Schutzmannschaften nicht gründlich genug durchsucht worden waren, zogen Messer und Pistolen und stürzten sich mit Rufen wie ›Es lebe Stalin‹ und ›Nieder mit Hitler‹ auf die eingesetzten Polizeimannschaften, von denen 7 verwundet wurden. Nachdem 150 Juden an Ort und Stelle erschossen worden waren, ging der Abtransport der übrigen Juden zum Exekutionsplatz reibungslos vonstatten.«[292]

Nach dieser Vernichtungsaktion gegen die Juden von Zagare wurde das Rollkommando Hamann aufgelöst. Es hatte seine Aufgabe, die Juden auf dem litauischen Land zu ermorden, systematisch erfüllt. In den vier Monaten zwischen Juli und Anfang Oktober 1941 hatte diese Mordtruppe unter tatkräftiger Mithilfe der litauischen Kollaborateure mindestens 60000 Juden liquidiert[293] – nach anderen Berechnungen mindestens 70000 bis 75000[294] –, die auf dem litauischen Lande lebten. Dabei waren ohne Unterschied Männer, Frauen und Kinder erschossen worden.

SS-Obersturmführer (Oberleutnant) Joachim Hamann, den von dem Historiker Stang als Jägers »übereifriger Bluthund« charakterisiert wird, von Joachim Tauber dagegen als ein kaltblütiger ideologischer Überzeugungstäter aus der »Generation der Unbedingten«[295], wurde nach dem – aus der Sicht seiner Auftraggeber erfolgreichen – Abschluss der Judenmorde in Litauen aus dem Baltikum abgezogen und zum Nachwuchs-Führer-Lehrgang an der SD-Schule in Berlin-Charlottenburg zurückversetzt. Dort renommierte er mit der hohen Zahl von Juden, die er und sein Kommando getötet hatten. Er machte im RSHA Karriere und soll es als SS-Hauptsturmführer bis zum Adjutanten Ernst Kaltenbrunners gebracht haben, des Nachfolgers Heydrichs als Chef des RSHA und Chefs der Sicherheitspolizei und des SD. Nach dem Krieg, am 15. Juli 1945, beging Hamann Selbstmord, um einer Verhaftung zu entgehen.[296] Einige seiner Mittäter benutzten diese Tat hernach dazu, ihn zum Haupttäter aufzubauen und sich selbst zu entlasten.

An einem Wochenende des Winters 1942 kamen die sechs SS-Offiziere Gustav Grauer, Peter Eisenbarth, Erich Wolff, Gerhard Kortkampf und Joachim Hamann auf Einladung von SS-Standartenführer Karl Jäger noch einmal nach Kaunas zurück. Sie tauschten Erinnerungen an die gemeinsame sicherheitspolizeiliche Arbeit in der zweiten Jahreshälfte 1941 aus. Die sechs jungen Offiziere, die in ihren jeweiligen Rollen das Vernichtungswerk in Litauen unter der Aufsicht ihres Vorgesetzten, in der Praxis jedoch weithin selbständig organisiert und beschleunigt hatten, hielten also den Kontakt zu ihrem ehemaligen Vorgesetzten aufrecht. Jäger seinerseits wollte seine Einladung als Ausdruck des Dankes an die sechs jüngeren SS-Offizierskameraden sowie als Zeichen seiner Verbundenheit mit ihnen verstanden wissen. Die Eingeladenen erwiderten ihren Dank, indem sie die Einladung annahmen und vollständig in Kaunas erschienen. »Sinnfällig dokumentierte sich darin das gewissermaßen symbiotische Verhältnis zwischen Jäger und seinen Stabsoffizieren, den Gewinn, den beide Seiten aus der Kooperation zogen: der Standartenführer das Prestige als Speerspitze der Endlösung, die Sipo-Studenten den nachweislich erfolgreichen Osteinsatz.«[297]

9. Die »Probe-Aktion« im Ghetto Kaunas am 17. September 1941 und ihre Folgen

Über die Atmosphäre im Ghetto Kaunas im September 1941 berichtet der Verfolgte Grigorijus Smoliakovas, der damals 29 Jahre alt war. 1922 in Kaunas als Sohn eines armen Tischlers geboren, hatte er am Scholem-Alejchem-Gymnasium der Stadt Abitur gemacht und mit einem Studium der Mechanik an der Universität Kaunas begonnen. Sein Vater war bereits wenige Tage nach dem deutschen Einmarsch ermordet worden.

Er selbst wurde im August 1941 zusammen mit seiner Mutter und seinen drei Geschwistern in das Kaunaser Ghetto eingesperrt. Die existentiellen Erfahrungen, die der junge Mann dort in den Monaten August bis Oktober 1941 machte, drückte er in den folgenden Worten aus:

»Der Tod war eine tagtägliche Erscheinung, und trotzdem war jeder überzeugt, der Todesengel würde ihn nicht anrühren. So dachte auch ich. Wohl deshalb, weil ich noch jung war, kaum zwanzig Jahre alt. Oder vielleicht ist der Mensch überhaupt so beschaffen, dass er sich an alles gewöhnt und anpasst. Sogar an die ständige Gefahr, jeden beliebigen Moment dem Tod gegenüberzustehen.«[298]

Die nicht-jüdische litauische Ärztin Kutorgiene-Buivydaite erlebte die Gewaltatmosphäre in ihrer Stadt ganz ähnlich. Im September 1941 notierte sie in ihr Tagebuch:

»Im Ghetto werden täglich 20 bis 30 Menschen ermordet. Sie schießen auf die Häuser, in die Fenster, auf Straßenpassanten. Ein Jude ist völlig vogelfrei, jeder kann ihn ungestraft ermorden oder ausrauben.«[299]

Am 17. September 1941 erhielten die Bewohner des Kleinen Ghettos von Kaunas den Befehl, sich am nächsten Morgen um 6 Uhr auf dem Sajungos-Platz zu versammeln. Was sich an diesem Tage ereignete, wurde von jüdischen Verfolgten später als »Probe-Aktion« charakterisiert. In Jägers Gesamtbericht vom 1. Dezember 1941 findet sich dazu kein Eintrag, da es an diesem Tag nicht zu einer Massenliquidierung kam, sondern eben nur zu einer Probe – oder aber einer abgebrochenen Mordaktion.

Vielleicht wollten Jäger und der Abteilungsleiter Politik und persönliche Referent von Stadtkommissar Cramer – zuständig für Polizeiangelegenheiten des Stadtkommissariats sowie für die deutsche Aufsicht über die litauische Stadtverwaltung –, SA-Hauptsturmführer Fritz Jordan, austesten, wie eine große Vernichtungsaktion von Kranken und Arbeitsunfähigen organisatorisch am besten bewältigt werden konnte. Vielleicht wurde die »Aktion« jedoch aus einem ganz anderen Grunde abgebrochen: Zwei Tage später sollte nämlich der jüdische Arbeitseinsatz auf dem Flugplatz Aleksotas beginnen.[300]

Jedenfalls versammelten sich an besagtem Tag etwa 3000 Menschen.[301] Alle vermuteten, der Abmarsch in Richtung IX. Fort und damit in den Tod stehe unmittelbar bevor. Völlig überraschend wurde dann vormittags 10 Uhr, nach vierstündiger Wartezeit, der Befehl ausgegeben, alle könnten wieder in ihre Behausungen zurückkehren.

Dazu der Tagebucheintrag der litauischen Augenärztin Elena Kutorgiene-Buividaite.

»Am Dienstag [17. 9. 1941] wurden im Ghetto alle auf einem Platz zusammengetrieben. Alte Frauen und Kinder. Rundherum waren Maschinengewehre aufgestellt. Nachdem sie stundenlang in Erwartung des unabwendbaren Todes ausgeharrt hatten, fuhr in letzter Minute ein Auto vor. Ihm entstieg ein Militär [tatsächlich handelte es sich um einen Polizeioffizier, d. Verf.], der dem Kommandanten ein Papier übergab. Dieser las es und entließ die Wartenden mit der Bemerkung, sie sollten der deutschen Wehrmacht dankbar sein, die ihnen das Leben schenke. Warum hat man das inszeniert? Es ist unverständlich […].«[302]

Joheved Inciuriene, 16-jährige Schülerin des jüdischen Gymnasiums von Kaunas, die damals schon Kontakte zum jüdischen Widerstand suchte und die Probe-Aktion selbst miterlebte, übermittelt uns weitere wichtige Informationen darüber, welche spezifische Bewandtnis es mit den Gebäuden hatte, die den Sajungos-Platz umgaben:

»Hier befand sich auch der gesamte Gesundheitskomplex des Ghettos: die Stationen für innere und chirurgische Medizin, für Infektions- und Kinderkrankheiten. Auch das Altenheim und das Kinderwaisenhaus befanden sich dort. Wer von den Kranken gehfähig war, mit Ausnahme der Patienten aus der Infektionsstation, sowie die umliegend wohnenden

Menschen, wurden auf den nahe gelegenen Sajungos-Platz getrieben. Die Kleinkinder des Waisenhauses wurden den Einwohnern einfach in die Arme gedrückt, die Kranken herausgetragen. Es fuhren Laster vor, und alle Kranken und Einwohner wurden verladen. Mehrere vollgeladene Laster waren bereits in Richtung IX. Forts abgefahren und wieder zurückgekehrt, um neue Opfer zu holen. Plötzlich hielt ein Automobil auf dem Sajungos-Platz. Ein Polizeioffizier stieg aus, übergab Tornbaum [Chef der 3. Kompanie des Polizei-Reservebataillons 11, d. Verf.] einen Brief und fuhr wieder weg. Tornbaum stoppte den Menschentransport und verkündete mit lauter, über den ganzen Platz hallender Stimme den Menschen, dass ihnen der ›Führer‹ diesmal das Leben geschenkt habe. Aus dem IX. Fort wurden alle bereits dorthin gekarrten Menschen wieder zurückgeholt.«[303]

Joheved Inciuriene ist davon überzeugt, dass die Deutschen mit dieser Übung prüfen wollten, »wie die Arbeitsorganisation am effektivsten zu gestalten sei«. Als sich zeigte, dass seitens der nicht-jüdischen Einwohner von Kaunas keinerlei Proteste erfolgten und »sich die Juden ausreichend eingeschüchtert und wie gelähmt verhielten, konnten die Faschisten nach Auswertung die Judenvernichtungsaktionen fortsetzen«.[304]

Auf der Basis der Erfahrungen mit der »Probe-Aktion« fand bereits neun Tage später im VI. Fort von Kaunas ein weiterer Massenmord statt, der besonders auf die Vernichtung von Kranken sowie von Frauen und Kindern abzielte. Durchgeführt wurde das Massaker von der 3. Kompanie des Polizeibataillons 11 unter der Führung von Hauptmann Alfred Tornbaum und Leutnant Iltmann. Jäger resümierte in seinem Bericht:

»26.9.41 Kauen-F. IV 412 Juden 651 Jüdinnen, 581 J.-Kind. (Kranke u. Seuchenverdächtige) [gesamt] 1608.«[305]

10. Vernichtung Kranker: Die »Kleine-Ghetto-Aktion« vom 4. Oktober 1941

Die nächste Vernichtungsaktion in Kaunas folgte am 4. Oktober 1941. Ihr fielen 1845 jüdische Einwohner zum Opfer. Im *Jäger-Bericht* heißt es:

4.10.41 Kauen-F-IX 315 Juden, 712 Jüdinn., 818 J.-Kind (Strafaktion weil im Ghetto auf einen deutsch. Polizisten geschossen wurde) [gesamt] 1845.[306]

Die verfolgten Juden aus Kaunas bezeichneten diesen Akt der Vernichtung als »Klein-Ghetto-Aktion«. Ein Augenzeuge war der schon wie-
derholt zitierte jüdische Ghettopolizist Jehoshua Rosenfeld. Er erinnert
sich:

»Ich selbst hatte in der Nacht zum 3./4.10.1941 Nachtdienst im zweiten jüdischen Polizeirevier, welches dem kleinen Ghetto gegenüberlag.
Hier darf ich kurz einflechten, dass das große Ghetto und das kleine
Ghetto durch die Panerustraße voneinander getrennt waren. Die Verbindung zwischen dem großen und dem kleinen Ghetto war durch einen
über die Panerustraße führenden Fußgängersteg hergestellt. In der Däm-
merung hörten wir Schüsse. Als wir die Revierstube verließen, erkannten
wir, dass Leute der 3. Polizeikompanie das kleine Ghetto umstellt hatten
und teilweise auch in das kleine Ghetto hineingegangen waren. Die in das
kleine Ghetto eingedrungenen deutschen Polizisten holten die Juden aus
ihren Wohnungen und versammelten sie auf einem Platz. Nach Aussonderung der Arbeitsfähigen, die über den schon erwähnten Fußgängersteg
ins große Ghetto geführt wurden, brachte man die verbliebenen etwa 600
nicht Arbeitsfähigen in Richtung des IX. Forts. Da die zum IX. Fort füh-
rende Straße vom Ghetto aus gut einzusehen war, besteht meines Erach-
tens über die Marschrichtung gar kein Zweifel. [...][307] Als Bestätigung
dafür, dass die 600 aus dem kleinen Ghetto auf dem IX. Fort erschossen
worden sind, darf ich anführen, dass jüdische Arbeitskommandos (und
zwar das bei der Gestapo tätige Kommando) am nächsten Tage die Kleidungsstücke der Umgebrachten sortieren mussten. Dies berichteten die
Angehörigen dieses Arbeitskommandos, als sie am Abend wieder in das
Ghetto zurückkamen. Es handelte sich dabei um das von Lipzer geführte
Kommando. Hier darf ich vielleicht erwähnen, dass Lipzer selbst bei der
Liquidierung des Ghettos umgekommen ist.«[308]

1600 jüdische Männer, Frauen und Kinder, die keine Arbeitsbeschei-
nigungen hatten, wurden an diesem 4. Oktober 1941, bewacht von
Angehörigen der 3. Kompanie des Reserve-Polizeibataillons 11, zum
IX. Fort getrieben und dort erschossen.[309]

Jäger behauptete, es habe sich um eine Strafaktion gehandelt, weil im
Ghetto auf einen deutschen Polizisten geschossen worden sei. In Wirklichkeit wurde jedoch die Ermordung Kranker, die mit der »Probe-
Aktion« vom 17. September getestet worden war, fortgesetzt. Die deutschen Polizisten lösten das Problem in der Weise, dass sie den gesamten

Krankenhaus-Komplex in Brand setzten, wobei sämtliche Patienten, Krankenschwestern und Ärzte zu Tode kamen.[310]

Joheved Inciuriene berichtet über diese Mordtat, der auch ihre eigene Familie zum Opfer fiel: »Während dieser Aktion erschoss man, anders als beim vorigen Mal, alle zum IX. Fort Gebrachten. Das Infektionskrankenhaus wurde in Brand gesteckt; die Kranken, die Ärzte und das Pflegepersonal kamen dabei ohne Ausnahme in den Flammen um. Nur ein geringer Teil der Juden, die einen sogenannten ›Jordan-Schein‹ besaßen, der von der Gestapo an die ihnen nützlichen Fachkräfte ausgestellt worden war, durfte über die hölzerne Brücke, die die Paneriu-Straße überspannte, in das große Ghetto übersiedeln.«[311]

Jehoshua Rosenfeld, Angehöriger der jüdischen Ghettopolizei in Kaunas, sah, wie das Krankenhaus von Kaunas in Flammen aufging: Bei dem Krankenhaus »handelte es sich um eine inmitten des kleinen Ghettos gelegene, ehemalige dreistöckige Volksschule, die hoch über die übrigen nur einstöckigen Häuser hinausragte, so dass man den Brand deutlich beobachten konnte. Im Krankenhaus, das man zuvor vernagelt hatte, und zwar die Fenster und Ausgänge des zu ebener Erde gelegenen Stockes, sind alle Kranken sowie die Schwestern und der diensthabende Arzt (Dr. Davidowitsch) mit verbrannt. Die Personen, die versuchten, aus den Fenstern der oberen Stockwerke zu springen, wurden von den um das Krankenhaus verteilten Polizeischützen abgeschossen, sobald sie sich an den Fenstern zeigten.«[312]

Auch Rosa Simon gehörte zu den Kaunaser Juden, die diese Schreckenstat miterlebten. Sie war die Ehefrau eines erfolgreichen Papiergroßhändlers aus Frankfurt, der Deutschland wegen antisemitischer Ausschreitungen zusammen mit seiner Familie bereits im Jahr 1933 verlassen und sich in der litauischen Hauptstadt eine vermeintlich sichere neue Existenz aufgebaut hatte. Die Überlebende der »Kleine-Ghetto-Aktion« am 4. Oktober 1941 erinnert sich:

»Man trieb die Juden wie eine Viehherde zusammen, brachte sie aufs Fort und erschoss sie mit Maschinengewehren. Wir sahen mit verzweifeltem Herzen den traurigen Zug hinaufziehen und konnten nur ›Schma Israel‹ rufen. Am selben Tag wurde unser Krankenhaus, vollgefüllt mit Kranken, Ärzten und Pflegepersonal angesteckt und verbrannt. Gibt es Grausameres?«[313]

11. Ermordung geistig Behinderter

Bei der Vernehmung Karl Jägers im Zuchthaus Hohenasperg bei Ludwigsburg im Jahr 1959 kam auch die Liquidierung der Insassen einer litauischen psychiatrischen Klinik zur Sprache. In Mariampole waren am 1. September 1941 109 Geisteskranke ermordet worden.[314] Jäger bestritt diese Mordtat nicht, versuchte sich aber dadurch zu entlasten, dass er sich gleichsam als Samariter darstellte. Die meisten Patienten, sagte er, seien schon ermordet gewesen, als er in der »Irrenanstalt« eingetroffen sei. Übrig geblieben seien etwa 20 bis 30 leicht Kranke, die nach den Aussagen eines anwesenden Arztes als heilbar gegolten hätten. Er, Jäger, habe dann befohlen, diese nicht zu erschießen.[315] Zu seiner Entlastung behauptete Jäger in diesem Falle also, das Führungsmittel des militärischen Befehls angewendet zu haben, während er im Hinblick auf die Massenmorde niemals etwas befohlen haben wollte.

Weitere Einträge im *Jäger-Bericht* belegen, dass das EK 3 in wenigstens zwei litauischen Gemeinden auch geistig behinderte Menschen erschoss:

22.8.41 Aglona Geisteskranke: 269 Männer 227 Frauen 48 Kinder [gesamt] 544.[316]

Seinem Vorgesetzten Stahlecker, Führer der Einsatzgruppe A mit Sitz in Riga, erstattete Jäger einen ausführlicheren Bericht über diese Erschießung:

»Am 22. 8. wurden von den Insassen des Irrenhauses Aglona insgesamt 544 Geisteskranke mit Unterstützung des litauischen Selbstschutzes liquidiert. 10 Männer, die als geheilt mit Defekt anzusehen sind, werden nach der durchzuführenden Sterilisation von dem Anstaltsleiter Dr. Berg entlassen. Mit dieser Maßnahme besteht das Irrenhaus nicht mehr. Die weitere Verwendung des Pflegepersonals (etwa 150 Personen) für die Truppenbetreuung bzw. für die Einrichtung eines Lazaretts wird in Verbindung mit der dortigen Feldkommandantur geklärt.«[317]

Ein weiterer Eintrag, in welchem neben einer Vielzahl von liquidierten Juden auch die Ermordung von Geisteskranken erwähnt wird, lautet:

1.9.41 Mariampole 1763 Juden, 1812 Jüdinnen, 1404 Judenkinder, 109 Geisteskranke, 1 deutsche Staatsangehörige, die mit einem Juden verheiratet war, 1 Russin [gesamt] 5090.[318]

12. Die »Große Aktion« vom 29. Oktober 1941

Als Höhepunkt der Massenmorde folgte am 29. Oktober in der litauischen Hauptstadt Kaunas die sogenannte »Große Aktion« mit 9200 Ermordeten, in der Mehrzahl wiederum Frauen und Kinder. Man kann sie als die fünfte Etappe bezeichnen. Jägers Begründung für den neuerlichen Massenmord lautete lakonisch: »Säuberung des Ghettos von überflüssigen Juden.« Gemeint waren jene Menschen, die im Jargon der SS und der Wehrmacht als unnütze Esser eingestuft wurden, weil man sie nicht als Arbeitskräfte ausbeuten konnte. An Zahlen bilanzierte Jäger:

2007 Juden, 2920 Jüdinnen, 4273 Judenkinder (Säuberung des Ghettos von überflüssigen Juden) [gesamt] 9200.[319]

Der jüdische Ghettopolizist Rosenfeld war streckenweise Augenzeuge des Geschehens. Er bestätigt, dass SS-Standartenführer Jäger bei der »Aussonderung« der Opfer, deren Zahl er zuvor selbst festgelegt haben musste, zeitweise persönlich anwesend war, um die »Aussortierung« zu überwachen. Diese wurde hauptsächlich von dem SS-Offizier und Angehörigen des EK 3, Helmut Rauca, vorgenommen, der unter den Verfolgten als »Schlächter vom Ghetto« galt.[320]

Hier der Bericht Rosenfelds über die Vorbereitungen zu der großen Mordaktion:

»Dann kam die ›Große Aktion‹. Am Donnerstag, dem 23. 10. 1941 waren Rauca, Stütz und Jordan im Ghetto beim Ältestenrat erschienen und hatten von diesem bis zum Dienstag, dem 28. 10. 1941 eine Liste mit 8000 Personen verlangt, welche ebenfalls zur Aussiedlung[321] in den Raum Lupin [Lublin] bestimmt sein sollte. Noch am selben Tage übermittelte der Ältestenrat den Deutschen seine Ablehnung. Daraufhin erschien am Freitag, dem 24. 10. 1941 Jordan allein bei Elkes und übermittelte diesem den Befehl [Jägers] am Dienstag, dem 28. 10. morgens früh habe sich die gesamte Ghettoeinwohnerschaft auf dem Demokratenplatz zu versammeln. Der Befehl erging unter Androhung der Strafe des Erschießens für all die, die in ihren Wohnungen verbleiben würden. Auf dem Demokratenplatz musste sich die gesamte Bevölkerung nach Arbeitskommandozugehörigkeit, die Familien jeweils geschlossen, in Tausendergruppen aufstellen. Meiner Erinnerung nach waren es insgesamt etwas mehr als 30 solcher Kolonnen. Ich weiß dies deshalb, weil die jüdische Polizei, der ich ja angehörte, mit der Aufstellung beschäftigt gewesen ist. Der Ältestenrat, die Ghettopolizei sowie die Ghettoangestellten jeweils mit ihren Angehörigen bildeten die erste Gruppe, die unbehelligt und geschlossen durchgehen konnte. Auf Vorhalt entsinne ich mich nun auch wieder, dass das Flugplatzkommando[322] mit allen Angehörigen – etwa 5 bis 7 Tausenderkolonnen – nachfolgte.

Die Aussortierung, deren Beginn ich eben schilderte, begann um 10 Uhr. Im wesentlichen hat Rauca sie vorgenommen. Von den in Fünferreihe aufgehenden, sich zu bewegenden Tausendergruppen sonderte er ununterbrochen die Arbeitsfähigen nach rechts und die anderen nach links aus, ohne Rücksicht auf Familienzugehörigkeit oder sonstige menschliche Bindungen. Das ging etwa bis 15 Uhr. Etwa um diese Zeit gingen Rauca und seine Gestapoleute, offenbar weil das Aussonderungssoll erfüllt war. Die noch verbliebenen 5 oder 6 Tausenderkolonnen gingen daraufhin an Leutnant Iltmann vorbei, der aber nur noch wenige Personen, etwa 30 ganz alte und gebrechliche, ausgesondert hat. Hauptmann Thornbaum hat sich am Aussondern selbst nicht beteiligt, ging nur dauernd herum und beaufsichtigte seine Leute. Hauptwachtmeister Blaszke durchstreifte mit einem Trupp seiner Leute die Häuser nach zurückgebliebenen oder sich versteckt haltenden Personen.«[323]

Im Zusammenhang mit dem »Aussortieren« der »unnützen Esser« auf dem Demokratenplatz im Ghetto von Kaunas berichtet Rosenfeld auch von der zeitweiligen Präsenz des Kommandeurs des Einsatzkommandos 3, SS-Standartenführer Karl Jäger, auf dessen Befehl die ganze Vernichtungsaktion zurückging:

»Für eine halbe bis volle Stunde war am Vormittag auch Jäger zugegen gewesen. Er stand nur da und schaute sich die Sache an. Ich hatte Jäger bis dahin noch nicht gesehen. Lipzer, der ihn gut kannte, weil er das Arbeitskommando für die Gestapodienstgebäude führte, sagte mir, dass es Jäger sei. Die Person, die mir von Lipzer als Jäger benannt worden ist, habe ich als groß und kräftig in Erinnerung. Er trug SS-Uniform mit Schirmmütze. An die Rangabzeichen kann ich mich nicht mehr genau erinnern. […] Ich weiß noch, dass Jäger SS-Standartenführer gewesen ist.«[324]

Dann berichtet Rosenfeld über weitere SS- und Wehrmachtoffiziere, die bei der Aussonderungsaktion zugegen waren:

»Bei dieser Aktion war auch Jordan zugegen. Er ist den ganzen Tag herumgelaufen oder stand in der Nähe von Rauca, selbst gemacht hat er nichts. Ebenfalls war Hauptscharführer Stütz anwesend. Stütz hat ebenfalls nur überwacht. Ferner war am Vormittag zu der Zeit, als auch Jäger da war, noch der Stadtkommandant Kramer anwesend. Er und Jäger haben sich noch zusammen unterhalten. Von den übrigen Beteiligten, nämlich der gesamten 3. Polizeikompanie sowie der litauischen Wachkompanie unter Führung eines litauischen Fliegerleutnants, kann ich niemand mehr mit Namen benennen.«[325]

Über die weiteren Vorbereitungen zu dem vom EK 3 geplanten Vernichtungswerk vom 28. Oktober 1941 berichtet Rosenfeld:

»Die Ausgesonderten hatte man zunächst durch eine besonders dafür geschaffene Öffnung des Ghettozauns in Hundertergruppen in das Kleine Ghetto gebracht, wo sie übernachten mussten. Am nächsten Morgen konnten wir beobachten, wie die Ausgesonderten in Gruppen zum IX. Fort geführt wurden. Vor dort her waren den ganzen Tag sowie die ganze Nacht hindurch Schüsse zu vernehmen.«[326]

Der jüdische Junge Solly Ganor, der am 18. Oktober 1941 zusammen mit seiner ganzen Familie die Selektion überstanden hatte, konnte im Morgengrauen des kommenden Tages den Todesmarsch der 9000 zur Ermordung Bestimmten vom Fenster seiner Ghettowohnung aus beobachten:

»Fannys [Sollys Schwester] entsetzlicher Schrei weckte mich am nächsten Morgen. Ich setzte mich im Bett auf und sah noch, wie sie sich an der Fensterbank festklammern wollte. Dann gaben ihre Knie nach und sie fiel zu Boden. Wir stürzten zum Fenster. Im grauen Licht der Morgendämmerung sahen wir eine endlose Kolonne Menschen den Berg hinausgehen in Richtung Fort IX. Eine kilometerlange Menschenschlange. Das hatte nichts von der Grausamkeit der vielen blutigen Szenen, die ich bisher gesehen hatte, und war dennoch tausendmal schlimmer. Eine unerklärliche Kraft trieb uns zum Ghettozaun, wo schon andere sich versammelt hatten. Bewaffnete Litauer säumten beide Seiten der Straße, so weit das Auge sehen konnte, bereit, jeden zu erschießen, der zu fliehen versuchte. Es ist unmöglich, die Klagen jener zu beschreiben, die ihre Verwandten erkannten. Die Kolonne war so lang, dass der Todesmarsch vom Tagesanbruch bis mittags dauerte. Doch wir ertrugen es nicht lange und stolperten vorher davon. […] Obwohl das Fort Neun mehrere Kilometer entfernt lag, hörten wir das unmissverständliche Geknatter von Maschinengewehren.«[327]

Über das entsetzliche Mordgeschehen, das sich im IX. Fort, vor den
Toren der Stadt Kaunas, abspielte und über das die beteiligten Täter Stillschweigen zu bewahren hatten, gibt es gleichwohl anschauliche Informationen. Denn von den Tausenden, die dort umgebracht wurden,
konnte ein Einziger überleben und der Nachwelt Bericht erstatten. Es
handelt sich um einen 13-jährigen Jungen namens Kuki Kopelman, der
von seinem Freund und Altersgenossen Solly Ganor als ein hochbegabtes
Wunderkind geschildert wird. Seine Mutter, Vera Schor, war eine berühmte Geigerin und sein Vater ein bekannter Schachspieler. Kuki hatte
von beiden das Talent geerbt. Er war Junior-Schachmeister, begabter
Geiger und außerdem ein sehr guter Steptänzer.[328]

Tage nach dem Massaker tauchte Kuki zu nächtlicher Stunde in einem
viel zu großen, merkwürdig riechenden Mantel bei seinem Freund Solly
auf. Ihm erzählte er, was nach dem Eintreffen der Teilnehmer des To-
desmarsches im IX. Fort geschehen war:

»Deutsche und litauische Wachen standen am Eingang mit Hunden,
die an der Leine zerrten, knurrten und wild bellten. Wir wurden durch
die Tore getrieben. Im Hof standen Lastwagen mit laufenden Motoren.
Manchmal hatten sie Fehlzündungen, und das klang wie Schüsse.

Ein junger deutscher Offizier sprach uns an. ›Ihr werdet in Arbeitslager im Osten gebracht. Jetzt gibt's erst mal eine Dusche, und dann be-
kommt ihr Arbeitskleidung. Zieht euch aus und legt eure Kleider hier
ab.‹ Er sprach in zivilem Ton, und trotz allem, was wir über diesen Schre-
ckensort wussten, ließen wir uns von ihm überzeugen. Doch jeder noch
so kleine Hoffnungsfunke war zunichte, als wir die lange Maschinenge-
wehrsalve hörten und die Schreie. Die Deutschen hatten es auch gehört,
denn sie richteten ihre Gewehre auf uns.

›Tempo, ihr Juden! Ausziehen und ab in die Dusche!‹ rief ein Offizier.
›Was ihr da hört, sind nur die Fehlzündungen der Laster.‹ Doch niemand
bewegte sich, niemand schien fähig, einen Muskel zu rühren. Ruhig ging
der Offizier auf einen älteren Mann zu, der in seiner Nähe stand, hob die
Luger [Pistole] und schoss ihm ins Gesicht. Ein Kopf platzte, und das
Hirn spritzte in den Dreck, als er zu Boden fiel. Plötzlich zogen sich alle
aus. Wenn du dem Tod so nah bist, ist jede Minute kostbar, als würde die
nächste Sekunde die Begnadigung bringen. Schließlich standen wir alle
nackt da und bedeckten unsere Scham mit den Händen und zitterten in
der Kälte.«[329]

Kuki Kopelman berichtet weiter:

»Auf Befehl eines Offiziers gingen die Deutschen und Litauer auf uns los. ›Lauft, lauft, ihr Judenschweine‹, riefen sie und schlugen uns mit Stöcken und Gewehrkolben. Die Hunde stürzten sich auf die Langsamen und rissen ihnen das Fleisch aus Beinen und Gesäß. In wilder Panik begannen wir zu rennen, die Wachen und Hunde hinter uns her. Man konnte sehen, wie die Körper dampften, als sie uns um die Mauer jagten. Dann bogen wir um eine Ecke und sahen Dutzende und Aberdutzende von Maschinengewehren rings um ein offenes Feld aufgestellt. Sie feuerten in eine riesige Grube. Ich hörte, wie darin geschrien wurde. Ich wurde fast verrückt vor Angst. Ich wollte stehen bleiben, weglaufen, fliehen, doch eine Masse wild stürmender nackter Körper drängte sich um mich wie eine Zwangsjacke.«

Der junge Kuki Kopelman erlebte das Morden aus nächster Nähe, als einer der zum Tode Geweihten:

»Deutsche und Litauer mit aufgekrempelten Ärmeln und roten Gesichtern luden und schossen in die Menge. Aus ihren Gewehrläufen blitzte es gelb. Ein Schleier aus blauem Rauch trieb über dem Feld. Es war eine Höllenszene. Heisere Rufe, schrilles Frauengeschrei, brüllende Kinder und Babys, Hundegebell. Es stank nach Schweiß und Pisse und Scheiße. Ich sah einen bärtigen Mann an der Grube stehen, die Fäuste gen Himmel erhoben. ›Juden!‹ schrie er. ›Da ist kein Gott! Da oben sitzt ein Teufel!‹ Er sah meinem alten Rabbi sehr ähnlich. Blut strömte an seinem Körper hinunter, und sie schossen unentwegt auf ihn, aber er blieb da stehen und schrie in den Himmel.

Wir hatten die Grube erreicht. Da lagen Tausende von Körpern, einer auf dem andern, die wanden sich und schrien und flehten die Deutschen an, es endlich zu Ende zu bringen. Es war die Hölle, die Hölle.«[330]

Kuki wurde in die Grube mit hineingerissen und dort lebendig begraben, eingezwängt zwischen vielen Leichen, konnte sich allmählich von ihnen befreien und sich aus der Grube herausschleppen. Die Mörder saßen im Fort und besoffen sich. Kuki fand den Kleiderstoß, den die Todgeweihten zurückgelassen hatten, suchte sich einen großen Mantel heraus und floh in die Felder in Richtung des Kaunaser Ghettos. Er schloss seinen Bericht über die erlebten Ungeheuerlichkeiten so:

»Ihr könnt euch nicht vorstellen, wie ich mich freute, wieder im Ghetto zu sein. Ich hätte jedes krumme Haus küssen wollen, jeden dreckigen

Pflasterstein. Es war gut, wieder zu Hause zu sein, egal, wie schlimm es da war.«[331]

Der jüdische Ghettopolizist Rosenfeld machte nach der »Großen Aktion« weitere Beobachtungen: »Die Kleidungsstücke der bei dieser Aktion auf dem IX. Fort erschossenen Personen sind mit Lkws nach Kowno gebracht worden in das Dienstgebäude der Gestapo [also Jägers]. Dort musste das Gestapo-Arbeitskommando, wie schon bei der ersten Aktion, die Sachen sortieren. An Hand von dabei gefundenen Ausweisen, Photographien und sonstigen persönlichen Gegenständen wurde eindeutig festgestellt, dass sie von den Personen stammten, die von der großen Aktion betroffen worden waren.«[332]

Nach diesem Massenmord im IX. Fort von Kaunas am 29. Oktober 1941 begann für die Bewohner des Ghettos Kaunas »eine verhältnismäßig ruhige Zeit«.[333] Die überlebenden Juden wurden nun verstärkt zu Arbeiten für die deutsche Okkupationsmacht eingespannt. Sie lebten in der Hoffnung, dass ihre qualifizierte Arbeit ihnen das Überleben sichern könnte. In dieser Phase ergriffen einige wenige, widerständig eingestellte Wehrmachtsoldaten und Polizisten die Möglichkeit, Juden zu schützen und zumindest temporär vor der Ermordung zu retten.[334]

13. Nach Kaunas deportiert und im IX. Fort ermordet: Juden aus Berlin, München, Frankfurt, Breslau und Wien

Die sechste Etappe der Judenvernichtung in Kaunas hatte einen anderen Charakter. Am 25. und am 29. November 1941 wurden über 5000 deutsche, österreichische und tschechoslowakische Juden in den Forts von Kaunas erschossen, die hierher deportiert worden waren. Litauen wurde jetzt also auch zur Mordstätte für deutsche Juden. Diese Vorgänge sind im *Jäger-Bericht* vom 1. Dezember 1941 folgendermaßen dokumentiert:

25.11.41 Kauen-F. IX- 1159 Juden, 1600 Jüdinnen, 175 Judenkinder [gesamt] 2934 (Umsiedler aus Berlin, München u. Frankfurt a.M.).

29.11.41 Kauen-F. IX- 693 Juden, 1155 Jüdinnen, 152 Judenkinder [gesamt] 2000 (Umsiedler aus Wien und Breslau).[335]

Mit den Novembertransporten kamen etwa 5000 Menschen nach Kaunas, je 1000 in einem Transportzug. Im Einzelnen:

17. 11. 1941	Berlin	1006 Personen
20. 11. 1941	München	999 Personen
22. 11. 1941	Frankfurt / Main	988 Personen
23. 11. 1941	Wien	998 Personen
25. 11. 1941	Breslau	1005 Personen.[336]

Den Verschleppten war in ihren Heimatstädten angekündigt worden, sie würden nach Osteuropa »umgesiedelt«. Die wahren Absichten der deutschen Stellen blieben ihnen verborgen. Auch die deutschen Polizisten und Bahnbeamten, die als Begleiter der Züge fungierten, hatten keine klaren Vorstellungen von dem, was die jüdischen Männer, Frauen und Kinder an ihrem Bestimmungsort erwartete.

Das verwundert nicht, wenn man weiß, dass Hitler in der ersten Hälfte des September 1941 zwar die Genehmigung zur Deportation deutscher Juden erteilte, dass es im Reichssicherheitshauptamt (RSHA) in Berlin jedoch keine vorausschauende Planung gab, was mit den Deportierten nach ihrer Abschiebung »in den Osten« geschehen sollte.[337] Die beteiligten Behörden verfolgten unterschiedliche Interessen. Einige wollten sogleich die rassenpolitischen Ziele Hitlers realisieren, andere zunächst die Arbeitskraft der Juden ausbeuten, ebenso wie die der kriegsgefangenen Rotarmisten.

Ab Oktober 1941 wurden die noch in Deutschland verbliebenen Juden in mehreren Deportationswellen in Ghettos und Vernichtungslager im Osten Europas transportiert. Insgesamt handelte es sich um mindestens 265 000 Menschen aus dem Altreich, dem angeschlossenen Österreich und dem Protektorat Böhmen und Mähren.[338] In den knapp drei Wochen zwischen dem 15. Oktober und dem 3. November 1941 wurden 19 836 Juden in die polnische Stadt Łódź verschleppt: Fünf Transporte aus Wien (5000), fünf aus Prag und Brünn (5000), vier Transporte aus Berlin (4187), zwei aus Köln (2007) und je einer aus Luxemburg (512), Frankfurt / Main (1113), Hamburg (1034) und Düsseldorf (983).

Danach suchten Himmler und Heydrich in den besetzten sowjetrussischen Gebieten nach neuen Zielorten, in Regionen also, in welchen die Ermordung der dort lebenden Juden bereits in vollem Gange war. Im Oktober wurde entschieden, dass die nächsten Deportationszüge ins Reichskommissariat Ostland (RKO) geleitet werden sollten, das die baltischen Staaten und Weißrussland umfasste, und zwar nach Minsk und Riga. Geplant war der zwangsweise Transport von 50000 Juden.[339]

Die Deportationszüge, die in Kaunas landeten, sollten eigentlich in Riga ankommen. Da das dortige Ghetto jedoch überfüllt war und sich der Neubau des großen Konzentrationslagers Salaspils bei Riga noch in den Anfängen befand[340], Riga also keine Aufnahmekapazität mehr frei hatte, wurden einige der Transporte kurzfristig in die litauische Hauptstadt umgeleitet.[341]

Dem dortigen Kommandeur der EK 3, SS-Standartenführer Karl Jäger, lagen – so weit bekannt – keine Weisungen aus Berlin oder seitens seines direkten Vorgesetzten Stahlecker vor, was mit den Neuankömmlingen zu geschehen habe. Jäger sah sich daher vor die Notwendigkeit gestellt, diese Frage selbst zu entscheiden. Es ist zu vermuten, dass er nun in eigener Initiative befahl, die deutschen und österreichischen Juden so rasch wie möglich zu erschießen. Diese Entscheidung dürfte ihm im Übrigen nicht schwergefallen sein, setzte sie doch nur fort, was er seit seinem Eintreffen in Litauen Anfang Juli 1941 planmäßig ins Werk gesetzt hatte. Ob ihn die Tatsache in irgendeiner Weise berührt hat, dass er nun den Befehl zur Liquidierung einer großen Zahl von Landsleuten gab, ist nicht überliefert. Es ist jedoch anzunehmen, dass sein rassistisches Feindbild eine Überlegung dieser Art gar nicht erst aufkommen ließ.

Bemerkenswert ist die Tatsache, dass der verantwortliche Polizeiführer in Riga erheblichen Ärger mit Himmler bekam, als er eine ähnliche Entscheidung traf, wie sie zuvor schon Jäger in Kaunas getroffen hatte. In der lettischen Hauptstadt leitete der radikale Antisemit Friedrich Jeckeln[342] seit Anfang November 1941 als Höherer SS- und Polizeiführer (HSSPF) und Nachfolger von Hans-Adolf Prützmann die Vernichtung der jüdischen Bevölkerung.[343] Jeckeln hatte bereits in der Ukraine Massenmorde organisiert. Nun ließ er am 30. November (»Rigaer Blutsonntag«) und am 8./9. Dezember 1941 über 25000 lettische Juden im Wald von Rumbula (bei Riga) von SS, Ordnungspolizei und lettischen Hilfspolizeieinheiten ermorden. Unter den Opfern befand sich auch ein Judentransport aus Berlin. Der Zug mit den Berliner Juden kam, offenbar versehentlich, in den Morgenstunden des 30. November 1941 in Riga an. Jeckeln gab den Befehl, sie sogleich in die Erschießungsaktionen einzubeziehen, was auch geschah. Ihm war zu diesem Zeitpunkt noch nicht bekannt, dass Himmler angeordnet hatte: »Judentransport aus Berlin. Keine Liquidierung.« Daher gab es für Jeckeln nun eine Rüge von Himmler wegen »Eigenmächtigkeiten« und »Zuwiderhandlung«. Der HSSPF von Riga musste sich in Berlin zum Rapport melden.[344] Hintergrund war hier wiederum das Drängen der Zivilbehörden und der Wehrmacht, die jüdischen Arbeitskräfte für die Rüstungsproduktion zu erhalten. Der Vorgang macht einmal mehr deutlich, dass auch Jäger eigenmächtig gehandelt haben muss.

Einigermaßen gut erforscht ist die Deportation von 999 Münchener Juden nach Kaunas und ihre Ermordung am 25. November 1941.[345] Es handelte sich um den ersten Transport deutscher Juden »nach dem Osten« in die Vernichtung. Eine bayerische »Arisierungsstelle« hielt die Vorbereitung und Durchführung der Deportation in der typischen Bürokratensprache der Schreibtischtäter jener Zeit folgendermaßen fest:

»Im Zuge der totalen und zentralen Reinigung des deutschen Volkes überhaupt von Juden, erfolgte auf höhere Weisung im Benehmen mit der Geh.(eimen) Staatspolizei, Staatspolizeileitstelle München, Mitte November 1941 die Abschiebung von etwa 1000 Juden aus dem Gaubereich München-Oberbayern nach den besetzten Ostgebieten.«[346]

Bei den deportierten Juden aus München handelte es sich hauptsächlich um Kaufleute, Beamte und leitende Angestellte sowie deren Frauen und Kinder. Die Männer reisten in ihrer besten Kleidung, mit Hut, Schlips und Weste und je 20 Kilogramm Gepäck.[347]

Die späteren Massenmorde hat keiner der aus München und den anderen genannten Städten Deportierten überlebt. Es gibt daher keine Augenzeugenberichte von Opfern. Die verfügbaren Informationen stammen von Juden aus dem Ghetto Kaunas, von litauischen Häftlingen, die aus dem IX. Fort fliehen konnten, sowie von deutschen und litauischen Tätern. Hinweise gaben auch die Gepäckreste, welche die Gestapo den Ghettobewohnern überließ. Dort fand man Ausweispapiere mit dem Stempel »nach Riga evakuiert« oder »nach Osten evakuiert«.[348]

Dr. Elchanan Elkes, der Vorsitzende des Judenrates im Ghetto Kaunas[349], berichtet in einem Brief an seine Kinder in London, wie er Kolonnen von Juden am Ghetto vorbeiziehen sah, die offenbar hinüberriefen, woher sie kamen:

»Vor unseren Augen, vor den Fenstern unserer Häuser, zogen vor ungefähr zwei Jahren viele, viele Tausend Juden aus Süddeutschland und Wien vorbei, die mit ihrem Gepäck zum Fort IX, das einige Kilometer von uns entfernt ist, gebracht wurden. Dort wurden sie mit äußerster Grausamkeit umgebracht. Wir erfuhren später, dass man sie getäuscht hatte. Man hatte ihnen gesagt, dass sie im Ghetto von Kowno angesiedelt werden sollten.«[350]

Ein jüdisches Kind aus München namens Alfred Koppel konnte im Frühjahr 1941 mit einer Kinderhilfsorganisation von Deutschland nach den USA ausreisen und damit in Sicherheit gebracht werden. Seine Familie wurde in Kaunas ermordet. Koppel hat später die verstreuten Berichte über die Ermordung der Juden aus dem Raum München in Kaunas gesammelt und sie in folgender Weise zusammengefasst:

»Bei der Ankunft in Kaunas wurde die Menschenmenge vom Bahnhof auf einen Hügel hinaufgetrieben, ein langer, langer Fußweg zu einem der auf der Anhöhe gelegenen Forts. [...] Schließlich wurden die tausend Menschen des Münchner Transports, nachdem sie das bedrohlich wirkende Fort IX erreicht hatten, mit Schlägen und unter Drohungen in die Zellen in den Kellern des Forts hineingetrieben. [...] Sie schmachteten drei Tage in diesen entsetzlichen Zellen in den Kellern des Forts. Dann wurden die Gefangenen am 25. November 1941 in Gruppen von 50 Personen zu einem Graben im Bereich des IX. Forts abgeführt. In einer dieser Gruppen waren auch meine Angehörigen. [...] Bei der Ankunft an dem Graben erkannten Mutti und Günther mit einem Male das ganze Ausmaß des sie erwartenden Entsetzens. Sie sahen das Sonderkommando in Kauerstellung hinter Maschinengewehren, bereit, sie zu erschießen [...].«[351]

Die aus München deportierten Juden erkannten offensichtlich erst kurz vor ihrer Ermordung am Morgen des 25. November 1941, als sie bereits vor den – von russischen Kriegsgefangenen ausgehobenen – Gruben standen, dass sie einem perfiden Täuschungsmanöver zum Opfer gefallen waren. Der Augenzeuge Kulisch berichtet über den Massenmord, der an diesem Tag verübt wurde:

»Die Gestapo-Leute und die Litauer befahlen den Menschen, sich in einer Reihe aufzustellen, in Gruppen von 80 Personen, und ordneten scheinbar Morgenübungen im Hof des Forts an. Dann veranlassten sie die Menschen zu laufen und zwar genau in Richtung der Gräben. Unmittelbar auf den Gräben schlugen sie auf die Opfer ein, sobald diese weglaufen wollten. Die meisten Opfer wurden erschossen, nachdem sie in die Gräben gefallen waren. Die Schüsse wurden aus Maschinengewehren abgefeuert, die auf dem bewaldeten Hügel bei den Gräben postiert waren. Diejenigen, die nicht rannten oder die in eine andere Richtung rannten, wurden an Ort und Stelle von denjenigen Litauern und Deutschen erschossen, die sie vorher zu Gruppen zusammengestellt hatten.«[352]

Ein deutscher Polizist, der sich an den Erschießungen selbst beteiligt hatte, berichtete wenig später dem Breslauer Kardinal Adolf Bertram, welche Polizeieinheiten dieses Massaker verübt hatten. Dieser hielt fest:

»Das Exekutionskommando setzte sich zusammen aus Mitgliedern der SS, der Sicherheitspolizei und aus ansässigen Litauern. Deutsche Soldaten seien an den Erschießungen in Kowno nicht beteiligt gewesen. Alle wurden in litauische Uniformen gekleidet. Die Erschießungsszenen seien teilweise sogar gefilmt worden. Diese Filme sollen beweisen, dass nicht die Deutschen, sondern die Litauer die Juden erschossen hätten.«[353]

Die Landeshauptstadt München ließ im November 2000 im IX. Fort von Kaunas eine Gedenktafel anbringen, die an die ermordeten Münchener Juden erinnert, die mit dem geschilderten ersten Transport nach Litauen kamen. Die Inschrift lautet:

»In Trauer und Scham – und entsetzt über das Schweigen der Mitwissenden – gedenkt die Landeshauptstadt München der 1000 jüdischen Männer und Frauen, die am 20. November 1941 von München nach Kowno deportiert und fünf Tage später an diesem Ort brutal ermordet wurden.«[354]

14. Das Massensterben sowjetischer Kriegsgefangener und ihr Ersatz durch »Arbeitsjuden«

Parallel zu der Ermordung der Juden von Kaunas und der aus anderen Städten und Dörfern Litauens ereignete sich im Herbst und Winter 1941 am Rande der Stadt Kaunas ein anderes Verbrechen, für das die deutsche Wehrmacht alleine die Verantwortung trug. Sie ließ es zu, dass es in einem Barackenlager in der Nähe des Flughafens zu einem Massensterben von mehreren Tausend sowjetischen Kriegsgefangenen kam.[356] Die jungen Rotarmisten waren eine Zeitlang zur Zwangsarbeit beim Ausbau des Kaunaser Flugplatzes Aleksotas eingesetzt, der nach Fertigstellung von der deutschen Luftwaffe übernommen werden sollte.

Abb. 21 und 22: Münchener und Französische Gedenktafel im IX. Fort von Kaunas

Die kriegsgefangenen Rotarmisten erhielten eine derart unzureichen-de Verpflegung, dass sie reihenweise an Hunger, Entkräftung und Krank-heiten starben. Im Monat September 1941 verloren alleine in den Lagern um Kaunas täglich mehr als 300 russische Kriegsgefangene ihr Leben. In den Monaten November und Dezember umfasste das Massensterben sowjetischer Kriegsgefangener im Bereich des Reichskommissariats Ostland 60 000 Gefangene, durchschnittlich 2190 am Tag.[357]

Der Vernichtungswille der Deutschen richtete sich auch gegen jene kriegsgefangenen Rotarmisten, die laufend von der Front nach Kaunas transportiert wurden. Die Kaunaser Augenärztin Kutorgiene notierte im September 1941 in ihr Tagebuch:

»Von der Leningrader Front treffen Transporte mit russischen Gefangenen ein. Die Waggons sind brechend voll, viele sterben unterwegs, viele sind bei ihrer Ankunft dem Tode nahe. Hunderte werden gleich am Bahndamm erschossen, da die Deutschen mit allen Schwachen kurzen Prozess machen. Ein Eisenbahnangestellter hat die Berge mit den Leichen sowjetischer Gefangener am Kaunaser Bahnhof mit eigenen Augen gesehen.«[358]

Neuere historische Forschungen haben ergeben, dass auf dem damaligen Territorium Litauens insgesamt etwa 170 000 sowjetische Kriegsgefangene umgekommen sind, hauptsächlich im Herbst und Winter 1941.[359] Das bedeutet: Gemessen an der Anzahl der Toten war die Vernichtung der sowjetischen Kriegsgefangenen – nach dem Genozid an den litauischen Juden – das zweitgrößte Verbrechen, das auf dem Territorium Litauens während des Zweiten Weltkriegs von Deutschen begangen worden ist.

Je mehr sowjetische Kriegsgefangene als Arbeitskräfte ausfielen, in desto größerem Umfang forderte die Wehrmacht bei der Arbeitsverwaltung des deutschen Stadtkommissariats von Kaunas jüdische Arbeitskräfte als Ersatz an. Dadurch wurde das Vernichtungswerk Jägers und des EK 3 zumindest verlangsamt. Wie bereits geschildert wurde, kam es unter anderem bei der »Großen Aktion« vom 29. Oktober 1941 zu einer Selektion von arbeitsfähigen und nichtarbeitsfähigen Juden.

Die deutsche Zivilverwaltung gab sogenannte Jordan-Scheine aus – benannt nach dem Stadtkommissar gleichen Namens – an diejenigen, die zur Zwangsarbeit eingesetzt werden sollten. Aus der Sicht der jüdischen Verfolgten waren es »Lebensscheine«. Denn sie schienen für diejenigen, die bei den jeweiligen Selektionen auf die »gute Seite« sortiert worden waren, eine Überlebensgarantie zu bieten.

Wie zuvor die russischen Kriegsgefangenen, so mussten jetzt diese arbeitsfähigen Juden auf dem Flugplatzareal Aleksotas Zwangsarbeit leisten. Augenzeugenberichte können uns einen Eindruck davon vermitteln, wie leidvoll die Juden aus Kaunas dort lebten. Einer der Berichte stammt von Grigorijus Smoliakovas, der selbst einer dieser »Arbeitsjuden« war. Gearbeitet wurde, erinnert er sich, »vom frühen Morgen bis in die Nacht hinein, die Spitzhacke in der Hand«, begleitet von den unaufhörlichen Beschimpfungen der Soldaten: »Los, los, verdammter Jude!«[360] Er berichtet weiter: »Jeden Morgen zog ich schon früh mit einer Kolonne ebenso Unglücklicher wie ich mit klappernden Holzpantinen über die Straßen zum Flughafen: Gräben ausheben, Flugzeughallen bauen, Wege pflastern. Den ganzen Tag über hörte man nur das Gebell der Wachmannschaft, und wenn man an einen besonders Bösartigen geriet, musste man aufpassen, dass man nicht einen Schlag mit dem Stock oder dem Gewehrkolben auf den Rücken kriegte. Spät abends zog ich dann mit derselben erschöpften Kolonne wieder nach Hause, um am Morgen denselben Kreislauf zu beginnen.«[361]

Nach diesen Demütigungen schloss sich Smoliakovas einer jüdischen Widerstandsgruppe im Ghetto an und dann einer Partisanenabteilung, die sich 1944 an der Befreiung der Stadt Wilna beteiligte. Nach dem Krieg wirkte er als Redakteur einer jüdischen Zeitung in Vilnius.

Ein jüdischer Jugendlicher aus Kaunas, der damals ebenfalls zur Arbeit auf der Flughafenbaustelle Aleksotas gezwungen wurde, erlebte aus nächster Nähe mit, wie diejenigen russischen Kriegsgefangenen, die noch immer auf dem Flugplatz arbeiten mussten, von den Deutschen behandelt wurden. Er berichtet von Angehörigen der Hitlerjugend – wahrscheinlich handelte es sich jedoch nicht um Hitlerjungen, sondern um junge SA-Männer –, deren älteste vielleicht 17 Jahre alt waren und deren Aufgabe es war, die Gefangenen zu bewachen. Sie seien uniformiert gewesen und hätten ein Gewehr sowie ein kleines Bajonett getragen. Diese von den Zwangsarbeitern als »Monster« bezeichneten Hitlerjungen hätten die russischen Kriegsgefangenen auf schreckliche Weise traktiert. Täglich hätten sie Hunderte von Russen getötet, behauptet der junge Augenzeuge. Die Kriegsgefangenen seien hilflos, müde und schwach wie die Fliegen gewesen. Sie hätten noch geringere Rationen als die jüdischen Zwangsarbeiter aus Kaunas bekommen.[362]

Es war also auch eine Folge des Massensterbens sowjetischer Kriegsgefangener, dass in Kaunas zunächst etwa 15 000 sogenannte Arbeitsjuden überleben konnten.[363] Wäre es ausschließlich nach dem Vernichtungsprogramm des SS-Standartenführers Jäger gegangen, so wären auch diese nicht verschont geblieben. In seinem Bericht schrieb er unter Verzicht auf jede Camouflage:

»Diese Arbeitsjuden incl. ihrer Familien wollte ich ebenfalls umlegen, was mir jedoch scharfe Kampfansage der Zivilverwaltung (dem Reichskommissar) und der Wehrmacht eintrug und das Verbot auslöste: Diese Juden und ihre Familien dürfen nicht erschossen werden!«[364]

Im Mai 1942 sah SS-Gruppenführer Heinrich Müller, der Chef des Amts IV – Gestapo – im Reichssicherheitshauptamt in Berlin noch einmal die Notwendigkeit, Jäger in einem geheimen Funkspruch auf die generelle Anordnung Himmlers hinzuweisen, »arbeitsfähige Juden und Jüdinnen im Alter von 16 bis 32 Jahren bis auf weitere Weisung von Sondermaßnahmen auszunehmen«.[365]

Den aktuellen Hintergrund der deutschen Hungerpolitik gegen die sowjetischen Kriegsgefangenen und die als arbeitsunfähig eingeschätzten Juden bildeten, wie der Historiker Christoph Dieckmann herausgearbeitet hat, die Nachschubprobleme der Heeresgruppe Nord und die damit zusammenhängende angespannte Ernährungslage.[366]

Teil V:
Von der Ausbeutung zur Vernichtung:
Die zweite und dritte Phase der deutschen
Judenverfolgung in Litauen (1942–1944)

1. Charakteristika der zweiten und dritten Phase

Raul Hilberg, der Nestor der Holocaustforschung, spricht im Hinblick auf die deutsche Vernichtungspolitik im gesamten osteuropäischen Raum – baltische Staaten, Weißrussland, Ukraine – von einer »ersten Tötungswelle«, einer »Zwischenphase« und einer »zweiten Tötungswelle«.[367] Diese Unterscheidung lässt sich – mit einigen Modifizierungen – auch auf das kleine Land Litauen anwenden. Die erste Tötungswelle dauerte von Juni bis November 1941. Die einzelnen Etappen der Vernichtungspolitik in diesem Zeitraum sind dem *Jäger-Bericht* vom 1. Dezember 1941 zu entnehmen. Sie wurden in den vorangegangenen Kapiteln detailliert beschrieben.

Die Zwischenphase, von der Hilberg spricht, betraf zwar in erster Linie jene Regionen Osteuropas, in denen sich nun »die Unzulänglichkeit der ersten Tötungswelle« gezeigt hatte.[368] Hier wurden jetzt die Maßnahmen, die in Litauen schon seit Juli 1941 von verschiedenen Organen der deutschen Besatzungsverwaltung ergriffen worden waren – etwa die systematische Kennzeichnung, Enteignung und Konzentration der noch nicht ermordeten Juden in Ghettos – nachgeholt mit dem erklärten Ziel, die Vernichtungspolitik forcieren zu können.

In Litauen selbst stellten die eineinhalb Jahre der Zwischenphase – 1942 bis Mitte 1943 – eine Zeit der relativen Stabilisierung dar. Es gab zwar immer wieder einzelne Erschießungen, aber keine Massenexekutionen mehr wie in der zweiten Jahreshälfte 1941. Die Zwischenphase hatte in Litauen also einen etwas anderen Charakter als in anderen Regionen Osteuropas. Nachdem die erste Tötungswelle in diesem Land bereits mehr als 137 000 Todesopfer gekostet hatte, war die Zwischenphase hier davon geprägt, dass die Ende des Jahres 1941 noch lebenden 34 500 Juden in den Ghettos von Wilna, Kaunas und Schaulen eine – vermeintlich lebenssichernde – Zwangsarbeit leisteten, die den Interessen der Zivilverwaltung und der Wehrmacht diente. Derweilen dauerte der Kampf zwischen SS, Zivilverwaltung und Wehrmacht um die Prioritäten in der künftigen Judenverfolgung in Litauen – Nutzung ihrer Arbeitskraft oder rassenideologisch motivierte Vernichtung – fort.

In der dritten Phase schließlich, ab Sommer 1943, setzte sich die SS endgültig durch. Himmler ließ das Ghetto Kaunas in ein Konzentrationslager umwandeln und befahl, die darin befindlichen Juden nach und nach zu ermorden, eingeschlossen die noch am Leben befindlichen Kinder. Das war – um bei der Einteilung Raul Hilbergs zu bleiben – die zweite Tötungswelle in Litauen.

2. Die Ermordung des Komponisten Edwin Geist und der Selbstmord seiner Frau Lyda

Ein aus Berlin stammender Deutscher namens Edwin Geist, geboren 1902, der nach den NS-Kategorien als »Halbjude« eingestuft wurde, war im Jahr 1938 nach Kaunas emigriert. Er hoffte, dort mehr Freiheiten für seine berufliche Tätigkeit als Komponist und Schriftsteller vorzufinden. In Kaunas lernte er die jüdische Pianistin und Dolmetscherin Lyda Bagrianski kennen, die er 1939 heiratete. Mit dem Einmarsch der deutschen Wehrmacht in Litauen änderten sich die Lebensbedingungen des Künstlerehepaares grundlegend. Mitte August 1941 wurden sie, wie alle Kaunaser Juden, gezwungen, ins Ghetto umzusiedeln. Von der Mordwelle in den Monaten Juli bis Oktober 1941 blieben sie verschont. Edwin Geist, der Komponist, der sich als »Halbarier« verstand und der es als normal ansah, mit deutschen Funktionären der Besatzungsverwaltung zu sprechen, hatte Glück. Er durfte das Ghetto verlassen unter der Bedingung, sich von seiner jüdischen Frau zu trennen. Zum Schein versprach er dies auch, unternahm aber zugleich große Anstrengungen, mit Hilfe des Judenrates und seiner Bekannten in der deutschen Zivilverwaltung in Kaunas die Freilassung seiner Frau Lyda aus dem Ghetto zu erreichen. Er brachte Dokumente bei, die beweisen sollten, dass seine Frau nur eine »Vierteljüdin« sei und daher zu Unrecht im Ghetto festgehalten werde. Zu helfen versuchte auch die Malerin Helene Holzman, die mit den Geists befreundet war.

Dem Schriftsteller Reinhard Kaiser ist es nach intensiver und höchst

Abb. 23 und 24: Der Komponist Edwin Geist (ermordet in Kaunas) und seine Frau Lyda (beging Selbstmord).

schwieriger Quellenrecherche gelungen, das kurze Leben des Ehepaars nachzuzeichnen.[369] Dabei stieß er auf Spuren einer höchst merkwürdigen Beziehung, nämlich zwischen dem verfolgten Musiker und dem SS-Offizier Karl Jäger. Dieser Kontakt lief über Helmut Rauca, den Leiter des Judenreferats beim KdS. Rauca war jener SS-Offizier, der bei der »Großen Aktion« am 29. Oktober 1941 auf dem Demokratu-Platz im Ghetto Kaunas die Selektion von Tausenden von Juden auf die »gute« oder auf die »schlechte« Seite durchgeführt hatte. Er war als einer der radikalsten Mordaktivisten in Kaunas gefürchtet.

Edwin Geist gelang das kaum begreifbare Kunststück, eine persönliche Beziehung zu Rauca aufzubauen und ihn für Lydas Fall zu interessieren, ja ihn sogar für sein großes Ziel zu gewinnen, nämlich die Freilassung seiner Frau. Rauca seinerseits machte im Juni 1942 seinen Vorgesetzten Jäger auf das Künstlerehepaar aufmerksam. In seinem Tagebuch notierte Edwin Geist jede noch so kleine Information, die er über den Kommandeur erhielt.[370]

Wie kam es dazu, dass Karl Jäger, der in seinen Berichten die Ermordung von Tausenden von namenlosen Juden registrierte, sich für ein einzelnes Schicksal interessierte? Reinhard Kaiser vermutet den Grund in dessen Vita. Er kam aus einem musikalischen Elternhaus, spielte selbst Klavier und Geige und verstand etwas vom Instrumentenbau. »Es ist nicht unwahrscheinlich, dass dieser musikalische Hintergrund den SS-Standartenführer dazu bewogen hat, das Schicksal von Lydia Geist als einen einzelnen Fall und nicht als ein in seinen Mordstatistiken verschwindendes Nichts zu betrachten.«[371]

Edwin Geist, der etwas weltfremde und unpolitische Komponist, der keinerlei Begabung zu handwerklicher Tätigkeit hatte und daher nicht die relative Sicherheit eines »Arbeitsjuden« genoss, setzte also seine Befreiungshoffnungen ausgerechnet auf Jäger und Rauca. Erstaunlicherweise gelang es ihm im August 1942 tatsächlich, Lydas Freilassung aus dem Ghetto zu erreichen, allerdings unter der Auflage, dass sie oder er sich auf eigene Kosten sterilisieren ließe. Lyda, die lebenspraktischer veranlagt war als ihr Mann, gelang es schon bald, eine bezahlte Arbeit als Dolmetscherin in einer litauischen Ernährungs- und Versorgungsstelle zu erhalten. Ihre dortige neue Chefin, die litauisch-memelländische Nationaldichterin Ieva Simonaityte (1897–1987)[372], gibt in ihrer 1965 erschienenen Autobiographie eine realistische Einschätzung der Gefahren, denen sich das Ehepaar Geist ausgesetzt sah:

»Es war so: Gegen goldene Uhren und Brillantringe war sie [Lyda] aus dem Ghetto befreit worden, die fünfzigprozentige litauische Jüdin Lyda Geist. Sie sprach viele Sprachen, sie war Musikerin. Doch in dieser Zeit brauchte man keine jüdische Musikerin. Ihr Mann, Edwin Geist, war früher in Berlin ein bekannter Dirigent und Komponist gewesen und war, wie ich selbst bemerkte, außerdem ein Dichter.« Zunächst selbst im Ghetto eingesperrt, dann aber frei gekommen, benutzte er seine neue Freiheit, »um seine Frau aus dem Ghetto zu befreien«.

Ieva Simonaityte wusste, dass die Deutschen befürchteten, »Lyda könnte ein kleines Judenkind gebären«.[373]

Auch die mit den Geists befreundete Malerin Helene Holzman erkannte den Ernst der Lage:

»Man hatte sie mit dem Vorbehalt entlassen, dass sie sich von ihrem Manne trennt oder in einer anderen Stadt lebt oder sie oder ihr Mann sich sterilisieren lassen, denn wenn man sie beide auch ›versuchsweise‹ aus dem Ghetto entlassen habe, so müsse man doch eine Garantie haben, dass sie keine Kinder bekämen.«[374] Sie riet den beiden, Kaunas zu verlassen und den Deutschen, die sich mit ihrem Fall befassten, aus den Augen zu gehen. Doch stattdessen wandten sich die beiden Künstler mit ihren Sorgen an die deutsche Zivilverwaltung. Die dort beschäftigten Beamten sollen sich »nicht wenig an der Hilflosigkeit und Weltfremdheit der beiden geweidet haben«.[375]

Im November 1942 überlebte Edwin Geist nur knapp eine schwere Lungenentzündung. Nach seiner Genesung erhielt der Judenrat dann am 3. Dezember 1942 überraschend den folgenden Befehl Jägers:

»Befehl des Kommandeurs des SD vom 3. 12. 42

Der juedische Musiker und Komponist Geist, welcher zuerst in der Stadt gewohnt hat und heute nach dem Ghetto zurueckgebracht worden ist, ist in das Ghetto-Gefaengnis zu sperren und zur Verfuegung des SD bereitzuhalten.

Der Aeltestenrat.«[376]

Der konkrete Anlass zu dieser Entscheidung scheint die Weigerung Geists gewesen zu sein, sich sterilisieren zu lassen.[377] Bei der Verhaftung Geists durch den SS-Hauptscharführer Josef Stütz[378] klaute dieser dessen goldene Uhr, warf seine Noten mit einem verächtlichen Stoß auf den Boden und bemerkte: »Das brauchen Sie nicht mehr.«[379] Avraham Tory, Mitglied des Judenrats, notierte am 10. Dezember 1941, also eine Woche später, in seine Ghetto-Chronik: »Stütz von der Gestapo brachte den Musiker Geist aus dem Ghetto zum Neunten Fort, wo er sofort umgebracht wurde.«[380]

Lyda Geist und Helene Holzman fanden unter den Kompositionen des Ermordeten auch die folgenden, von Edwin Geist anlässlich des Todes seiner Mutter verfassten Gesänge.

Kleine deutsche Totenmesse:

(Tenor-Solo:)
Wie sollte ich nicht weinen,
Da du verlassen mich;
Mein Herz möchte' sich versteinen,
Nun ich bleib' ohne dich.

(Knaben:)
Wie waren wir geborgen,
Trotz aller Lebensnot;
Jetzt schweigen uns're Sorgen,
Gesiegt hat ja der Tod.

(Tenor-Solo:)
Wie war der Sommer heiter,
Eh dich die Kälte schlug;
Steig nur zurück die Leiter
Zum Himmel, der dich trug.[381]

Einen Monat nach der Ermordung ihres Mannes beging seine Witwe Lyda Selbstmord durch die Einnahme von Gift.

Über die Motive Jägers, den Komponisten Edwin Geist, der eine Zeitlang sein Interesse geweckt hatte, schließlich doch ermorden zu lassen, fehlen genaue Informationen. Wahrscheinlich wurde dem Musiker zum Verhängnis, dass er die Auflagen des Kommandeurs, den er fälschlicherweise für seinen Freund hielt, falsch einschätzte.

3. Todesstrafe für schwangere Jüdinnen

Jäger hatte schon ein Jahr zuvor, als ihm untersagt wurde, sämtliche »Arbeitsjuden« und ihre Familienangehörigen zu erschießen, für seinen Befehlsbereich entschieden, dass die männlichen »Arbeitsjuden« sterilisiert werden sollten, »um eine Fortpflanzung zu verhindern«. Jüdinnen, die schwanger geworden waren, sollten liquidiert werden. Einen entsprechenden Befehl gab Jäger am 24. Juli 1942 heraus.[382] Ob und in welchem Umfang er realisiert wurde, konnte bislang nicht ermittelt werden. Erwiesen ist allerdings, dass der Arzt und SS-Hauptsturmführer Dr. Karl Böhmichen insoweit als ein »fanatischer Exekutor« von Jägers Befehl handelte, als er Zwangsabtreibungen vornahm.[383]

In Siauliai brachte der Judenrat, der den Befehl Jägers kannte, im März 1943 in Erfahrung, dass es im Ghetto zwanzig Schwangerschaften gab. Er fasste den Beschluss, die Frauen durch Überredung und Druck dazu zu bringen, Abtreibungen vornehmen zu lassen. Im Falle einer Frau, die im achten Monat schwanger war, entschied der Rat, dass ein Arzt eine vorzeitige Geburt herbeiführen und eine Krankenschwester das Kind töten sollte.[384]

Die Ermordung von jüdischen Frauen und Kindern, insbesondere von schwangeren Frauen, fand in der deutschen Zivilverwaltung Litauens und Lettlands übrigens keineswegs ungeteilte Zustimmung. Anlässlich der Erschießung von etwa 470 Frauen und Kindern in Libau sowie ähnlichen Massakern in den umliegenden Landgebieten und kleinen Städten Litauens raffte sich der Gebietskommissar der lettischen Hafenstadt Libau, Dr. Walter Alnor (ehemaliger Landrat in Holstein), zu einer deutlichen Kritik auf. Am 14. Oktober 1941 schrieb er in einem Bericht an seinen Vorgesetzten, den Reichskommissar für das Ostland, Hinrich Lohse, der früher Oberpräsident von Schleswig-Holstein gewesen war:

»Gerade die Erschießung von Frauen und kleinen Kindern, die z. T. schreiend zu den Exekutionsplätzen geführt worden sind, hat das allgemeine Entsetzen erreicht. Der durchaus gefügige Bürgermeister der Stadt Libau […] ist persönlich bei mir vorstellig geworden und hat auf die große Erregung in der Stadt hingewiesen. Auch Offiziere haben mich gefragt, ob diese grausame Art der Hinrichtung selbst bei Kindern erforderlich wäre. In jedem Kulturstaat und selbst im Mittelalter durften schwangere Frauen nicht hingerichtet werden. Hier hat man selbst darauf keine Rücksicht genommen.

[…] Ich bin der Auffassung, dass sich dies eines Tages als ein schwerer Fehler erweisen wird. Es sei denn, dass man alle dabei mitwirkenden Elemente auch anschließend liquidiert.«[385]

Wie man sieht, war Karl Jäger also auch in diesem Punkt ein denkbar radikaler SS-Funktionär.

4. Dritte Phase: Vom Ghetto zum Konzentrationslager Kaunas

Das Verhältnis zwischen der deutschen Zivilverwaltung von Kaunas und dem KdS Jäger blieb auch in den Jahren 1942 und 1943 von rivalisierenden Interessen geprägt. Jäger und die Sicherheitspolizei waren bestrebt, die Vernichtung der Juden Zug um Zug fortzusetzen. Außerdem trafen sie Maßnahmen, die verhindern sollten, dass sich die Juden fortpflanzten. Die Zivilverwaltung dagegen dachte kriegswirtschaftlich. Das bedeutete, dass sie sich in erster Linie für die Ausbeutung der jüdischen Arbeitskräfte interessierte. Von diesen divergierenden Interessen war die relativ ruhige Phase in der Geschichte des Kaunaser Ghettos zwischen Dezember 1941, am Ende der ersten Welle der Mordaktionen, und dem Frühjahr 1943, als diese wieder einsetzten, geprägt.[386]

Im Sommer 1943 lebten im Ghetto Kaunas noch zwischen 15 000 und 17 000 Juden, von denen etwa 10 000 in 140 Arbeitsstätten in und um Kaunas Zwangsarbeit leisteten.[387] Wie trügerisch ihre Hoffnung war, dass sich ihre kriegswichtige Arbeitskraft als eine Überlebensgarantie erweisen könnte, sollte sich beispielsweise bei einer neuerlichen Vernichtungsaktion am 26. Oktober 1943 erweisen, der 2758 Kaunaser Juden zum Opfer fielen.[388]

Im Sommer und Herbst 1943 unternahm die kriegswirtschaftliche Abteilung des RSHA Schritte, um die zivile Verwaltung der Ghettos zu beenden, die Ghettos in Konzentrationslager umzuwandeln und sie gleichzeitig in SS-Verwaltung zu übernehmen. Einen entsprechenden Befehl, der das gesamte Reichskommissariat Ostland betraf, gab Himmler am 21. Juni 1943 heraus, als Jäger noch die Funktion des KdS Litauen innehatte. Die Umsetzung der Maßnahme zog sich jedoch über mehrere Monate hin. Offiziell wurde das Ghetto Kaunas samt seiner Produktionsstätten am 15. September 1943 von der SS übernommen und in KZ umbenannt.[389] Das Ziel dieser Maßnahme bestand darin, die im Ghetto befindlichen jüdischen Arbeitskräfte im Rahmen einer zentralen kriegswirtschaftlichen Planung unter der Leitung der SS in verschärftem Maße auszubeuten. Als Lagerkommandant fungierte jetzt der SS-Obersturmbannführer Wilhelm Goecke, dem etwa 7000 Mann SS-Wachmannschaften unterstanden.[390]

Da Karl Jäger bereits am 2. August 1943 von seiner Funktion als KdS abgelöst wurde, hatte er nur mit der Anfangsphase der Umwandlung des Ghettos in ein KZ zu tun. Die im September 1943 beginnende Aktion zur Vernichtung der Spuren der Massenmorde in Kaunas – durch Enterdung und Verbrennen der Leichen im IX. Fort[391] – fiel bereits in die Verantwortung seines Nachfolgers Schmitz. An Weihnachten 1943 gelang den Mitgliedern dieses Arbeitskommandos die Flucht aus dem Fort.[392] Sie informierten die Juden im KZ, was sich im IX. Fort abgespielt hatte: die Verbrennung von 45 000 Opfern aus 15 Massengräbern.

5. Die »Kinderaktion« vom 27. und 28. März 1944

Die »zweite Tötungswelle« in Kaunas kann an dieser Stelle nur blitzlicht-
artig beleuchtet werden: Dem zentralen KZ Kaunas ordnete die SS eine
Reihe von Außenstellen am Rande oder außerhalb von Kaunas zu, in
denen fortan etwa 4000 Bewohner des Ghettos lebten und arbeiteten.[393]
Im Oktober 1943 wurden weitere 2800 Juden in Arbeitslager in Estland
deportiert (»Estland-Aktion«), wo sie im Ölschiefer-Abbau Zwangsarbeit leisten mussten.[394]

Ein halbes Jahr später, am 27. und 28. März 1944, startete die deutsche Sicherheitspolizei ein Vernichtungswerk besonderer Art, nämlich
die Ermordung der im KZ Kaunas lebenden Kinder. Der berüchtigten
»Kinderaktion«[395] fielen 1300 Menschen, 1000 Kleinkinder und Kinder,
aber auch 300 ältere Männer und Frauen, zum Opfer. Sie wurden aus
den Wohnungen gezerrt, mit Lastkraftwagen in die Vernichtungslager
Auschwitz und Majdanek abtransportiert, wo sie ermordet wurden. Die
meisten Eltern der Kinder waren zum Zeitpunkt des Überfalls der SS auf
die Häuser der Juden außerhalb des Ghettos bei der Zwangsarbeit.
Abends mussten sie dann mit größtem Entsetzen feststellen, was tags-
über im KZ geschehen war.

Rosa Simon, die aus Frankfurt am Main stammende Jüdin, die es nach
Kaunas verschlagen hatte, war Augenzeugin des schrecklichen Geschehens: »Wir hatten schon erfahren, dass diese grausamen Aktionen [ge-
meint ist die systematische Ermordung jüdischer Kinder, d. Verf.] schon
in verschiedenen Ghetti stattgefunden hatten, wo alle Kinder umgebracht wurden. Die verzweifelten Eltern versuchten ihre Kinder dadurch
zu retten, dass sie sie teils in Säcken über den Draht schmuggelten oder
wo sich sonst eine Möglichkeit bot, mit zuverlässigen Litauern in Verbindung zu treten, sie dort zu verstecken, wo sie dann bis zu ihrer Befreiung blieben und gerettet waren. Aber nur zu einem ganz kleinen Teil
gelang diese Rettung.

Am frühen Morgen, am 27. März 44, kam das Mordkommando ins
Ghetto und forderte durch Lautsprecher auf, die Häuser bei Todesstrafe
nicht zu verlassen. Wir ahnten um was es geht und zögerten nicht, die ca.
50 Kinder, die sich im Hause befanden, zusammen zu nehmen und mit
ihnen und den übrigen Erwachsenen ins ›Deutsche Arbeitsamt‹ zu flüchten, das uns gegenüber einige Meter entfernt lag. Wir hatten schon früher

das Bodenversteck ausgekundschaftet, da mein Mann dort im Sozialen Amt seine Arbeit gehabt hatte. Wir kamen unbemerkt flüchtend dorthin und hatten noch Zeit, auf den Boden dank einer Leiter zu klettern, während der Letzte die Leiter versteckte und sich hinaufschwang. Wir verhielten uns mäuschenstill und die Kinder waren so verängstigt, dass sie kaum zu atmen wagten. Durch ein kleines Fenster, das zur Straße führte, beobachteten wir den Totentanz und wenn wir nicht alle am Herzschlag zugrunde gingen, ist es unnatürlich. Blutend im Herzen sahen wir die Mörder die Kinder in die Lastwagen schleppen. Ihre, ihrer Mütter und Väter verzweifelte Schreie übertönten die Mörder mit Musik. Es gab Mütter, die sich auf ihre Kinder warfen und mit ihnen umkommen wollten, diese wurden fortgestoßen und diejenigen, die verängstigt reagierten, schleppte man mit. So endeten mehr als 1000 unschuldige junge Seelen auf fürchterliche Weise. Niemand schloss in der darauffolgenden Nacht ein Auge und nur ein Schrei zu Gott erfüllte die Luft. Wer noch an Gott geglaubt hatte, musste angesichts dieses fürchterlichen Geschehens den Glauben verlieren.«[396]

Niemand hatte damit gerechnet, dass das Mordkommando am nächsten Tag noch einmal wiederkommen würde. Doch überraschend tauchte es am Folgetag morgens um 7 Uhr im Ghetto erneut auf und verschleppte die am Vortage noch geretteten Kinder. Rosa Simons Mann wurde an diesem Tag ebenfalls erschossen, da er noch einmal versucht hatte, Kinder zu verstecken, dann aber verraten wurde.

Auch Zwi Katz war Augenzeuge der »Kinderaktion«. Er erinnert sich: »Das KZ war voll vom Jammern der Mütter und dem herzzerreißenden Weinen der Väter, die am Abend vom Arbeitseinsatz zurückkehrten und ihre Kinder nicht mehr vorfanden.«[397] Raya Kruk wurde von diesem Ereignis traumatisiert: »Das Schreien und Jammern schwoll zu einer gewaltigen, schrillen, ununterbrochenen Tonkulisse an, die eine Überlebende in ihren Albträumen noch heute hört.«[398]

Das Ghetto in Wilna war schon im September 1943 liquidiert worden. Juden gab es dort nur noch in dem von Major Karl Plagge geleiteten Heereskraftfahrpark 562 (HKP), im Lager Kailis (Pelzfabrik) und zwei kleineren Lagern bei der Sicherheitspolizei und im Militärlazarett. Am 27. März 1944 fanden sowohl im Lager Kailis als auch in Plagges HKP »Kinderaktionen« statt.[399]

Das KZ Kaunas wurde zwischen dem 7. und dem 12. Juli 1944 aufgelöst, als sich die Rote Armee der litauischen Hauptstadt näherte. Jetzt wurden die Juden, die bis dahin noch am Leben geblieben waren, gewaltsam nach Auschwitz oder nach Deutschland in dortige Konzentrationslager deportiert.[400] Frauen und Kinder kamen in das KZ Stutthof bei Danzig, die Männer nach Dachau, aber auch in die Ölschiefer von Dautmergen in Württemberg.

Bei der Auflösung des KZ Kaunas brannte die SS das KZ-Gelände nieder und sprengte die Gebäude. Dabei kamen noch einmal viele der etwa 2000 Menschen ums Leben, die sich in Malinen, wie die Verstecke genannt wurden, verborgen hatten und teilweise heftigen Widerstand leisteten. Einige wenige der Juden, die sich erfolgreich verstecken konnten, wurden von der Roten Armee befreit. Insgesamt überlebten nur etwa 2000 Kaunaser Juden den Holocaust, eingeschlossen diejenigen, die rechtzeitig in das Innere der Sowjetunion hatten fliehen können.[401]

6. Der Umfang der Täterschaft Jägers

Karl Jäger brüstete sich in seiner Meldung vom 1. Dezember 1941, innerhalb von fünf Monaten mit seinem Einsatzkommando 3 insgesamt 133 346 Juden umgebracht zu haben. Ganz Litauen sei nunmehr »judenfrei«:

```
Ich kann heute feststellen, dass das Ziel, das Judenproblem
für Litauen zu lösen, vom EK. 3 erreicht worden ist. In Litauen
gibt es keine Juden mehr, außer den Arbeitsjuden incl. ihrer
Familien.
   Das sind
   in Schaulen   ca.    4500
   in Kaunas     ca.  15 000
   in Wilna      ca.  15 000.⁴⁰²
```

Mit dieser Mordbilanz war der »Henker des litauischen Judentums« (Arno Lustiger) der erfolgreichste unter den damaligen Einsatzkommando-Chefs. Mit seinem Bericht wollte er seinen SS-Oberen klarmachen, dass er perfekte Arbeit geleistet hatte. Galt der Begriff »judenfrei« doch in der Sprache der SS als Symbol für durchschlagenden Erfolg im Kampf gegen das Judentum.

Im Hinblick auf die Verhältnisse in Litauen am Jahresende 1941 war diese Meldung allerdings nicht vollständig zutreffend. Zum einen lebten noch die von Jäger in seinem Bericht genannten, ghettoisierten 34 500 litauischen »Arbeitsjuden«, die er hatte am Leben lassen müssen.[403] Zum anderen hatte sich eine nicht bekannte Anzahl von Juden in den Untergrund begeben, um zu überleben oder um Widerstand zu leisten. Sie versteckten sich bei hilfsbereiten litauischen Bauernfamilien oder flohen in die Wälder, um sich dort zu Partisaneneinheiten zusammenzuschließen.[404] Auch im Ghetto Kaunas bildete sich eine – etwa 350 Juden umfassende – bewaffnete Widerstandsgruppe heraus, die Ende 1942 zu den Partisanen in den Wäldern stieß.[405]

Folgt man Jägers eigener, am 9. Februar 1942 handschriftlich gefertigten Auflistung, so erhöhte sich die Zahl der ermordeten Juden und anderen Opfer bis dahin auf 138 272.[407] Das Morden hörte im Februar 1942 jedoch keineswegs auf, sondern setzte sich, wie beschrieben, in einer langen Kette von Einzelmorden und kleineren und größeren »Aktionen« fort bis zur nahezu vollständigen Ermordung der litauischen Juden während der »zweiten Tötungswelle«.

Wie ist die Täterschaft Jägers zu bewerten? War er ein Schreibtischtäter, der lediglich die eingehenden Meldungen über das Mordgeschehen seiner Untergebenen akribisch auflistete, sich aber von der »Drecksarbeit« der Massenexekutionen weitgehend fern hielt? Der Historiker Knut Stang, der die Geschichte des Rollkommandos Hamann erforscht hat, sieht bei Jäger einen »gehörigen Zahlenfanatismus« am Werk, der in seinen detaillierten Exekutionsberichten seinen Niederschlag fand.[408] Ein anderer Historiker spricht von »Jägers sprichwörtlichem Krämergeist«.[409] Stang neigt der Ansicht zu, dass Jäger im Grunde genommen ein schwacher und weithin inkompetenter KdS war. Andere Forscher, die sich ebenfalls eingehend mit dem Personal des EK 3 beschäftigt haben[410], sehen in Jäger zwar den überzeugten Nationalsozialisten und radikalen Antisemiten, stellen aber gleichzeitig – unter Berufung auf Nachkriegsaussagen von SS-Offizieren, die Jäger unterstellt waren – fest, dass ihn das Amt des KdS intellektuell, verwaltungsmäßig und polizei-organisatorisch überfordert habe.

Der vielleicht kenntnisreichste Kritiker Jägers war SS-Hauptsturmführer (Hauptmann) Heinrich Schmitz, ein Mann mit Abitur, sechs Semestern Jurastudium und regulärer Ausbildung zum Kriminalrat, der nach dem Weggang von Hamann Mitte Oktober 1941 Jägers Stellvertreter

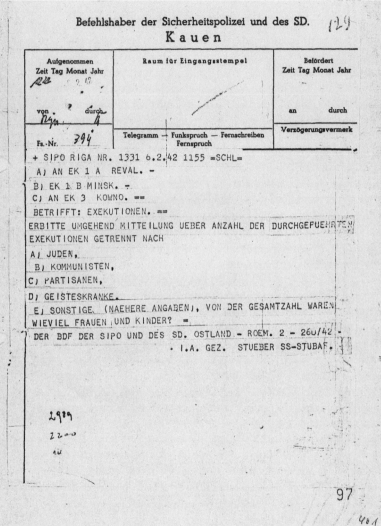

Befehlshaber der Sicherheitspolizei und des SD.
K a u e n

Aufgenommen Zeit Tag Monat Jahr	Raum für Eingangsstempel	Befördert Zeit Tag Monat Jahr
von ? durch		an durch
Fs.-Nr. 394	Telegramm — Funkspruch — Fernschreiben Fernspruch	Verzögerungsvermerk

```
+ SIPO RIGA NR. 1331 6.2.42 1155 =SCHL=
A) AN EK 1 A REVAL. -
B) EK 1 B MINSK. -
C) AN EK 3 KOWNO. ==
BETRIFFT: EXEKUTIONEN. ==
ERBITTE UMGEHEND MITTEILUNG UEBER ANZAHL DER DURCHGEFUEHRTEN
EXEKUTIONEN GETRENNT NACH
A) JUDEN,
B) KOMMUNISTEN,
C) PARTISANEN,
D) GEISTESKRANKE,
E) SONSTIGE. (NAEHERE ANGABEN), VON DER GESAMTZAHL WAREN
WIEVIEL FRAUEN UND KINDER? =
DER BDF DER SIPO UND DES SD. OSTLAND - ROEM. 2 - 260/42 -
                    . I.A. GEZ.  STUEBER SS-STUBAF.
```

Abb. 25: Anordnung des Befehlshabers der Sicherheitspolizei und des Sicherheitsdienstes Ostland, Riga, Nr. 1331, vom 6. Februar 1942 an die unterstellten Einsatzkommandos zur Abgabe einer Meldung über die Anzahl der durchgeführten Exekutionen.

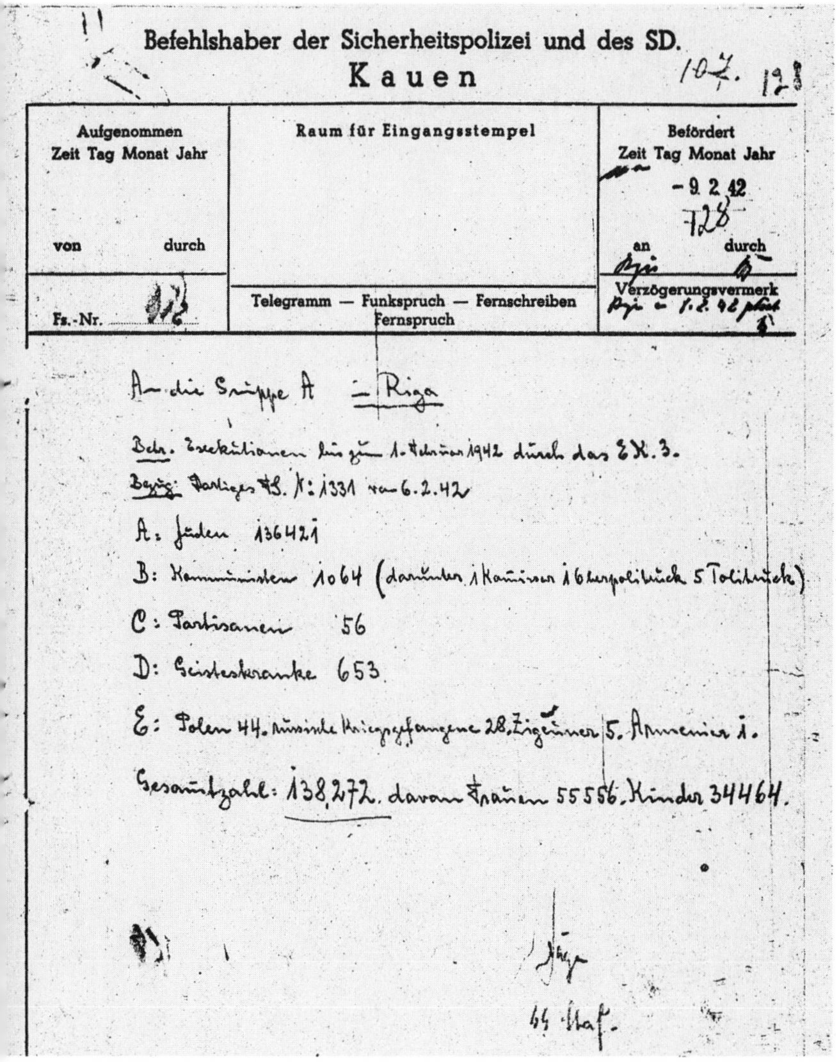

Befehlshaber der Sicherheitspolizei und des SD.

K a u e n

Aufgenommen Zeit Tag Monat Jahr	Raum für Eingangsstempel	Befördert Zeit Tag Monat Jahr
von durch		– 9. 2. 42
Fs.-Nr.	Telegramm — Funkspruch — Fernschreiben Fernspruch	an durch Verzögerungsvermerk

An die Gruppe A — Riga

Betr. Exekutionen bis zum 1. Februar 1942 durch das E.K. 3.

Bezug: dortiges FS. Nr. 1331 vom 6.2.42

A: Juden 136421

B: Kommunisten 1064 (darunter 1 Kommisar 16 Oberpolitruck 5 Politruck)

C: Partisanen 56

D: Geisteskranke 653

E: Polen 44, russische Kriegsgefangene 28, Zigeuner 5, Armenier 1.

Gesamtzahl: 138.272. davon Frauen 55556, Kinder 34464.

Jäger

SS-Staf.

Abb. 26: Die Antwort: Handschriftliche Meldung des Befehlshabers der Sicherheitspolizei und des SD Kauen, SS-Standartenführer Karl Jäger, an die Einsatzgruppe A in Riga vom 9. Februar 1942 über die Anzahl der bis zum 1. Februar 1942 vom Einsatzkommando 3 durchgeführten Exekutionen.

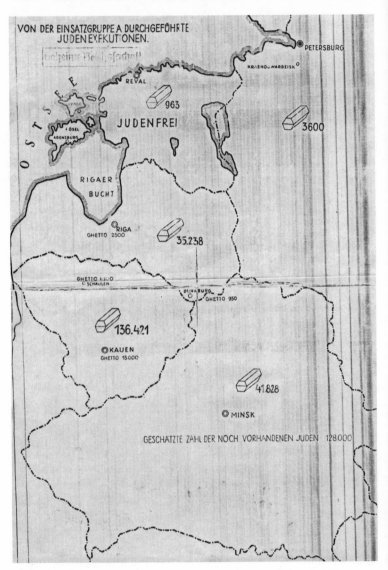

Abb. 27: Geographische »Erfolgsbilanz« der Einsatzgruppe A Ende 1944.

wurde und der von der sicherheitspolizeilichen Facharbeit zweifellos mehr verstand als Jäger.[411] Wegen seiner Zahlenversessenheit, sagte Schmitz 1960 im Zuge seiner Vernehmungen in Ludwigsburg aus, sei Jäger zum Gegenstand zahlreicher Witze seiner Untergebenen geworden. Insgesamt habe ihn das Amt des KdS eigentlich überfordert. Daher habe er sich an scheinbar Greifbarem wie den Erschießungszahlen festgehalten.[412] In einer Stellungnahme, die hinsichtlich des Werdegangs von Jäger auch etliche Fehlinformationen enthält, gleichwohl aber als Einschätzung seiner Persönlichkeit von Interesse ist, betonte Schmitz: »Jäger ist nur durch Personalmangel im Kriege an seine Stelle hingekommen, da er selbst außer dem Batterieführer im 1. Weltkrieg und dem Berufsrevolutionär der SA niemals zuvor einen dauernden Beruf ausgeübt hatte, trat er jedem Mann mit einer regulären Beamtenlaufbahn mit Misstrauen und Furcht entgegen. [...] Das Einzige, was Jäger zu bieten hatte, war Schießen und Schneid.«[413]

Über das Innenleben der Dienststelle des KdS in Kaunas ab Oktober 1941 gab Schmitz Folgendes wieder: Der Dienstbetrieb sei in hohem Maße von seinen Untergebenen Schmitz, Hauptscharführer Reinhold Porst (der Jägers Amtsstube leitete), Rauca und Stütz kontrolliert worden.[414] SS-Hauptscharführer Hermann Rauca sei in der Dienststelle KdS Litauen für Judenangelegenheiten zuständig gewesen.[415] Der für seine Brutalität bekannte SS-Hauptsturmführer Ernst Stütz galt den Insassen des Ghettos von Kaunas als »Schreckgespenst«.[416] Über den KdS berichtete Schmitz 1962 im EK 3-Verfahren: »Jäger hatte auch viel Langeweile, entweder las er dann Eingänge oder er saß an einem Abhörgerät, mit dem er alle Gespräche im Hause überwachen konnte, oder er rechnete an dieser ›Schießkladde‹[417] und machte darin Eintragungen.«[418]

Es fällt in diesem Zusammenhang auf, dass nur wenige der Holocaust-Überlebenden den SS-Standartenführer Jäger bei einer der Selektionen in Kaunas oder bei den Erschießungen in einem der Forts gesehen haben. Leiba Lipschitz, ein Holocaust-Überlebender aus Siauliai, kommentierte dieses Phänomen einmal so: »Wer den Jäger gesehen hat, der lebt nicht mehr!«[419] Damit sprach er die Vermutung aus, dass die Opfer den höchstrangigen SS-Offizier in Kaunas wenn überhaupt, dann lediglich an den Erschießungsplätzen zu Gesicht bekamen. Während Jäger also in der Erinnerung der Überlebenden nicht präsent ist, hat sich der – immer wieder als Herr über Leben und Tod auftretende –

Helmut Rauca als eine Schreckensgestalt in ihr Gedächtnis eingegraben.

Die kritischen Einschätzungen der mangelnden polizeilichen Führungskompetenz Karl Jägers sagen nur wenig über den Umfang seiner Täterschaft aus. Nimmt man die Befehlsgewalt zum Maßstab, mit welcher Jäger zunächst als Führer des EK 3 und dann als KdS Litauen ausgestattet war, so ergibt sich der folgende Befund: Jäger trug unzweifelhaft die Gesamtverantwortung für die Ermordung jener 138 272 litauischen Juden und anderer Opfer, die – folgt man seiner eigenen, am 9. Februar 1942 handschriftlich gefertigten Auflistung – bis dahin ermordet worden waren.[420]

Sein radikaler, »eliminatorischer Antisemitismus« – hier ist der Begriff Daniel J. Goldhagens zweifellos angebracht[421] –, war typisch für das Führungspersonal der SS. Jäger verkörperte in diesem Vernichtungsprozess über einen Zeitraum von mehr als zwei Jahren hinweg, Juli 1941 bis August 1943, die personelle Kontinuität, während das Personal auf der zweiten Führungsebene des KdS mehrfach ausgewechselt wurde.[422]

Die Gesamtverantwortung Jägers für die Judenmorde in Litauen stand auch nicht nur formal auf dem Papier. Vielmehr war Jäger als KdS peinlich genau auf seine Kompetenzen bedacht. Gab es Kompetenzstreitigkeiten mit anderen Einsatzkommandos, so wusste er sich durchzusetzen. Der SS-Führer Dr. Erich Ehrlinger[423], ehemaliger Führer des Sonderkommandos 1 b, das Anfang Juli 1941 in Kaunas durch das EK 3 ersetzt wurde, sagte 1959 aus: »Jäger selbst war ein älterer Herr, in seinem Denken recht einfach, und er war eifersüchtig auf seine tatsächliche bzw. vermutete Zuständigkeit bedacht. Als der künftige für den gesamten Raum zuständige Dienststellenleiter betrachtete er sich von allem Anfang an als zuständig.« Jäger sei »ausgesprochen dickköpfig« gewesen und habe sich immer als »der maßgebliche Herr am Platze« gefühlt.[424]

Die Polizeibeamten der Außenstellen des EK 3 bzw. des KdS in Wilna und in Siauliai, die im gleichen Umfang und mit der gleichen Unterstützung durch einheimische Hilfskräfte mordeten wie die Kollegen in der Hauptstelle in Kaunas, standen klar unter Jägers Kommandogewalt. Der Gebietskommissar von Siauliai, Hans Gewecke[425], gab nach dem Krieg beispielsweise zu Protokoll, Jäger habe ihm am 3. September 1941 den Befehl erteilt, »sämtliche Juden in Schaulen zu liquidieren«.[426] Zu einem späteren Zeitpunkt gab Jäger Gewecke den Befehl, Teile der Ghettos Traku und Kaukasus von Siauliai zu liquidieren, was dieser jedoch mit Rückendeckung des Reichskommissars Hinrich Lohse vereitelte.[427]

Jäger übte sein Amt durchaus aktiv aus, indem er die Mordaktionen durch seine allgemeinen und spezifischen Befehle in Gang setzte oder aber, indem er Hamann und anderen SS-Offizieren des EK 3 weitgehend freie Hand ließ, mit seiner Zustimmung selbständig Mordaktionen vorzubereiten und durchzuführen. Die Effizienz des Massenmords wurde durch die Tatsache, dass Jäger die Durchführung der Vernichtungsaktionen an seine Unterführer delegierte, nicht nur nicht beeinträchtigt, sondern entscheidend erhöht. Hier wirkte sich das Prinzip der eigenständigen Radikalisierung aus. Jäger leitete und verantwortete den Mordprozess, konnte aber mit seinen fähigen, in überzeugter Judenfeindschaft sowohl auf Befehl als auch eigenständig handelnden Untergebenen ebenso rechnen wie mit einer nicht geringen Anzahl litauischer Kollaborateure.

Mehrfach wurde bezeugt, dass Jäger bei den Erschießungen in Kaunas anwesend war und sie persönlich überwachte. Verbürgt ist der Tatbestand, dass Jäger – wie auch andere Einsatzgruppenkommandeure und Polizeiführer, beispielsweise Friedrich Jeckeln[428] – das Prinzip verfocht, jeder Deutsche in seinem Kommando müsse sich bei den Judenerschießungen bewähren. Das heißt, er zwang jeden Einzelnen zum Mitschießen und schoss demzufolge auch selbst mit.

Ein Kriminalhauptkommissar namens Dr. Fritz Bartmann, der im Juli 1942 zum KdS Litauen nach Kaunas versetzt wurde und eine Zeitlang als Jägers Stellvertreter fungierte, sagte im Jahr 1959 aus: »Ich weiß von Jäger selbst, dass er von jedem seiner Offiziere forderte, bei derartigen Aktionen selbst mitzuwirken. Jäger hatte dieses Ansinnen auch an mich gestellt mit den Worten: ›Du wirst auch mal dabei sein.‹«[429] Bartmann berichtete weiter, Jäger habe Beamte, die bei Liquidierungen nicht mitmachen wollten, mit der Waffe bedroht. Einen Gestapobeamten, der in seinem EK Dienst leistete, fragte Jäger einmal in alemannischem Tonfall: »›Hascht‹ schon mal an der Grube gestande?«[430] Ein anderer Polizist berichtet, Jäger habe immer alle belasten wollen und er habe persönlich die Liquidierungsbefehle erteilt.[431]

Das Prinzip des Mitschießens verfolgte eine doppelte Zielsetzung: Erstens sollte damit jedes einzelne Mitglied des EK 3 durch persönliche Mittäterschaft an die kleine Polizeitruppe, die in Wirklichkeit ein Mord-

kommando darstellte, gebunden werden. Die Teilhabe am Mordgeschehen schuf den spezifischen Korpsgeist einer Mörderbande. Zweitens
wurden mit diesem Prinzip die Grundlagen für das Schweige- und Leug-
nungskartell der Nachkriegszeit gelegt, das sich – auf lange Sicht gesehen – als vielleicht noch schwerwiegender erweisen sollte als die aktuelle
Komplizenschaft im Mord.

Jäger entfaltete auch immer wieder Eigeninitiativen, die über das von
ihm Geforderte hinausgingen. Erinnert sei an seine Befehle, die aus dem
Reich nach Kaunas transportierten Juden sofort erschießen zu lassen.
Oder seine SS-typische, rassistische Einstellung gegenüber allen Juden,
die ihn dazu führte, auch deren Fortpflanzung zu unterbinden.

Aus alledem folgt: Jäger hatte sich infolge gegebener Befehle, aber auch
aus eigener Überzeugung der vollständigen Vernichtung des litauischen
Judentums verschrieben. Wehrmacht und Zivilverwaltung mit ihren
wirtschaftlichen Erwägungen betrachtete er als Behinderungen seines
radikalen Vernichtungswerks. Bei der Durchführung der Massenmorde
konnte er sich der Kompetenz fähiger SS-Nachwuchskräfte seiner
Dienststelle und einheimischer Kollaborateure bedienen.

Die Juristen der Zentralen Stelle der Landesjustizverwaltungen for-
mulierten in ihrem Abschlussbericht vom 30. Oktober 1959 über die Judenerschießungen des EK 3, der SS-Standartenführer Karl Jäger müsse
»neben Hitler, Himmler und Heydrich für die Judenexekutionen in Litauen in erster Linie verantwortlich gemacht werden«.[432]

7. Jägers Albträume

Die Massenmörder aus den Reihen der SS haben immer wieder sich
selbst und ihre Untergebenen bemitleidet, weil die Durchführung von
Massenexekutionen von Männern, Frauen und Kindern eine besonders
schwere Pflicht gewesen sei, die an ihren Nerven gezerrt habe. Es ist bekannt, dass an die Mordschützen vielfach Alkohol im Übermaß ausge-
schenkt wurde, um die Gewissen zu betäuben. Das führt zu der Frage:
Wie hat Jäger auf die von ihm angeordneten und teilweise persönlich
beaufsichtigten Massenmorde psychisch reagiert, wie hat er sie durch-
gestanden?

Heinrich Himmler, Reichsführer-SS und damit auch oberster Vorge-
setzter Karl Jägers, hielt am 4. Oktober 1943 im Schloss von Posen eine
SS-Gruppenführertagung ab. In seiner mehrstündigen Rede (»Posener
Rede«) ging er mit großer Offenheit und sehr detailliert auf die Juden-
morde ein. Dabei würdigte er auch den spezifischen »Anstand« der
SS-Offiziere, die den Massenmord exekutierten:

»Von Euch werden die meisten wissen, was es heißt, wenn hundert
Leichen beisammen liegen, wenn 500 daliegen oder wenn 1000 daliegen.
Dies durchgehalten zu haben, und dabei – mit Ausnahmen menschlicher Schwächen – anständig geblieben zu sein, das hat uns hart gemacht. Dies ist ein niemals geschriebenes und niemals zu beschreiben-
des Ruhmesblatt unserer Geschichte.«[433]

Ein hoher SS-Offizier (Brigadeführer) namens Heinz Jost[434], der ab 1942
vorübergehend (29. März – 10. September 1942) Nachfolger des bei einem Partisanenüberfall getöteten Dr. Walther Stahlecker war, also Chef
der Einsatzgruppe A und Befehlshaber der Sicherheitspolizei Ostland
und damit Jägers direkter Vorgesetzter, machte im Jahr 1959 in einer
Vernehmung folgende Angaben über seinen früheren Untergebenen:
»Jäger ein alter, einfacher [Kerl, d. Verf.], schlichtes Gemüt, außen ein
Rabautz, aber innen weich (Feldwebel im Weltkrieg).« Bei einer abend-
lichen Unterhaltung habe ihm Jäger einmal erklärt, »er könne nicht
schlafen gehen, sehe nur noch Frauen und kleine sterbende Kinder, er
habe sogar Wachgesicht, könne auch nicht mehr nach Hause, da er selbst
Kinder und Enkel habe. Er sei überhaupt ein verlorener Mensch. Ihm
nütze weder ein Sanatoriumsaufenthalt, noch ein Urlaub, denn er finde
keine Ruhe mehr.«[435]

Ein andermal berichtete SS-Brigadeführer Jost noch ausführlicher:
»Anlässlich einer Zusammenkunft mit Jäger zu Beginn meiner Tätigkeit
in Riga hat mir dieser in aller Offenheit seine innere Einstellung und
Gewissensnot gebeichtet. Er sagte mir, dass er nicht schlafen könne,
wenn er an die Erschießungen denke, an denen er teilgenommen habe.
Dauernd würden ihn die Gespenster verfolgen, er könne deswegen seiner
Frau nicht mehr mit gutem Gewissen gegenübertreten und es sei ihm
auch nicht mehr möglich, seine Enkel auf den Schoß zu nehmen.«[436] Jost
will Jäger daraufhin zugesichert haben, dass er keine weiteren Befehle zu
Judenerschießungen mehr zu geben brauche.

Diese Informationen über Jägers Albträume sind bemerkenswert. Mit »Wachgesicht« dürfte gemeint sein, dass er psychisch bedingte Schlafstörungen hatte und sein Bewusstsein nicht mehr abschalten konnte, das heißt, dass er weder tags noch nachts zur Ruhe zu kommen vermochte. Diese von ihm nicht mehr steuerbaren Reaktionen sind ein Hinweis darauf, dass bei allem radikalen Antisemitismus und bei aller Bereitschaft dieses SS-Führers zum Massenmord an den litauischen Juden im Hintergrund doch noch ein Gewissen lauerte, das ihm bestimmte Signale gab. Allerdings waren diese Signale nicht stark genug, um ihn von der Fortsetzung des Mordens abzuhalten.

Aus der Sicht der SS waren Gewissensqualen dieser Art ein Mangel an der geforderten Nervenstärke. Weinerliche Bemerkungen über die vielen Judenmorde wurden dort so gedeutet, dass Jäger die geforderte Härte vermissen lasse. Vielleicht war dies der Grund dafür, dass Jäger trotz seiner beifallheischenden Mordbilanzen von einer weiteren Karriere in der SS ausgeschlossen blieb. Im August 1943 wurde er von seinem Amt als KdS Litauen abgelöst, das er mehr als eineinhalb Jahre lang – vom 2. Dezember 1941 bis zum 1. August 1943 – innegehabt hatte.[437] Gegen Kriegsende wurde Jäger zwar noch einmal in der Besoldungsgruppe angehoben[438], blieb aber im Dienstgrad eines SS-Standartenführers stehen, den er schon 1940 erreicht hatte.

Teil VI:
Das Leben Jägers in den Jahren 1943 bis 1959

1. Verwendungen in den Kriegsjahren 1943–1945

Nach einem zweijährigen Litauen-Einsatz wurde Jäger am 1. August 1943 abgelöst und von dort – eigener Aussage zufolge – als Einsatzleiter zu einem Partisaneneinsatz kommandiert.[439] Über diese Verwendung liegen keinerlei schriftliche Quellen vor. Dann fuhr er nach Berlin zurück. Ihm war zu Ohren gekommen, dass er die – wohl wenig attraktive – Position als Hauskommandant des Reichssicherheitshauptamts erhalten sollte. Hiergegen protestierte er bei seinem Vorgesetzten Kaltenbrunner unter Hinweis darauf, dass ihm von dessen Vorgänger Heydrich »schon Jahre zuvor der Posten eines Polizei-Präsidenten zugesichert worden war«. Bis seine künftige Verwendung geklärt war, hielt sich Jäger »sozusagen in Wartestellung zu Hause in Münster auf«. Erst im Juni 1944 erreichte ihn dort die ersehnte Versetzungsverfügung auf die Stelle des Polizeipräsidenten der ehemals tschechischen und jetzt unter deutscher Herrschaft stehenden Stadt Reichenberg im Sudetenland.[440] Sein Briefkopf lautete nunmehr: Der Polizeipräsident der Gauhauptstadt Reichenberg.[441] Als Polizeipräsident von Reichenberg erlebte Jäger das Kriegsende.

Nach der Kapitulation der deutschen Wehrmacht floh er nicht, wie viele andere höhere SS-Offiziere, ins Ausland – etwa mit Hilfe des katholischen Bischofs Alois Hudal von Rom nach Südamerika oder nach Syrien[442] –, tauchte auch nicht unter einem falschen Namen unter, sondern lebte unerkannt in dem von den alliierten Truppen besetzten Deutschland, genauer gesagt, in der amerikanischen Zone, in der Nähe der alten Universitätsstadt Heidelberg.

Nur zwei Wochen nach der formellen Scheidung von seiner ersten Ehefrau Emma, geborene Weber, hatte Jäger im Jahr 1940 Lotte Schlienkamp geheiratet, eine 1912 in Unna in Westfalen geborene, somit 24 Jahre jüngere Frau, die als Berufsberaterin tätig war.[443] Er hatte sie im

Jahr 1944 von Münster/Westfalen mit nach Reichenberg/Sudetenland genommen.[444] Als die Rote Armee in Richtung Reichenberg vorrückte, überlegte sich Jäger, ob er sich selbst, seine Frau sowie sein Kind – er muss also aus der zweiten Ehe ein Kind gehabt haben – erschießen sollte, so wie es etliche andere höhere SS-Offiziere getan hatten.[445] Er entschied sich stattdessen für die Flucht nach Westen.[446] Nach fünfwöchiger Odyssee erreichte die Familie Jäger die Stadt Tecklenburg in Westfalen.

Aber Jäger hielt es dort nicht, da er als der Massenmörder der litauischen Juden eine Verhaftung und Internierung fürchten musste. Aus diesem Grunde verließ er schon einen Tag nach seiner Ankunft im westfälischen Tecklenburg Frau und Kind und begab sich in Richtung Süden nach Freiburg im Breisgau und nach Waldkirch. Nach Aussage seiner Frau Lotte äußerte er ihr gegenüber die Hoffnung, bei dem Nähseidenfabrikanten Gütermann in Gutach bei Waldkirch unterkommen zu können, bei dem er 1934 und 1935 gearbeitet hatte. Jäger verabredete mit seiner Ehefrau eine Deckadresse, über die beide in Kontakt bleiben wollten. Tatsächlich tauchte Jäger nun jedoch unter und ließ in der Folgezeit nichts mehr von sich hören.

Die verlassene Ehefrau wandte sich hilfesuchend an den Suchdienst des Deutschen Roten Kreuzes. Denn es hätte ja sein können, dass ihr Mann von Polizeiorganen der Besatzungsstreitkräfte erkannt, verhaftet und inhaftiert worden war. Aber auch das DRK konnte über den Verbleib ihres Mannes nichts in Erfahrung bringen, jahrelang nicht. Schließlich wurde die zweite Ehe Jägers auf Antrag von Lotte Jäger durch Urteil des Landgerichts Münster/Westfalen am 20. März 1951 geschieden.[447] Der untergetauchte Karl Jäger war zur Zeit seiner zweiten Scheidung, von der er möglicherweise gar nichts erfahren hat, 63 Jahre alt. Emma Jäger war finanziell nicht versorgt. Sie musste sich im Jahr 1960 gerichtlich eine Rente aus der Arbeiterrentenversicherung von Karl Jäger erstreiten.[448]

Jägers Beziehungen zu Frauen waren unstet. Jäger verließ die erste Ehefrau Ende der Zwanzigerjahre, die zweite nach nur fünf Jahren Ehe bei Kriegsende 1945. Fühlte er sich gegenüber den Frauen schwach?

2. Unter richtigem Namen: Bürger der deutschen Bundesrepublik (1949–1959)

Von Tecklenburg in Westfalen aus kehrte Jäger zunächst einmal in seine Heimatstadt Waldkirch zurück, die jetzt zur französischen Besatzungszone gehörte. Dort ging er, wie sich Augenzeugen erinnern[449], von Bekannten freundlich begrüßt, im Übrigen von niemandem behelligt, wie ehedem – vor 1936 – durch die Straßen des »Städtle«. Einige wussten vage, dass der Jäger »irgendetwas mit den Juden zu tun gehabt« hatte.[450] Aber über genaue Informationen verfügte offenbar niemand. Die französischen Besatzungssoldaten machten ihrerseits keine Anstalten, den ehemaligen SS-Offizier zu verhaften. Offenbar hatten auch sie keine einschlägigen Informationen über die Vorgeschichte dieses Mannes verfügbar.

Jäger hielt sich mehrere Monate in Waldkirch auf. Im Juli 1945 fuhr er dann in das Dorf Wiesenbach im Landkreis Heidelberg, um bei einem dort ansässigen Mühlenbesitzer eine Beschäftigung als Landarbeiter anzunehmen. Karl Jäger arbeitete vom Sommer 1945 an sechs Jahre lang bis zum Sommer 1951 in Wiesenbach.[451] Einzelheiten über diese Phase seines Lebens sind bislang nicht bekannt.

Dann wechselte er in den Kümmelbacher Hof bei Heidelberg und betätigte sich dort bis zu seiner Verhaftung im Jahr 1959 wiederum als Landarbeiter. Der Kümmelbacher Hof war seit dem 18. Jahrhundert ein großer landwirtschaftlicher Betrieb, der ab 1922 von der Landmaschinenfabrik Lanz, Mannheim, als Erholungsstätte für die Betriebsangehörigen genutzt wurde. Nach Kriegsende wurde der Hof in ein Kurhotel mit öffentlichem Café umgewandelt. Im Jahr 1976 wurde die Anlage von der Stadt Neckargemünd übernommen.[452] Über Jägers Verhalten in diesen Nachkriegsjahren auf dem Lande sind bislang keine Informationen verfügbar. Nach seinen eigenen Aussagen unterhielt Jäger nach dem Krieg keinerlei Verbindungen zu ehemaligen Kameraden.

Einem Vernehmungsbeamten von der Kripo erklärte er 1959: »Mit meinem früheren Leben schloss ich ab und habe auch mit meinen Familienangehörigen lange Zeit keine Verbindungen mehr unterhalten.«[453] Er habe in diesen Jahren wenig verdient, ein einsames Leben geführt und nur selten in eine Zeitung geschaut. Ausdrücklich betonte er, er sei bereits im Juni 1945 in Thüringen von den Amerikanern unter sei-

59|46|635   1007

635	**Wiesenbach**	16. 5. 46	Y
Lfd. Nr.	Einlieferungsort	Einlieferungstag	Buchstabe

Meldebogen

auf Grund des Gesetzes zur Befreiung von
Nationalsozialismus und Militarismus vom 5. 3. 1946

Deutlich und lesbar ausfüllen (Druckbuchstaben)! Dick Umrahmtes nicht ausfüllen! Jede Frage ist zu beantworten!

Zuname _Jaeger_ Vorname _Karl_ Beruf _Kaufmann_
Wohnort _Wiesenbach_ Straße _Posthäusel 21_
Geburtsdatum _20. 9. 88_ Geburtsort _Schaffhausen_ Familienstand ledig/verheiratet/verwitwet/geschieden
Wohnorte seit 1933:
a) _Reichenberg / Sudetenland_ von _1933_ bis _Mai 1945_
b) von bis
c) von bis

1.	Waren Sie jemals Angehöriger, Anwärter, Mitglied, förderndes Mitglied der:	Ja oder Nein	Höchster Mitglieds-beitrag monatlich RM	von	bis	Mit-glieds-Nr.	höchster Rang oder höchstes bekleidetes Amt oder Tätigkeit, auch vertretungsweise oder ehrenhalber			Klasse oder Teil B
							Bezeichnung	von	bis	
a	NSDAP	nein								
b	Allg. SS	nein								
c	Waffen-SS	nein								
d	Gestapo	nein								
e	SD der SS (Sicherheitsdienst)*	nein								
f	Geheime Feldpolizei . . .	nein								
g	SA	nein								
h	NSKK. (NS-Kraftfahr-Korps)	nein								
i	NSFK. (NS-Flieger-Korps) .	nein								
k	NSF. (NS-Frauenschaft) . .	nein								
l	NSDSTB. (NS-Studentenbund)	nein								
m	NSDoB. (NS-Dozentenbund)	nein								
n	HJ.	nein								
o	BdM.	nein								

* Hier ist auch nebenamtliche Mitarbeit, z. B. Vertrauensmann aufzuführen.

2.	Gehörten Sie außer Ziffer 1 einer Naziorganisation gemäß Anhang zum Gesetz an?*				höchster Rang oder höchstes bekleidetes Amt oder Tätigkeit, auch vertretungsweise oder ehrenhalber			
	Bezeichnung _nein_	von	bis		Bezeichnung	von	bis	
a								
b								
c								
d								
e								
f								
g								

* Es ist jedem freigestellt hier auch die Zugehörigkeit zu anderen Organisationen nachzuweisen.

3. Waren Sie Träger von Parteiauszeichnungen (Parteiorden), Empfänger von Ehrensold oder sonstiger Parteibegünstigungen? _nein_
Welcher?

4. Hatten Sie irgendwann Vorteile durch Ihre Mitgliedschaft bei einer Naziorganisation (z. B. durch Zuschüsse, durch Sonderzuteilungen der Wirtschaftsgruppe, Beförderungen, UK-Stellung u. ä.)? _nein_

5. Machten Sie jemals finanzielle Zuwendungen an die NSDAP oder eine sonstige Naziorg.? _nein_
an welche _in welchen Jahren:_ _insgesamt RM:_

Bei Sammlungen durch die NSV 1949 40 42 43 44 RM 100.-

Auf Grund d...

18. März 1947

Abb. 28 und 29: Mit dieser Falschmeldung an die Gemeinde Wiesenbach bei Heidelberg konnte sich der vormalige SS-Standartenführer Karl Jäger bis 1958 allen Verfolgungen entziehen, auch einer Entnazifizierung.

6. Zugehörigkeit zur Wehrmacht, Polizeiformationen, RAD, OT, Transportgruppe Speer u. ä.   *mein*   1009

	Genaue Bezeichnung der Formation	höchster erreichter Rang	ab wann	Klasse oder Teil Nr.
a				
b				

c Waren Sie NS-Führungsoffizier (auch wenn nicht bestätigt)? *mein* von .... bis ....

d Waren Sie Generalstabsoffizier? .... Rang .... *mein* von .... bis ....

7. In welchen **Organisationen** (Wirtschaft, Wohlfahrt) bekleideten Sie ein Haupt-, Neben- oder Ehrenamt?

	Bezeichnung	von	bis	Höchster Rang oder höchstes bekleidetes Amt oder Tätigkeit, auch vertretungsweise oder ehrenhalber Bezeichnung	von	bis
a						
b						
c						
d						
e						
f						

8. Angaben über Ihre **Haupttätigkeit**, Einkommen und Vermögen seit 1932

Ziff.	Jahr	Waren Sie selbständig oder Arbeitnehmer?	Falls selbständig Zahl der Beschäftigten	Stellung oder Dienstbezeichnung als Arbeiter, Handwerker, Angestellter, Beamter, Vorstand, Gesellschafter, Aufsichtsrat, Unternehmer, freier Beruf etc.	Firma des Arbeitgebers oder eigene Firma bezw. Berufsbezeichnung mit Anschrift	Steuerpflichtiges Gesamt-Einkommen des Betroffenen RM	Steuerpflichtiges Vermögen des Betroffenen RM	
a	1932	Arbeitnehmer		Verkäufer und	Franz Breite	3600		
b	1934	"		Reisender	Wirkkalien und	4000	*mein*	
c	1938	"			privat in Reisens	4200	*mein*	
d	1943	"			Luc - Handlung	4200	*mein*	
e	1945	"			Delbelmen	1400	*mein*	

9. Haben Sie Unternehmen oder Betriebe betreut oder kontrolliert? *mein*
   Welche? ....

10. Wurden Ihnen von Staat, Partei, Wirtschaft oder anderen Organisationen bisher nicht aufgeführte Titel, Dienstränge oder -bezeichnungen verliehen? *mein*
   Welche? ....

11. Läuft oder lief für Sie bereits ein Prüfungsverfahren? *mein* Akt.Zeichen? ....
   Wo? .... Mit welchem Ergebnis? ....

12. Ist Ihre Beschäftigung von der Militärregierung schriftlich genehmigt? *mein*
   Vorläufig? .... Endgültig? .... Ist Ihre Beschäftigung von der Militärregierung abgelehnt? ....
   Durch welche örtliche Militärregierung und wann wurde Ihre Beschäftigung genehmigt oder abgelehnt? ....

Ich versichere die Richtigkeit und Vollständigkeit der von mir gemachten Angaben. Falsche oder irreführende oder unvollständige Angaben werden gemäß Art. 65 des Gesetzes zur politischen Befreiung von Nationalsozialismus und Militarismus mit Gefängnis oder mit Geldstrafe bestraft.

13. In welche Gruppe des Gesetzes gliedern Sie sich ein? ....
   Falls Sie glauben, daß das Gesetz nicht auf Sie Anwendung findet, geben Sie Gründe an:
   ....

14. Bemerkungen: ....

4. Mai 1946
Datum

Unterschrift: *Jaeger*
Name   *Karl*
Vorname

nem richtigen Namen registriert worden und habe auch später keinen falschen Namen angenommen.[454] Einem Vernehmungsbeamten in Ludwigsburg gegenüber traf er die Feststellung: »Ich möchte hier allerdings erklären, dass ich mich nach dem Kriege nicht verborgen hielt, um mich einer evtl. Strafverfolgung zu entziehen, sondern ich lebte unter meinen richtigen Personalien seit 1945 – Monat Juni oder Juli – ordnungsgemäß polizeilich gemeldet zunächst in Wiesenbach und später Kümmelbacher Hof bei Heidelberg.«[455]

Das war allerdings nur die halbe Wahrheit. Karl Jäger hatte in dem 1946 ausgefüllten Meldebogen für die Gemeinde Wiesenbach zwar seinen – in Deutschland bekanntlich nicht ungewöhnlichen – Namen, Vorals auch Nachnamen, korrekt abgegeben, aber sämtliche Zugehörigkeiten zu NS-Organisationen verschwiegen.[456] Die Gemeinde nahm ihm die Selbstpräsentation als unbeschriebenes Blatt offenbar widerspruchslos ab und stellte keine Nachforschungen an. Daher musste er auch kein Entnazifizierungsverfahren durchlaufen. Stattdessen bekam er eine Postkarte zugesandt, die ihn als »Nichtbelasteten« auswies.[457]

Allerdings schrieben amerikanische Fahndungsbehörden den SS-Führer Jäger im Jahr 1948 zur Festnahme wegen Mordes aus.[458] Aber diese Maßnahme führte offensichtlich nicht zu intensiven Ermittlungen deutscher Polizeibehörden über seinen Aufenthalt. So weit erkennbar, tauchte der Name Jäger bei den deutschen Behörden erst im Zusammenhang mit den Vorermittlungen zum Verfahren gegen den SS-Oberführer Bernhard Fischer-Schweder[459] im Rahmen des Ulmer Einsatzgruppenprozesses auf, in welchem es um die Judenmorde im westlichen litauischen Grenzbezirk unmittelbar nach dem deutschen Überfall auf die Sowjetunion ging.[460]

Nach entsprechenden Vorermittlungen veranlasste das Bundeskriminalamt in Wiesbaden im Spätjahr 1956 eine Suchaktion nach Jäger. Aber die Recherchen in dessen früheren Wohnorten Bonn, Düsseldorf, Münster, Freiburg, Waldkirch und Ravensburg führten zunächst zu keinem Erfolg.[461] Auch die Veröffentlichung einer Suchmeldung im Bundeskriminalblatt, Jahrgang 1957, der ein Lichtbild von Jäger beigegeben war, das ihn in der Uniform eines SS-Sturmbannführers zeigte, blieb ohne Ergebnis.[462]

Der Tatbestand, dass der Massenmörder Jäger nach dem Krieg insgesamt vierzehn Jahre lang im Odenwald ein verhältnismäßig ruhiges

Abb. 30: Lichtbildausweis von Karl Jäger (65), ausgestellt von der Stadtverwaltung Heidelberg am 23. Dezember 1953.

und ungestörtes Leben führen konnte, wirft natürlich Fragen nach dem Umgang der westdeutschen Gesellschaft mit NS-Verbrechern in den 1950er Jahren auf. Die deutschen Behörden suchten in dieser Zeit weder Karl Jäger noch andere Angehörige des Einsatzkommandos 3 und des KdS Litauen. Sie alle befanden sich in Freiheit.[463] Die Menschen, mit denen Jäger in seinem neuen Lebensumfeld im Raume Heidelberg zusammenkam, haben über sein Vorleben als SS-Offizier vielleicht nichts gewusst. Es könnte aber auch sein, dass sie durchaus etwas gewusst, aber einfach nicht genauer nachgefragt und den ehemaligen SS-Offizier stillschweigend gedeckt haben.

Karl Jäger wäre nicht der Einzige gewesen, dem es in der Nachkriegszeit so erging. *Die Mörder sind unter uns*, brachte Wolfgang Staudte, der Drehbuchautor und Regisseur des ersten deutschen Nachkriegsfilms über die NS-Vergangenheit, einmal die damalige Situation auf den Punkt.[464] Auch Adolf Eichmann, der Hauptorganisator der Judenvernichtung, tauchte 1945–1950 unerkannt in dem Dorf Altensalzkoth in der Lüneburger Heide unter, um dann mit Unterstützung der Nazi-Untergrundorganisation *Odessa* nach Argentinien zu fliehen.[465]

Belegt ist, dass Jäger der Verwalterin des Kümmelbacher Hofes, wo er wohnte, nicht verschwiegen hatte, dass er bei der SS und Kommandeur der Sicherheitspolizei im Osten gewesen sei.[466] Sie hat dieses Wissen offenbar für sich behalten.

In seinem Buch *Vergangenheitspolitik*, in dem die Verdrängung und Beschönigung der NS-Vergangenheit zwischen 1948 und 1955 beschrieben wird, schildert der Zeithistoriker Norbert Frei einen Fall[467], der das politische Klima der damaligen Zeit schlaglichtartig zu erhellen vermag: Im Herbst des Jahres 1952 gelang es zwei verurteilten deutschen Kriegsverbrechern, aus dem Zuchthaus Werl in Nordrhein-Westfalen zu fliehen. Einer der beiden Entflohenen, Wilhelm Kappe, der wegen Erschießung eines russischen Kriegsgefangenen von den Briten zu lebenslanger Haft verurteilt worden war, tauchte anschließend im ostfriesischen Aurich bei seinen Verwandten auf. Wilhelm Heidepeter, der in Aurich als Fischhändler arbeitete und als Fraktionsvorsitzender der SPD im Senat Verantwortung trug, erfuhr davon und informierte die Polizei. Kappe konnte jedoch wieder fliehen und sich auf die Solidarität von Bevölkerung und Presse verlassen. Heidepeter hingegen sah sich als Denunziant verfolgt. Mit Knüppeln bewaffnete Bürger der Stadt zogen vor sein Haus, warfen das Schaufenster ein und schrieben auf ein Transparent: »Hier wohnt der Verräter!« Glücklicherweise war Fischhändler Heidepeter inzwischen geflüchtet. So musste er nicht mit ansehen, wie ihn seine Genossen aller Ämter enthoben und ein Parteiausschlussverfahren gegen ihn beantragten. In der deutschen Publizistik erhob sich keine Stimme, die Heidepeter verteidigt hätte.

Diese Episode ist geeignet, die vergangenheitspolitische Atmosphäre im Westdeutschland der frühen fünfziger Jahre treffend zu charakterisieren. Die übergroße Mehrheit der Bevölkerung dachte »deutsch«, wie es einst in der nationalsozialistischen »Volksgemeinschaft« üblich gewesen war. Sie akzeptierte den Vorwurf des Kriegsverbrechens im Grunde genommen nicht, deckte die Verurteilten, solidarisierte sich mit ihnen und verlangte ihre Freilassung, möglichst in der Form einer Generalamnestie. Presse und Politik sangen – mit Variationen – das gleiche Lied. Den Deutschen fehlte offenbar das Unrechtsbewusstsein. Sie hatten sich längst daran gewöhnt, von »sogenannten Kriegsverbrechern« zu sprechen und ihre Entlassung zu fordern. Ende 1950 wurde der amerikanische Hohe Kommissar McCloy mit Morddrohungen terrorisiert, weil er sich geweigert hatte, im Zuchthaus Landsberg einsitzende Kriegsverbrecher, die auf die Vollstreckung der Todesstrafe warteten, zu begnadigen. McCloy war geradezu verzweifelt darüber, dass die Deutschen die »Enormität« des Geschehenen nicht einsehen wollten.[468]

Es gab im ersten Jahrfünft der Bundesrepublik einen breiten, partei-übergreifenden Konsens, wie mit der Vergangenheit aktuell und künftig verfahren werden sollte. Es müsse »endlich ein Schlussstrich« gezogen werden, lautete die drohend vorgetragene Forderung. Von dieser politischen Stimmung dürfte auch der Landarbeiter Karl Jäger in seinem Odenwälder Wohnort profitiert haben.

3. »Ich war stets ein Mensch mit höherer Pflichtauffassung«: Verhaftung und Vernehmungen im Jahr 1959

Am 1. Dezember 1958 nahm die Zentrale Stelle der Landesjustizverwaltungen in Ludwigsburg ihre Arbeit auf.[469] Sie sollte bis dahin unbekannte und gerichtlich nicht verfolgte nationalsozialistische Verbrechen aufklären und mit ihren Vorermittlungen Prozesse gegen NS-Täter vorbereiten. Das erste Vorermittlungsverfahren galt dem Beschuldigten Karl Jäger, dessen Name während des Ulmer Einsatzgruppenprozesses aufgetaucht war.[470] Bevor man dieses Täters habhaft werden konnte, trugen die Ludwigsburger Staatsanwälte umfangreiches Beweismaterial zusammen.[471]

Die Ermittlungen einer Sonderkommission der Ludwigsburger Justizbehörde über den Aufenthalt Jägers führten im April 1959 zum Erfolg. Im südbadischen Waldkirch konnte ein Kriminalbeamter der Sonderkommission durch einen puren Zufall in Erfahrung bringen, dass Karl Jäger überhaupt noch am Leben war und sich in Heidelberg aufhielt, wo auch ein Schwager Jägers namens Otto Weber wohnte.[472] Die in Heidelberg fortgeführten Ermittlungen ergaben, dass Karl Jäger seit dem 1. August 1951 in Kümmelbacherhof, Schlierbacher Landstraße 214, polizeilich gemeldet war.[473]

Nun wurde ein Haftbefehl für den – wie es in feiner Umschreibung hieß – »geschiedenen Landarbeiter« Karl Jäger erlassen.[474] Er führte zu dessen Festnahme am 10. April 1959. Jäger wurde zunächst vom Amtsgericht Heidelberg wegen Mordverdachts in Untersuchungshaft genommen und dort von Beamten des Landeskriminalamts Baden-Württemberg verhört.[475] In diesen Vernehmungen bestritt er nicht, 1941–1943 SS-Standartenführer, Kommandeur des Einsatzkommandos 3 und Kommandeur der Sicherheitspolizei und des SD (KdS) für den General-

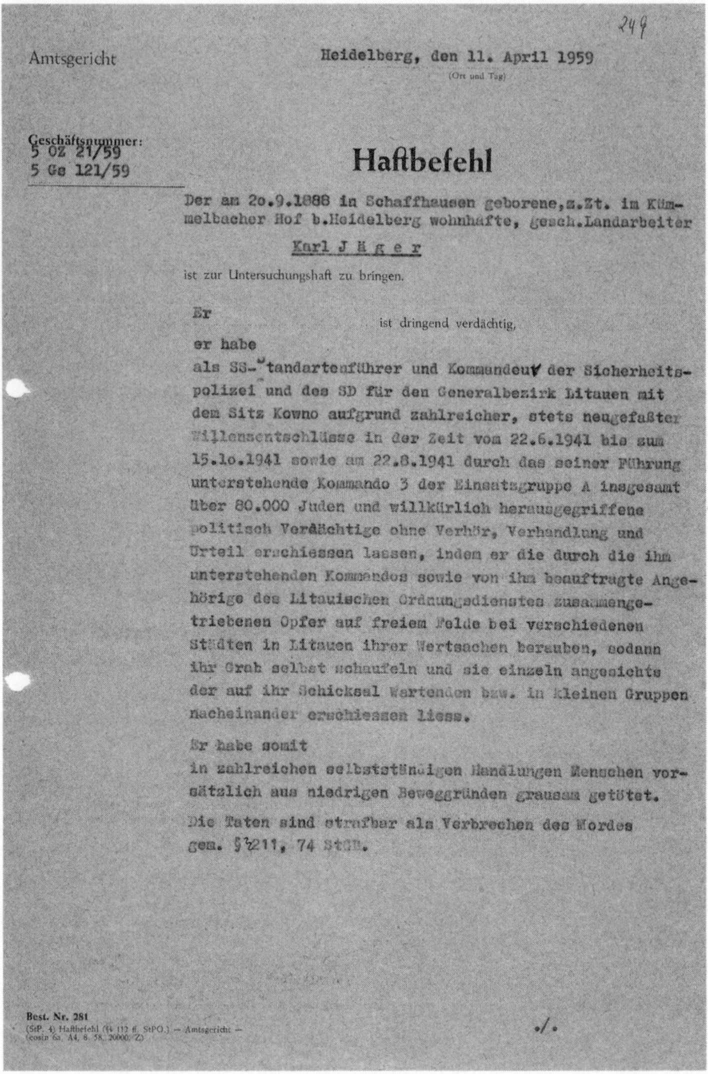

249

Amtsgericht

Heidelberg, den 11. April 1959

(Ort und Tag)

Geschäftsnummer:
5 OZ 21/59
5 Gs 121/59

Haftbefehl

Der am 2o.9.1888 in Schaffhausen geborene,z.Zt. im Kümmelbacher Hof b.Heidelberg wohnhafte, gesch.Landarbeiter

<u>Karl J ä g e r</u>

ist zur Untersuchungshaft zu bringen.

Er

ist dringend verdächtig,

er habe

als SS-Standartenführer und Kommandeur der Sicherheitspolizei und des SD für den Generalbezirk Litauen mit dem Sitz Kowno aufgrund zahlreicher, stets neugefaßter Willensentschlüsse in der Zeit vom 22.6.1941 bis zum 15.1o.1941 sowie am 22.8.1941 durch das seiner Führung unterstehende Kommando 3 der Einsatzgruppe A insgesamt über 80.000 Juden und willkürlich herausgegriffene politisch Verdächtige ohne Verhör, Verhandlung und Urteil erschiessen lassen, indem er die durch die ihm unterstehenden Kommandos sowie von ihm beauftragte Angehörige des Litauischen Ordnungsdienstes zusammengetriebenen Opfer auf freiem Felde bei verschiedenen Städten in Litauen ihrer Wertsachen berauben, sodann ihr Grab selbst schaufeln und sie einzeln angesichts der auf ihr Schicksal Wartenden bzw. in kleinen Gruppen nacheinander erschiessen liess.

Er habe somit
in zahlreichen selbststständigen Handlungen Menschen vorsätzlich aus niedrigen Beweggründen grausam getötet.

Die Taten sind strafbar als Verbrechen des Mordes gem. §§ 211, 74 StGB.

Best. Nr. 281
(StP. 4) Haftbefehl (% 112 ff. StPO.) — Amtsgericht —
(comb Id. 44, 4. 58, 2000o. Z)

./.

Abb. 31: Haftbefehl des Amtsgerichts Heidelberg vom 11. April 1959 gegen den geschiedenen Landarbeiter Karl Jäger.

bezirk Litauen gewesen zu sein. Wohl aber bestritt er rundweg, mit den Erschießungen von Juden in Litauen etwas zu tun gehabt zu haben.[476] Sicher habe es Exekutionen gegeben, aber die Befehle hierzu seien »von oben« gekommen: »Ich musste gehorchen, denn es war Krieg«, sagte er und bestritt im gleichen Atemzug, selbst irgendwelche Anordnungen erteilt zu haben.[477]

Zwei Monate später wurde Jäger dann auf Betreiben der Zentralen Stelle Ludwigsburg, die nun die Ermittlungen übernommen hatte, in die Innere Abteilung des Zentralkrankenhauses auf dem Hohenasperg verlegt. Jäger war dort zunächst in einer Zwei-Mann-Zelle und in der letzten Woche vor seinem Tode am 22. Juni 1959 in einer Einzelzelle inhaftiert. Er wurde von einem Beamten der Sonderkommission des Landeskriminalamts Baden-Württemberg verhört, einem Kriminalmeister namens Aedtner, der sich gut in die Akten eingearbeitet hatte. Den *Jäger-Bericht* kannte er allerdings, wie bereits erwähnt wurde[478], noch nicht.

An vier Tagen wurde Jäger insgesamt etwa 23 Stunden lang vernommen. Die – insgesamt 29 Maschinenseiten umfassenden und von Jäger unterschriebenen – Vernehmungsprotokolle liegen vor. Aus der Lektüre ergibt sich als beschämender Gesamteindruck: Auch dieser Massenmörder übernahm keine Verantwortung für seine Taten. Konsequent leugnete er seine persönliche Mittäterschaft und machte immer dann Erinnerungslücken geltend, wenn Tatbestände zur Sprache kamen, die ihn hätten belasten können. Zwar behauptete er, nichts verschleiern, sondern die Wahrheit sagen und »zur Aufklärung der ganzen Angelegenheit« beitragen zu wollen.[479] Tatsächlich aber funktionierte sein Erinnerungsvermögen nur bei harmlosen Einzelheiten und setzte bei den Massenmorden regelmäßig aus. Detailliert konnte er schildern, wie er in Kaunas einmal ganz heiser war, aber den Rat eines anderen SS-Offiziers, sich im Lazarett auskurieren zu lassen, nicht befolgte, weil man ihm das – vor dem Hintergrund der ständig stattfindenden Judenmassaker – als Feigheit hätte auslegen können.[480] Jäger aber hatte weder feige noch pflichtvergessen sein wollen. So wundert man sich nicht, am Ende der Vernehmungsprotokolle zu lesen, dass Jäger erklärte, er fühle sich wegen der in Litauen durchgeführten Erschießungen »nicht schuldig«[481].

Den Kriminalbeamten präsentierte sich der ehemalige SS-Offizier darüber hinaus mit der hochtrabenden Sentenz: »Ich war stets ein Mensch mit höherer Pflichtauffassung.«[482] Er meinte den Kadavergehorsam, wie die folgende Auslassung erkennen lässt. »Ich war der Meinung,« behauptete er in der Vernehmung, »dass ich als Soldat im Kriege, als der ich mich fühlte, stets meine Pflicht zu erfüllen hätte, ganz gleich, wohin man mich auch stelle.« Er wollte sich also – wie es die anderen Einsatzgruppenführer vor und nach ihm taten – auf den vermeintlichen »Befehlsnotstand« hinausreden.[483]

Das Faktum der Judenmorde in Litauen konnte Jäger nicht bestreiten. Aber er behauptete nun, sie nicht gewollt und unter den Leichenbergen unheimlich gelitten zu haben. Nicht er, sondern andere hätten die Massaker und Liquidierungen durchgeführt, beispielsweise sein Exekutionsleiter Hamann und der litauische Leutnant Bronius Norkus[484] mit ihren Erschießungskommandos. Er habe keine Befehle gegeben. Die Mordaktionen seien gleichsam ein Selbstläufer gewesen. Er selbst habe nur die Meldungen mit den Zahlen der Exekutierten entgegengenommen und sie an die Einsatzgruppe A in Riga weitergeleitet. Jäger wollte den Vernehmungsbeamten also klarmachen, dass die strikten Befehlsverhältnisse in der SS ausgerechnet in seinem Verantwortungsbereich außer Kraft gesetzt gewesen seien. Seine Abteilungsleiter hätten aus eigenem Antrieb ein Massaker nach dem anderen durchgeführt, während er selbst – gleichsam mit Tränen in den Augen – in seiner Dienststelle gesessen habe.

In seiner dienstlichen Meldung vom 1. Dezember 1941, dem *Jäger-Bericht*, las sich das ganz anders: »Auf meine Anordnung und meinen Befehl durch die litauischen Partisanen durchgeführte Exekutionen [...].«[485] Hier ordnete Jäger auch den angeblich aus eigenem Antrieb mordenden Untergebenen Hamann ganz normal in die SS-Befehlshierarchie ein: »Das Ziel, Litauen judenfrei zu machen, konnte nur erreicht werden durch die Aufstellung eines Rollkommandos mit ausgesuchten Männern unter der Führung des SS-Sturmbannführers Hamann, der sich meine Ziele voll und ganz aneignete und es verstand, die Zusammenarbeit mit den litauischen Partisanen und den zuständigen zivilen Stellen zu gewährleisten.«[486]

Man sieht: Um sich zu entlasten, behauptete Jäger unverblümt, in diesem Falle das Führungsmittel des militärischen Befehls angewendet zu haben, während er im Hinblick auf die Massenmorde niemals etwas befohlen haben wollte.

Nach der Lektüre der Vernehmungsprotokolle fasste die Rundfunk-

autorin Renate Eichmeier ihre Eindrücke folgendermaßen zusammen:
»Karl Jäger gab bei den Vernehmungen weder den selbstbewussten
NS-Karrieristen noch zeigte er Reue oder Schuldbewusstsein. Der
70-Jährige inszenierte sich vielmehr als Biedermann, der durch tragische
Umstände in die Nazi-Verbrechen verwickelt worden sei.«[487]

4. Bilanzselbstmord

Man sieht also: Unbußfertiges Lügen, Leugnen, Schuldabwälzen. Wahrscheinlich hat Karl Jäger das nach den viertägigen Vernehmungen selbst
so empfunden. Der zu diesem Zeitpunkt 73 Jahre alte Mann entzog sich
in der Nacht vom 21. auf den 22. Juni 1959 weiteren Verhören und einem
zu erwartenden Gerichtsverfahren, indem er Selbstmord verübte. Er erhängte sich in seiner Zelle mit einem Stromkabel.[488]

Der untersuchende Arzt der Inneren Abteilung des Zentralkrankenhauses im Landesgefängnis Hohenasperg bei Ludwigsburg sagte über Jägers Verfassung in seinen letzten Lebenstagen Folgendes aus: »Jäger
machte einen ernsten Eindruck. Er wirkte jedoch nicht depressiv und
nicht kraftreaktiv.« Der Arzt hatte in Hinblick auf den Beschuldigten
vage Suizid-Befürchtungen, aber nicht aufgrund des Verhaltens von Jäger, sondern aufgrund der objektiven Umstände, in denen sich dieser
befand, nämlich der Tatsache, dass ihm schwere Verbrechen zur Last gelegt wurden und dem Umstand, dass er laufend vernommen wurde, und
längst verdrängte Erinnerungen wieder hochkämen.

Der Arzt bewertete Jägers Tat zusammenfassend als einen »Bilanzselbstmord«[489], womit er zum Ausdruck bringen wollte, dass Jäger aufgrund der – durch die tagelangen Vernehmungen bewirkten – Vergegen-
wärtigung der von ihm begangenen oder von ihm zu verantwortenden
Massenverbrechen selbst zu der Einsicht gekommen war, dass es für ihn
keinen anderen Ausweg mehr gab.

Diese Konsequenz überrascht gleichwohl. Denn auch Jäger war gewiss
bekannt, dass seit der Verabschiedung des Grundgesetzes der Bundesrepublik Deutschland im Jahr 1949 die Todesstrafe abgeschafft war sowie, dass seinerzeit einflussreiche Kräfte in der Bürokratie und unter den
Verteidigern in NS-Prozessen auf eine Amnestierung oder Verjährung
von NS-Verbrechen hinarbeiteten.[490] Jäger hätte allenfalls mit einer le-

benslangen Zuchthausstrafe rechnen müssen. Darüber hinaus hätte der über Siebzigjährige darauf hoffen können, einen willfährigen Arzt zu finden, der ihm Verhandlungs- und Haftunfähigkeit bescheinigt hätte mit der Folge, dass er seine Zuchthausstrafe gar nicht hätte antreten müssen. Weshalb er gleichwohl Selbstmord beging, muss am Ende offen bleiben. Vielleicht fürchtete er die öffentliche Schande.

Ein vergleichbarer Fall war der des SS-Standartenführers Martin Sandberger. Der studierte Jurist hatte als Kommandeur des Einsatzkommandos 1 a und KdS in Estland die Ermordung der Juden dieses Landes zu verantworten. In einem der Nürnberger Nachfolgeprozesse, dem Einsatzgruppenprozess (Fall 9)[491], war er deswegen im Jahr 1949 von den Amerikanern zum Tode verurteilt worden, ebenso wie weitere 13 hochrangige SS-Führer, nämlich Ernst Biberstein, Paul Blobel, Walter Blume, Werner Braune, Walter Hänsch, Waldemar Klingelhöfer, E. Naumann, Otto Ohlendorf, Adolf Ott, Heinz-Hermann Schubert, Willy Seibert, Eugen Steimle und Edward Strauch. Wegen der »Ungeheuerlichkeit der Verbrechen« bestätigte der US-Hochkommissar John J. McCloy im Januar 1951 die Todesurteile gegen Blobel, Braune, Naumann und Ohlendorf, die im gleichen Jahre auch vollstreckt wurden. Dagegen wandelte er die Todesstrafen gegen Sandberger und drei weitere ehemalige SS-Führer in lebenslange Haftstrafen um. Am 9. Mai 1958 wurde der Massenmörder Sandberger begnadigt und konnte das Gefängnis Landsberg am Lech freien Fußes verlassen. Ein Jahr später fasste Karl Jäger den Entschluss, sich seiner Verantwortung durch Selbstmord zu entziehen.

In larmoyanten Abschiedsbriefen an die Familie seines Schwiegersohns Sepp Fackler in Baden-Baden und an den Vernehmungsbeamten Aedtner log Karl Jäger noch einmal: »Ich habe keine Verbrechen begangen und habe keine Schuld auf mich geladen.«[492] Außerdem lamentierte er über das »furchtbare Schicksal«, das ihn getroffen habe.[493]

Die Opfer bedachte er mit keiner Silbe.

Die intensiven Vorermittlungen der Zentralen Stelle Ludwigsburg gegen Karl Jäger verfolgten das Ziel, die Voraussetzungen zu schaffen für einen ersten großen Prozess gegen einen SS-Führer aus dem Bereich der Einsatzgruppen. Nach dem eher zufällig zustande gekommenen Ulmer Einsatzgruppenprozess von 1958[494] wäre es der erste Prozess gegen einen NS-Verbrecher gewesen, der systematisch von deutschen Staatsanwälten vorbereitet und vor einem deutschen Gericht durchgeführt worden wäre.[495] Als sich Jäger das Leben nahm, musste dieses Projekt aufgegeben werden. Statt des Jäger-Prozesses sollte es dann dem – vom hessischen Generalstaatsanwalt Fritz Bauer[496] vorbereiteten – Auschwitzprozess (1963 bis 1965) vorbehalten bleiben, die deutsche Öffentlichkeit erstmals in umfassender Weise mit dem Völkermord an den europäischen Juden zu konfrontieren.

Die umfangreichen Ermittlungen gegen Jäger spielten weiterhin insoweit eine Rolle, als sie nun in die Vorermittlungen gegen Jägers Stellvertreter als Kommandeur der Sicherheitspolizei und des SD in Kaunas, SS-Hauptsturmführer Heinrich Schmitz, eingingen, den sogenannten EK 3-Prozess. Schmitz wurde im Oktober 1959 verhaftet. Da er in Frankfurt wohnte, gab die Zentrale Stelle Ludwigsburg das Verfahren an die dortige Staatsanwaltschaft ab. Als diese das Ausmaß der Verbrechen erkannte, bereitete sie ein Sammelverfahren gegen sämtliche Angehörigen des EK 3 vor. Während noch Beweise gesucht und Hunderte von Zeugen vernommen wurden, starb der Angeklagte am 21. August 1963 an einem Schlaganfall.[497] Die übrigen 17 Beschuldigten im sogenannten EK 3-Prozess wurden trotz der Evidenz ihrer Verbrechen außer Verfolgung gesetzt, da die Juristen keine Möglichkeit sahen, einzelne Täter strafrechtlich zu belangen, also einen individuellen Schuldnachweis zu führen. In der Summe ist – über den EK 3-Prozess hinausgehend – festzustellen, dass kaum einer der deutschen Täter für die Massenmorde an den litauischen Juden zur Rechenschaft gezogen worden ist.[498]

Eine Untersuchung über die Nachkriegs-Lebensläufe der im Osten, also in Polen und in der Sowjetunion, eingesetzten SS-Offiziere in der Dienststellung KdS liegt bislang nicht vor. Genauer untersucht worden sind dagegen die Vitae einer zum Teil vergleichbaren Tätergruppe, nämlich der Kommandeure der Sicherheitspolizei und des SD (KdS), die in Frankreich eingesetzt waren.[499] Der Historiker Bernhard Brunner konnte zeigen, dass einige von ihnen das Kriegsende nicht erlebten, andere spurlos verschwanden, weitere sich das Leben nahmen. Die meisten der ehemaligen Angehörigen der SS-Funktionselite aber, die in Frankreich als KdS eingesetzt waren, konnten unbeschadet in die Gesellschaft der Bundesrepublik Deutschland zurückkehren. Sie machten entweder in der Wirtschaft oder – dank der von Bundeskanzler Konrad Adenauer betriebenen Integrationspolitik – im öffentlichen Dienst eine zweite Karriere und lebten in Wohlstand bis zu ihrem Lebensende.[500]

2.6.59

An den Vernehmungsbeamten Herrn Aedtner!

Ich scheide aus diesem Dasein, weil ich dieses Leben nicht mehr ertragen kann. Nehmen Sie es nicht als Feigheit oder Angst vor dem Kommenden. Ich habe seit 15 Jahren mit den Verhältnissen + Geschehnissen in Litauen längst mein damaliges Leben abgeschlossen. Mein Gedächtnis + mein Erinnerungsvermögen hat mich vollständig verlassen, ich kann die Auskünfte die Sie von mir verlangen, nicht mehr geben.

Ich weiß und es ist mir bewußt, daß die hitangeplagten mir alle Schuld auf mich abladen werden - ich verzeihe ihnen.

wenden

Ich betone und sage erneut aus, daß ich diese Judenerschießungen niemals gebilligt habe und daß ich gegen mein Innerstes, im Kriege, auf diesen Posten gestellt worden bin. Ich habe niemals Judenerschießungen befohlen, ich habe niemals einen Exekutions-befehl gegeben, so war mir Gott helfe! Ich habe kein Verbrechen begangen und habe keine Schuld auf mich geladen.

Ihnen Herr Aedtner und Herr Stamm danke ich für die vorbildlich menschliche Vernehmung und für all das Gute, das Sie mir persönlich getan haben.

Karl Jäger

Darf ich Sie bitten an folgende Adressen, das Geschehene mitzuteilen:
Familie Sepp Tackler in Baden-Baden, Fremersbergstraße 36a
  "   Otto Wild in Freiburg in Breisgau, Wallstraße 9
Frau von Aldten - Kümmelbacherhof - Post Neckargemünd
Die bereits erhaltenen Briefe wolle man auch an die andere Adresse nach Baden-Baden senden!

Zweifellos war Karl Jäger durch die von ihm zu verantwortenden Judenmorde in Litauen schwerer belastet als die meisten der in Frankreich eingesetzten SS-Offizierskameraden in der KdS-Funktion. Wahrscheinlich war dies der Hauptgrund dafür, dass er sich aus Furcht vor der Vorstellung, dafür gerichtlich belangt zu werden, als einfacher Landarbeiter in den Odenwald zurückzog, keine neue Karriere mehr anstrebte und damit einen sozialen Abstieg in Kauf nahm. Ob an dieser Entscheidung womöglich eine gewisse Bereitschaft zur Buße beteiligt war, lässt sich mittels der bislang bekannten Quellen nicht bestätigen. Zweifellos muss man jedoch Jägers vorgerücktes Alter beachten. 1951, als das 131er-Gesetz verabschiedet wurde, das den meisten ehemaligen Dienern des NS-Staates entweder eine Pension oder einen Anspruch auf Wiedereinstellung in den Staatsdienst zusicherte[501], war Jäger bereits 63 Jahre alt.

Seine Aussage, dass er nach dem Krieg keinerlei Kontakte zu seinen früheren SS-Kameraden mehr gepflegt habe, ist glaubhaft, aber durchaus untypisch. Denn die meisten schwerbelasteten Funktionsträger des NS-Staates organisierten sich damals in Netzwerken, die unter anderem juristische Rechtfertigungsstrategien entwickelten.[502] Damit waren sie auf das Ganze gesehen sehr erfolgreich. Nur im Prozess gegen Kurt Lischka, Herbert Hagen und Erich Heinrichsohn vor dem Landgericht Köln 1979/80 wurden drei der in Frankreich eingesetzten SS-Offiziere zu langjährigen Haftstrafen verurteilt.[503] Alle anderen gingen straffrei aus.

Keine Besonderheit war Jägers Leugnen seiner Beteiligung an den Judenmorden bis zum letzten Tag seines Lebens. Generalisierend urteilte der Historiker Bernhard Brunner: »Wie sich anhand zahlreicher ab den sechziger Jahren angefertigten staatsanwaltschaftlichen Vernehmungen nachweisen lässt, war bis in die achtziger Jahre keiner der ehemaligen Kommandeure bereit, über seine Rolle kritisch zu reflektieren, geschweige denn seine Beteiligung am Judenmord einzugestehen.«[504]

Abb. 32 und 33: Leugnung und Reuelosigkeit: Abschiedsbrief Jägers an den Vernehmungsbeamten Aedtner vom 21. Juni 1959.

Teil VII:
Verdrängung und späte Erinnerung

1. Geringes Interesse der Deutschen an der Geschichte der Judenmorde in Litauen

Was die Bereitschaft zur Auseinandersetzung mit dem Zweiten Weltkrieg und den Judenmorden im Baltikum angeht, so gab es in den Jahrzehnten des Kalten Krieges in Westdeutschland wie auch in Litauen eine große emotionale Gemeinsamkeit. Sie bestand in dem ausgeprägten Unwillen, sich an diese Ereignisse überhaupt zu erinnern.

Bei näherer Betrachtung fallen allerdings auch Unterschiede ins Auge. Eine der Differenzen bestand darin, dass im kollektiven Gedächtnis beider Länder nicht dieselben Sachverhalte und Zusammenhänge thematisiert wurden und dass man unterschiedliche Prioritäten setzte: Die Deutschen interessierten sich eher für die militärischen und politischen Dimensionen des Zweiten Weltkrieges, besonders für den deutsch-sowjetischen Krieg 1941–1945, aber kaum für die Täter im Holocaust. Die Litauer tendierten dazu, die drei Jahre der deutschen Besatzungsherrschaft und die Mittäterschaft von Litauern bei den Judenmorden insgesamt möglichst aus der Erinnerung auszusparen. Sie wollten sich in einer Opferrolle sehen.

Die deutsche Öffentlichkeit – genauer gesagt, die kleine Schicht der Menschen, die diesen historischen Fragen überhaupt ein Interesse entgegenbrachte – konnte, beginnend mit den 1970er Jahren, nach und nach ein breites Spektrum von Informationen über den Zweiten Weltkrieg wahrnehmen. Durch eine Vielzahl neuer historischer Forschungen gerieten seit den 1990er Jahren – begünstigt durch das Ende des Kalten Krieges, die deutsche Einigung und einen Generationswechsel in der deutschen Gesellschaft – die Wehrmacht und die Judenmorde verstärkt in das Blickfeld einer zunehmend kritisch eingestellten Öffentlichkeit. Die Medien, insbesondere die öffentlich-rechtlichen Fernsehanstalten Deutschlands, schickten sich an, Zeitzeugenberichte und Ergebnisse der historischen Forschung in immer neuen Anläufen für ein größeres Publikum aufzubereiten.[505]

Allerdings muss man einschränkend sagen, dass dabei die Geschichte des kleinen Landes Litauen – im weiteren Sinne auch des Baltikums insgesamt – noch immer nicht als ein selbständiges Thema in das Blickfeld der deutschen Geschichtsschreibung über den Zweiten Weltkrieg geriet. Litauen wurde nach wie vor lediglich im Kontext der größeren Ereignisse des deutsch-sowjetischen Krieges wahrgenommen.

Das sollte sich erst in den ausgehenden 1990er Jahren und dann verstärkt seit dem Beginn des 21. Jahrhunderts ändern. Nun bemächtigte sich die historische Forschung dieses bislang vernachlässigten Stoffes, und für die historisch Interessierten wurde deutlich, dass die Deutschen während der Besatzungszeit systematisch die jüdische Bevölkerung Litauens verfolgt und ermordet hatten. Zugleich wurde erkennbar, dass die deutschen Besatzer dabei von litauischen Kollaborateuren – insbesondere den Angehörigen der litauischen Polizeibataillone, aber auch der kommunalen Verwaltung, keineswegs aber der gesamten litauischen Bevölkerung, die sich eher passiv verhielt – tatkräftig unterstützt worden waren. Erkennbar wurde auch, dass es sich bei diesem Vernichtungswerk nicht um einen isolierten Vorgang gehandelt hatte, sondern um das Segment eines größeren Geschehens, nämlich der Judenmorde in ganz Osteuropa, also in den baltischen Staaten, in Polen, in Weißrussland, in der Ukraine und in anderen, von der deutschen Wehrmacht eroberten Territorien der Sowjetunion.

2. Jahrzehntelange Verdrängung der litauischen Kollaboration

Wer sich für die Wahrnehmung der jüngeren Geschichte in Litauen interessiert, wird zunächst einmal zu berücksichtigen haben, dass dieses Land von 1945 bis 1990 eine Sowjetrepublik war, in welcher ein fremdbestimmtes Geschichtsbild vorherrschte. Die von der sowjetischen Propaganda vermittelte Interpretation der Geschichte des Zweiten Weltkrieges folgte schon seit den frühen 1950er Jahren der Sprachregelung, alle Opfer der deutschen Aggressoren, also auch die litauischen, seien »friedliche Sowjetbürger« gewesen.[506] Verschwiegen wurden die ethnische Zugehörigkeit der Opfer und die Begleitumstände ihrer Ermordung. Systematisch unterdrückt wurde insbesondere die Information, dass es sich bei den meisten ermordeten Litauern um Juden gehandelt hatte. Der Begriff »Holocaust« blieb in Sowjet-Litauen unbekannt. Weder in Schulbüchern noch in Spielfilmen noch in den Inschriften von Denkmälern war von jüdischen Opfern die Rede.

Aber nicht nur die Judenmorde in den Jahren 1941–1944 wurden verschwiegen, sondern die gesamte jahrhundertealte, einzigartige Kultur des litauischen Judentums fiel dem Vergessen anheim. Daher konnten die nachgewachsenen Generationen gar nicht mehr begreifen, welchen kulturellen Verlust die Vernichtung des litauischen Judentums während des Zweiten Weltkrieges für das Land bedeutete.

Neben diesem verkürzten Wissen, das die staatlich gelenkte Propaganda in der litauischen Öffentlichkeit verbreitete, gab es allerdings auch eine sowjet-litauische Historiographie, die sich genauer mit den Ereignissen der Kriegsjahre beschäftigte und nicht verschwieg, dass unter der deutschen Besatzungsherrschaft nicht nur 200 000 sowjetische Kriegsgefangene den Tod gefunden hatten, sondern auch etwa 200 000 Juden aus rassistischen Gründen umgebracht worden waren.[507] In der zweibändigen Dokumentation *Massenmorde in Litauen 1941–1944*, für dessen Herausgebergremium der Politiker Boleslovas Baranauskas, Mitglied des Zentralkomitees der Kommunistischen Partei Litauens, verantwortlich zeichnete, werden die Judenmorde in Kaunas und Vilnius umfangreich behandelt. Sogar der *Jäger-Bericht* wurde dort in einer litauischen Übersetzung dokumentiert.[508]

Mit der Wiedergewinnung der nationalen Selbständigkeit Litauens im Jahr 1991 ging in der litauischen Historiographie und der Öffentlichkeit des Landes ein grundlegender Perspektivenwechsel einher. Jetzt geriet die sowjetische Okkupation in den langen Jahrzehnten zwischen 1944 und 1990 in das Zentrum des Interesses. Bis zum heutigen Tage ist die Erinnerung an die jahrzehntelange sowjetische Unterdrückung allgegenwärtig und absolut dominant. Als eine Art Nationalheiligtum gilt der Berg der Kreuze in der Nähe der Stadt Siauliai, der den litauischen Widerstand gegen die sowjetische Fremdherrschaft symbolisiert.

Die spezifische, aus der sowjet-litauischen Zeit überkommene Einseitigkeit der Geschichtsbetrachtung in Litauen machte ein jüdischer Überlebender des Holocaust namens Leiba Lipschitz, der den Massakern in der Stadt Siauliai entronnen war, bei einem Besuch des Autors im März

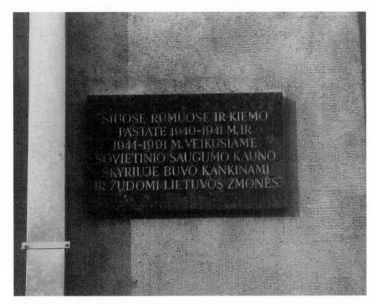

Abb. 34: Kaunas heute, Ecke Laisves aleja/Vytauto Prospektas: Gedenktafel an der Außenwand des heutigen Sitzes der Kriminalpolizei. Hier wird nur an die sowjetische Okkupationszeit erinnert, nicht aber an die deutsche. Die Übersetzung der Inschrift lautet: »In diesem Prunkbau und dem Hofgebäude, in denen 1940–1941 und 1944–1991 die Abteilung des KGB in Kaunas tätig war, wurden Litauer gefoltert und ermordet.«

des Jahres 2001 mit der Schilderung eines persönlichen Erlebnisses deutlich: »Ein Lehrer führte hier in Siauliai seine Schulklasse an eine Grabstätte von Litauern, die von Russen erschossen worden waren, und erläuterte ihnen die historischen Umstände. Hinter dem Rücken der Schüler lag ein Ort, an dem 350 ermordete Juden unter der Erde lagen. Diese erwähnte der Lehrer mit keinem Wort.«[509] Leiba Lipschitz war geradezu verzweifelt über die Ignoranz der Litauer von heute hinsichtlich der Judenmorde während des Zweiten Weltkrieges.

Schwerer als die Beteiligung an den Judenmorden wiegt in der Erinnerung der litauischen Bevölkerung, dass die Sowjets 1944 zurückkamen, das Land ein zweites Mal besetzten, erneut eine Sowjetrepublik installierten und dieselbe ihrem großen Staatsverband eingliederten.

Während die deutsche Besetzung Litauens nur drei Jahre lang bestand – Sommer 1941 bis Sommer 1944 –, dauerte die sowjetische Herrschaft über das kleine baltische Land fast ein halbes Jahrhundert lang, nämlich bis zur Befreiung 1989 beziehungsweise der Anerkennung der unabhängigen litauischen Republik im September 1991.

Kaum etwas vermag die spezifische Perspektive der Litauer auf die jüngere Geschichte ihres Landes besser zu illustrieren als jene – nach 1990 installierte – Gedenkplatte an der Außenwand eines traditionsreichen Polizeigebäudes in der zeitweiligen Hauptstadt Kaunas. Auf ihr wird erinnert an das Russenjahr 1940/41 und dann sogleich an die Sowjetherrschaft 1944–1989. Die Jahre der deutschen Besatzung und natürlich auch die in dieser Zeit verübten Judenmorde werden schlicht unterschlagen. Auch von dem Tatbestand, dass in eben diesem Gebäude in den Jahren 1941–1943 der deutsche SS-Standartenführer Karl Jäger mit seiner Dienststelle Kommandeur der Sicherheitspolizei und des SD residierte, erfährt man nichts.

Nur sehr vorsichtig tasten sich litauische Historiker seit den späten 1990er Jahren an die Fragen heran, wie viele einheimische, also litauische Täter sich an den Morden beteiligt hatten und wie viele von ihnen beim Einmarsch der Roten Armee 1944 ins westliche Ausland geflüchtet waren, um sich der juristischen Verfolgung zu entziehen. Die sowjet-litauische Propaganda hatte zuvor den – gar nicht so falschen – Eindruck vermittelt, dass jene litauischen Kriegsverbrecher, die in den Westen geflohen und dort untergetaucht waren, dort nur wenig behelligt wurden.

Im März 1995 unternahm der litauische Staatspräsident (in diesem Amt von Februar 1993 bis Februar 1998) Algirdas Brazauskas[510] einen mutigen geschichtspolitischen Vorstoß. Vor dem israelischen Parlament, der Knesset, entschuldigte er sich im Namen seines Landes offiziell für diejenigen Litauer, die im Holocaust zu Verbrechern und Mördern geworden waren, und versprach Aufklärung und Sühne.[511] Damit löste er in Litauen heftigen Widerspruch und Proteste aus. Dieses befremdliche Echo ließ erkennen, dass alte antisemitische Überzeugungen in der kollektiven Erinnerung vieler Litauer noch immer fortwirkten.

In Kenntnis dieser tiefgreifenden geschichtspolitischen Kontroversen setzte Valdas Adamkus, der Nachfolger von Brazauskas im Amt des Staatspräsidenten, im Jahr 1998 die internationale Kommission für die Erforschung nationalsozialistischer und sowjetischer Verbrechen in Litauen ein.[512] Sie erhielt den Auftrag, die jüngere Geschichte Litauens zu erforschen, speziell die Verbrechen des deutschen und des sowjetischen Besatzungsregimes. In dieser Aufgabenbeschreibung wird das Bemühen der litauischen Politik erkennbar, die Missetaten *beider* Okkupationsregime aufzuklären.[513] Außerdem sollte die Historikerkommission einen Beitrag zu der politischen Aufgabe leisten, »moralische und psychologische Barrieren zu überwinden, die den Weg zu einer demokratischen und entwickelten Gesellschaft behindern«.[514]

»Litauer sprechen nicht gerne über die unangenehmen Dinge der Vergangenheit. Nach einer fünf Jahrzehnte lang dauernden Okkupation, die jeden Ausdruck des Versuchs, die Unabhängigkeit wiederzugewinnen, verunglimpft hatte und die der Nation einen Minderwertigkeitskomplex aufzubürden versucht hatte, gedeiht ein Kult von heroischen Taten und Leiden – ein heroisch-masochistisches Geschichtskonzept. Die Nation möchte ihre Geschichte als ›schön‹ sehen; sie möchte gerade die Kämpfe und das Leiden sehen und die Schuld an allem Unglück in der jüngsten Vergangenheit ›Anderen‹ geben, besonders den Juden. Ein selbstkritischer Zugang zur Vergangenheit ist nicht sehr populär unter den Litauern. Viele sehen die Betrachtung der unangenehmen Probleme der Vergangenheit als eine Verleumdung Litauens an.«[515]

Liudas Truska, prominenter litauischer Historiker und Mitglied der »Internationalen Kommission zur Erforschung der nationalsozialistischen und sowjetischen Verbrechen in Litauen beim Präsidenten der Republik Litauen«, in seinem zusammen mit Vygantas Vareikis 2004 erstatteten Gutachten zur Erinnerungskultur Litauens.

Eine Strafverfolgung litauischer Täter im Holocaust fand in Sowjet-Litauen – ähnlich wie in der Bundesrepublik Deutschland – nur in begrenztem Maße statt: Es wurden insgesamt 297 Todesurteile vollstreckt und Haftstrafen gegen höchstens 2000 Personen verhängt, allerdings nicht nur wegen der Ermordung von Juden, sondern auch wegen anderer Delikte.[516] Es wurde behauptet, die meisten Täter, die mit den Deutschen kollaboriert hatten, seien bei Kriegsende in den Westen geflohen und dort untergetaucht.

Tatsächlich traf dies für den ehemaligen Chef der Geheimpolizei von Vilnius, Alexandras Lileikis, zu, der Ende der 1990er Jahre ins Rampen-

licht der litauischen Öffentlichkeit geriet. Dieser Polizeioffizier war bei
Kriegsende vor den sowjetischen Truppen erst nach Deutschland geflohen und von da aus weiter in die USA ausgewandert. Dort lebte er als
amerikanischer Staatsbürger fast 50 Jahre lang unbehelligt, bis sich die
US-Justizbehörden für seine Vergangenheit zu interessieren begannen.
Es gab Indizien dafür, dass Lileikis die Übergabe von Hunderten, vielleicht von Tausenden von Juden an die Erschießungskommandos veranlasst hatte. Als ihm aufgrund dieser Verdachtsmomente 1996 die amerikanische Staatsbürgerschaft aberkannt wurde, setzte er sich in sein
Heimatland ab. Unter internationalem Druck wurde nun die litauische
Justiz aktiv. Im Jahr 1998 stellte sie mit Lileikis erstmals in der unabhängigen Republik Litauen einen litauischen Kollaborateur vor Gericht, der
beschuldigt wurde, maßgeblich an den Judenmorden beteiligt gewesen
zu sein.[517] Vordringliches Begehren der Richter war dabei anscheinend
weniger die späte Bestrafung des 90 Jahre alten Mannes. Vielmehr wollte
die litauische Justiz vor der internationalen Öffentlichkeit ihren Willen
demonstrieren, die juristische Aufarbeitung der Vergangenheit, besonders die Mitschuld von Litauern am Völkermord an den Juden, nicht
länger zu verschleppen.

Lileikis wurde nicht verurteilt, weil der Prozess wegen des schlechten
Gesundheitszustandes des Angeklagten vor der Urteilsverkündung abgebrochen werden musste. Bis zu seinem Tode am 26. September 2000
ließ Lileikis keinerlei Unrechtsbewusstsein erkennen.[518] In diesem Punkt
war seine Nachkriegsbiographie mit jener der allermeisten deutschen
Täter, Karl Jäger eingeschlossen, durchaus vergleichbar.

Der Fall Lileikis legte auch in geschichtspolitischer Hinsicht offen, dass
in Litauen die Auseinandersetzung mit dem Holocaust am Ausgang des
20. Jahrhunderts durchaus noch zu wünschen übrig lässt. Es wurde nämlich erkennbar – so zumindest die Sicht der Autorin Birgit Johannsmeyer –, dass dem Angeklagten während des Gerichtsverfahrens eine Welle
der Sympathie etlicher seiner Landsleute entgegenflog. Sperren sie sich
noch immer gegen die Einsicht, dass Litauer auch Täter im Holocaust
gewesen sind?[519] Die fortschrittlichen Historiker des eigenen Landes haben dieses Faktum längst anerkannt.

3. Verdrängung und Abwehr in der Heimatregion Jägers

Man ist versucht, das Verhalten der Bewohner der südbadischen Kleinstadt Waldkirch, aus welcher der SS-Standartenführer Karl Jäger stammt,
mit dem der Bewohner der litauischen Stadt Siauliai zu vergleichen, über
deren Verdrängungsleistungen sich der Holocaust-Überlebende Leiba
Lipschitz so verzweifelt äußerte. Auch in Waldkirch und Umgebung
wollte man lange Zeit nichts Genaues über die Verbrechen Jägers wissen.
Nicht wenige Bürger dieser Gemeinde lassen sich wohl noch heute von
der Befürchtung leiten, die Verknüpfung der Geschichte dieses Massenmörders mit dem Namen der Stadt könne deren Image als Fremdenver-
kehrsort schaden. Sie sind in Sorge, dass der – auf die örtliche Tradition
des Orgelbaus anspielende – Werbeslogan *Waldkirch klingt gut* einen
Misston bekommen könnte. Dass eine freiwillige und offensive Befas-
sung mit der Sache auch eine befreiende Wirkung haben und Anerkennung von außen einbringen kann, wird nur selten gesehen und anerkannt.[520]

In Jägers Heimatstadt nahm man vom Selbstmord des ehemaligen
SS-Standartenführers im Jahr 1959 offenbar keine Notiz. Informationen,
die den hier wohnenden Familienangehörigen Jägers zugegangen sein
dürften, drangen jedenfalls nicht nach draußen. Beim Zustand des Beschweigens sollte es auch nach dem Tode Karl Jägers noch volle drei Jahrzehnte lang bleiben. Sein Name trat erstmals nach dem Weltkrieg wieder – für die jüngeren Menschen zum ersten Mal überhaupt – in das
Bewusstsein der Bewohner dieser Stadt, als sich im Jahr 1989, also ein
halbes Jahrhundert nach dem Beginn des Zweiten Weltkriegs, historisch
engagierte Bürger im Rahmen einer städtischen Kulturwoche mit dem
Thema »Waldkirch 1939 – davor und danach« auseinandersetzten.

In diesem Zusammenhang kam es, wie an anderer Stelle bereits erwähnt wurde[521], zur Veröffentlichung von Aussagen eines Zeitzeugen, in
denen Karl Jäger eine sehr positive Charakterisierung erfuhr.[522] Veröffentlicht wurden sie in einer von der Stadt Waldkirch herausgegebenen
Publikation mit dem Titel *Waldkirch 1939 – davor und danach*. Die beiden Autoren des fraglichen Beitrages – es handelte sich um Josef Meier
und Johannes Reidt, zwei engagierte Lehrer des Geschwister Scholl-
Gymnasiums (GSG) Waldkirch – fügten, nachdem die Publikation be-

reits gedruckt war, eine »Anmerkung der Verfasser des Aufsatzes ›Katholische Kirche und Nationalsozialismus in Waldkirch‹« hinzu. Sie wurde den noch nicht ausgelieferten Exemplaren der Broschüre als loses Blatt beigelegt. Bezugnehmend auf die besagten Charakterisierungen Karl Jägers als »feinsinnig, kultiviert« und »brillanter Führungskopf« führten die beiden Gymnasiallehrer dort Folgendes aus:

»Die hier zitierte Charakterisierung von Karl Jäger stammt aus dem Bericht eines Zeitzeugen und gibt dessen Globaleindruck wieder, die der Zeitgenosse im Umgang mit dem SS-Führer in der Zeit vor dem 2. Weltkrieg in Waldkirch gewonnen hat. Erst nach der Drucklegung des vorliegenden Buches wurden die Autoren durch den Hinweis eines Mitgliedes des Arbeitskreises Regionalgeschichte auf die Verstrickung[523] Karl Jägers in die Tätigkeit des sogenannten Sondereinsatzkommandos der SS im Osten aufmerksam gemacht.«

Nachdem sie die Leser über den Tatbestand informiert hatten, dass unter dem Kommando von Jäger im Jahr 1941 Litauen »judenfrei« gemacht worden war, antworteten die Autoren auf das Ansinnen des Beschweigens des Massenmordes, das ihnen Waldkircher Bürger nahegelegt hatten, in der folgenden Weise:

»Die Verfasser des Aufsatzes sind der Auffassung, dass ein solch schwerwiegendes Faktum im Leben eines der maßgeblichen NS-Größen am Ort, selbst wenn es außerhalb seiner ›Waldkircher Zeit‹ liegt, der Wahrheit willen nicht verschwiegen werden darf. [...]

Im Übrigen gilt auch hier, was bereits am Anfang unseres Aufsatzes über die Bewertung mündlicher Spurensuche festgestellt wurde, dass Geschichte nicht allein aus der Erinnerung der (zufällig noch lebenden) Zeitzeugen geschrieben werden kann, sondern dass sie notwendigerweise auf die Absicherung durch weitere – schriftliche – Quellen und Hilfsmittel angewiesen ist.«[524]

Auf demselben Einlegeblatt wurde angekündigt: »Der Arbeitskreis Regionalgeschichte Elztal beabsichtigt, über das Leben Karl Jägers gesondert zu publizieren.« Dazu ist es damals allerdings nicht gekommen. Wenn man so will, stellt die vorliegende, zwei Jahrzehnte später verfasste Täterbiographie eine späte Einlösung des seinerzeit gemachten Versprechens dar.

Damals, 1989, verhärteten sich die Widerstände in der Stadt gegen eine Beschäftigung mit der Geschichte Waldkirchs in der Zeit des Nationalsozialismus und insbesondere mit dem aus Waldkirch stammenden Massenmörder Karl Jäger zunehmend. Der Arbeitskreis Regionalgeschichte Elztal ist letztlich am Thema Jäger zerbrochen, das keine Akzeptanz fand und nur zu Dissonanzen und zu Misserfolgen in der örtlichen Kommunikation führte.

Die Ursachen für diese Entwicklung liegen keineswegs offen zutage. Einige ältere Waldkircher, die Jäger in positiver Erinnerung hatten, mochten die Jahrzehnte nach Kriegsende erhaltene Negativbotschaft über seine Mordtaten in Litauen zunächst nicht wahrhaben. Als die Tatsachen dann zweifelsfrei belegt waren, versuchten sie gleichwohl an ihrem vertrauten Bild von diesem Mann festzuhalten.

Andere mögen von der Ungeheuerlichkeit der Tat, die ihre Vorstellungskraft bei weitem überstieg, überwältigt gewesen sein. Wieder andere suchten einen Ausweg aus dem Erinnerungsdilemma in einem Ablenkungsmanöver: Sie bedauerten öffentlich die in der Stadt Waldkirch wohnhaften Nachkommen Jägers, weil sie annahmen, dass diese jetzt, obwohl völlig schuldlos, von der Bevölkerung in einer Art von »Sippenhaft« für die Taten ihres Vaters oder Großvaters verantwortlich gemacht werden könnten.[525] Schließlich trieb viele die Sorge um das Image der Stadt um. Um die litauischen Opfer und die Juden, die dort gegebenenfalls überlebt hatten, machte sich dagegen kaum jemand Gedanken.

Jedenfalls setzte sich die Abwehr gegen die Botschaft von den Missetaten Karl Jägers in seiner Heimatstadt Waldkirch auch nach der Kulturwoche 1989 fort. Aufklärung schien unerwünscht zu sein. Gelegentlich wurde sie gar als ein »unanständiger Paukenschlag« diffamiert. CDU-Stadträtin Liesl Frick beispielsweise kommentierte in der Presse: »Waldkirch war also doch keine Idylle! Unanständig und dazu noch taktlos, weil Herr Wette ohne jede Rücksichtnahme auf in unserer Stadt lebende Personen, die in jenen Jahren schuldlos und schicksalhaft litten, sein Ergebnis breitschlug.«[526] In einem Rundfunkinterview berichtete die christdemokratische Kommunalpolitikerin, sie habe für diese Äußerungen in Waldkirch »sehr viel Zustimmung erhalten«. Außerdem sagte sie, man solle »doch endlich damit aufhören, über das Dritte Reich zu reden«. Sie sei es »leid, das damalige Elend immer wieder verkraften zu müssen«. Man müsse doch »irgendwo mal einen Abschluss« finden und nicht immer wieder fragen, »was wir damals vielleicht falsch gemacht haben«.[527]

Stadträtin Anneliese Licht, lange Zeit Vorsitzende der CDU-Ratsfraktion, bekannte gegenüber einem Journalisten: »Der Jäger, für mich als kleines Mädchen war der schon eine [...] Persönlichkeit, die Respekt einflößte.« Von seinem wahren Tun habe man in Waldkirch nichts gewusst. Im Elztal sei man abgeschlossen von der Welt gewesen. Nachdem sie das Bild von der heil gebliebenen Idylle bedient hatte – »hier war doch nichts los« – plädierte die Stadträtin einmal mehr für eine Fortdauer der Taktik des Beschweigens: »Ich hätte mir gewünscht, dass Herr Wette die Wahrheit über Jäger unter Verschluss hält, um die Nachkommen nicht zu diskriminieren.«[528]

Eine stadtbekannte Gastwirtin, die – eigener Bekundung zufolge – in ihrer Jugend für Karl Jäger geschwärmt hatte, brachte ihre persönliche Gefühlslage in einem impulsiven Ausbruch gegen den Historiker, der damals auch Vorsitzender der Waldkircher SPD-Stadtratsfraktion war, zum Ausdruck: »Merken Sie sich eins: Der Jäger war einer von uns, und Sie nicht.«[529]

Vielleicht steckte gerade in dieser emotionalen Äußerung eine Empfindung, die auch von anderen Angehörigen der Waldkircher Kriegsgeneration geteilt wurde, und ebenso von jüngeren Menschen, die unter deren Einfluss standen: Dass nämlich die Aufdeckung der Untaten des Karl Jäger in Litauen während des Zweiten Weltkrieges gleichsam einen Verrat am gesamten lokalen Kollektiv darstellte, das gewohnt war, seine Identität in der Vorstellung von der friedlichen und abgelegenen Idylle zu finden? Nicht wenige Einwohner der Stadt erweckten jedenfalls durch ihre aggressiv gestimmte Abwehrhaltung den Eindruck, sie fühlten sich indirekt mitangeklagt, obwohl in der Öffentlichkeit doch niemand auch nur andeutungsweise eine Mitverantwortung konstruiert oder anderweitige Vorwürfe erhoben hatte. Haben wir es womöglich mit dem vagen Empfinden einer Kollektiv-Mitverantwortung zu tun, das zu nachhaltigen, bislang nicht aufgelösten Irritationen und Abwehrhaltungen führte? Oder brach sich hier einfach das auch anderorts weit verbreitete Bedürfnis Bahn, der Beschäftigung mit diesen »unerfreulichen Ereignissen« in längst vergangener Zeit aus dem Weg zu gehen?

Wie auch immer: Die geschilderten Reaktionen dürfen gewiss nicht als ein singulärer Vorgang begriffen werden, der nur für die Bevölkerung der südbadischen Kleinstadt Waldkirch charakteristisch wäre. Vielmehr dürfte sich im Waldkircher Umgang mit dem Thema Jäger in exemplarischer Weise die angstbesetzte Auseinandersetzung vieler Deutscher mit dem Holocaust widerspiegeln, die von ausländischen Beobachtern schon in der unmittelbaren Nachkriegszeit mit Erstaunen zur Kenntnis genommen wurde: »Statt Trauer oder gar moralische Mitschuld zu bekunden, verharrten sie in angstbesetzter Abwehr oder verfielen in eine Sprachlosigkeit, die oft nicht einmal mehr eine Distanzierung von den Verbrechen signalisierte.«[530] Vergleichbar dürfte besonders jener Teil der Deutschen sein, die im überschaubaren Kollektiv eines Dorfes oder einer Kleinstadt zusammen leben, aus dem oder aus der einst ein großer oder kleiner NS-Täter kam.

Jedenfalls verlief die öffentliche Debatte des Jahres 1989 in der Stadt Waldkirch über den Fall Jäger weithin nach dem altbekannten Motto: »Nicht der Täter ist der eigentliche Schuldige, sondern der Überbringer der schlechten Nachricht.« Das musste auch der in Waldkirch wohnende und arbeitende Rundfunkjournalist Lothar Walser erfahren. Ihm ist ein einstündiger Radiobeitrag zu verdanken, dem er den Titel gab: ›Ich war stets ein Mensch mit höherer Pflichtauffassung.‹ Der NS-Massenmörder Jäger, die Stadt Waldkirch und wir.[531] Das Stück, in welchem eine größere Anzahl von Angehörigen der Kriegsgeneration im Originalton zu Worte kamen, wurde am 29. März 1990 im 1. Programm des Südwestfunks (SWF, seit 1998 Südwestrundfunk, SWR) gesendet.

Nach der Ausstrahlung machte der populäre Rundfunkmann Walser eine Erfahrung, die ihn nachhaltig beeindruckte. Niemand sprach ihn nämlich auf die Sendung hin an. Wenn er selbst nachfragte, bekam er von seinen Gesprächspartnern die wenig glaubwürdige Antwort, man habe die – zuvor in der Lokalpresse bestens angekündigte – Sendung nicht gehört. Das bedeutete unzweifelhaft, dass die Betreffenden die Kommunikation über Jäger wiederum meiden wollten. Der Deckel auf dem brodelnden Fass sollte geschlossen bleiben.[532]

Die Politikwissenschaftlerin Gesine Schwan hat sich mit dem Phänomen der Kommunikationsverweigerung über Unrecht, das in der NS-Zeit begangen wurde, näher auseinandergesetzt. Sie schreibt diesem Schweigen eine »zerstörerische Macht« zu.[533] Denn, so ihre These, die »beschwiegene Schuld« beschädige nicht nur die Schweigenden, sondern auch die nächste Generation. Die Autorin diagnostiziert als schwerste Folge beschwiegener Schuld tiefgreifende Störungen in den deutschen Familien, nämlich Generationenkonflikt und Gefühlskälte, Hörigkeitsverhältnisse und gespaltenes Elternbild. Solche Störungen des Familienlebens verhinderten auch die Ausbildung eines Common Sense, der zur Ausbildung einer demokratischen Persönlichkeit unabdingbar sei. Insoweit gefährde dieses Beschweigen von Schuld zugleich den Grundkonsens der Demokratie. Nach der Überzeugung von Gesine Schwan muss Schuld ausgesprochen werden, um verarbeitet werden zu können.

Damit zurück zum regionalen Fall Jäger: Im Herbst des Jahres 1990, sieben Monate nach der Rundfunksendung von Lothar Walser, erschien in der Wochenendbeilage der *Badischen Zeitung*, dem angesehenen und auflagestarken Regionalblatt Südbadens mit monopolähnlicher Stellung, eine doppelseitige Reportage des Journalisten Kai-Ulrich Deissner über den Umgang der Waldkircher mit dem Thema Karl Jäger. Die Zeitung wählte die charakteristische Überschrift »Die Idylle und der Massenmörder« und illustrierte den Beitrag mit zwei kontrastierenden Fotos: Hier das anmutige Städtchen Waldkirch in einem Farbbild, dort ein Porträtfoto von Karl Jäger in SS-Uniform in körnigem Schwarzweiß.[534]

Deissner war von der Chefredaktion der Tageszeitung mit dieser Aufgabe vermutlich deswegen betraut worden, weil er aus Berlin stammte, in die örtlichen Konfliktlinien nicht verstrickt war und die Region Südbaden ohnehin bald wieder zu verlassen beabsichtigte.

Auf der Basis gründlicher Recherchen in Waldkirch zeichnete der Journalist das Bild einer Kleinstadt, die in geschichtspolitischen Fragen heillos zerstritten war, besonders nach dem Bekanntwerden der Tatsache, dass Jäger die Ermordung von 138 272 Juden befehligt hatte. Auf der einen Seite sah er die Aufklärer, die auch die Anregung gaben, die Thematik auf die Frage hin auszudehnen: »Wie viel Jäger ist in uns allen?«[535] Auf der anderen Seite mauerte die »Deckel-zu-Fraktion«, die endlich einmal einen Schlussstrich unter die Vergangenheit ziehen wollte. Nach Bekanntwerden der Fakten stöhnte sie: »Das Unglück der Stadt sind die Historiker.«[536]

Deissners Artikel rief ein ungewöhnlich großes Leserbriefecho hervor.[537] Es ließ unterschiedliche Bewertungen erkennen. Die Mehrheit der sich Äußernden machte einmal mehr deutlich, dass sie sich *nicht* mit dieser Thematik auseinandersetzen wollte und forderte dazu auf, zur Tagesordnung überzugehen. Andere begrüßten die angestoßene Auseinandersetzung ausdrücklich.

Man wird einräumen müssen, dass es die Nachkommen von NS-Massenmördern als »unschuldig Beladene«[538], wie Ralph Giordano einmal formuliert hat, besonders schwer haben, einen für sie erträglichen Umgang mit der Vergangenheit zu finden.[539] Man kann nicht erwarten, dass sich alle Nachkommen so gründlich mit ihren Vätern und deren Taten auseinandersetzen wie dies beispielsweise Niklas Frank[540] getan hat, der Sohn des NS-Führers Hans Frank, oder der Sohn von Martin Bormann, Hitlers rechter Hand, oder Christoph Meckel in seinem Buch *Suchbild*[541], oder Kurt Meyer, der Sohn des legendären Generalmajors der Waffen-SS, der bei seinen Zeitgenossen unter dem Namen Panzermeyer bekannt war[542], oder wie Ute Scheub in ihrer *Vatersuche*[543].

Eine Parallele zu der angstbesetzten Haltung gegenüber unangenehmen historischen Tatsachen, wie sie in Waldkirch zu beobachten war, gab es beispielsweise auch in der Kleinstadt Günzburg bei Ulm. Dort wollte man sich ebenfalls 60 Jahre lang nicht daran erinnern, dass der SS-Hauptsturmführer Dr. med. Josef Mengele, der im Vernichtungslager Auschwitz-Birkenau 1943–1945 Selektionen in die Gaskammern durchgeführt und rassisch Verfolgte zu Forschungszwecken getötet hatte[544], aus dieser Stadt stammte.[545] Oberbürgermeister Gerhard Jauerning klagte im Jahr 2005: »Mengele wirft bis heute einen dunklen Schatten auf unsere Stadt. Seinetwegen stand Günzburg – und häufig im gleichen Atemzug genannt – die ganze Einwohnerschaft am Pranger der Weltpresse.«[546]

Im gleichen Jahr wurde dann in der Innenstadt von Günzburg eine Bronzetafel »Das Mahnmal der 130 Augen« angebracht, das an die Opfer Mengeles erinnert, allerdings ohne diesen namentlich zu erwähnen, so dass der Unkundige diese Verbindung nicht herstellen kann. Auf der Tafel ist ein Satz von Jean Amery von 1975 zu lesen: »Niemand kann aus der Geschichte seines Volkes austreten. Man soll und darf die Vergangenheit nicht ›auf sich beruhen lassen‹, weil sie sonst auferstehen und zu neuer Gegenwart werden könnte.«[547] Die Initiatorin der Günzburger Mahntafel, die CSU-Kommunalpolitikerin Ruth Niemitz, warnte: »Nichts zu hören, nichts zu sehen, nichts zu sagen, diese Haltung erst öffnet Demagogen Tür und Tor«, um dann die geschichtspolitische Verantwortung der Stadt anzumahnen: »Die 20 000 Einwohner Günzburgs sind nicht für die Grausamkeiten des KZ-Arztes Josef Mengele verantwortlich. Wir sind aber als Stadt für den Umgang mit dieser schlimmen Zeit verantwortlich und damit auch dafür, wie uns andere wahrnehmen.«[548] Notwendige Einsichten dieser Art gibt es sicher auch in Waldkirch.

Eine massive Abwehrhaltung seitens des Redakteurs des renommierten *Jahrbuchs des Landkreises Emmendingen* schlug dem Autor entgegen, als er diesem im Dezember 2001 einen Text über Karl Jäger und die Judenmorde in Litauen zur Veröffentlichung anbot. Der vom Landrat mit der Redaktion des Jahrbuches betraute Historiker und Kreisarchivar Gerhard A. Auer lehnte es nach gründlicher Überlegung entschieden ab, seine Leser mit Informationen über Karl Jäger und die Judenmorde in Litauen zu konfrontieren. Was ihm – bei allem Unverständnis gegenüber dieser Haltung – zur Ehre gereicht, ist der Tatbestand, dass er seine ablehnende Haltung ausführlich begründete. Er wolle nicht, ließ er den Autor wissen, »dass durch Gerede in der Stadt [Waldkirch] den Angehörigen von Jäger Schaden zugefügt wird«. Rücksichtnahme auf die Nachkommen und Angehörigen sei gefragt. Außerdem schreckte der Redakteur offenbar vor dem erdrückenden Gewicht des Themas zurück: »Wäre Jäger ›nur‹ NS-Bürgermeister, Bauernführer, Ortsgruppenleiter etc. gewesen, hätte ich im Hinblick auf seine Angehörigen / Nachkommen wenig Probleme, aber einen Massenmörder als Vater oder Großvater zu haben …, da sieht die Sache anders aus.«[549] Aus diesem Grunde wolle er den Beitrag nur veröffentlichen, wenn das Einverständnis der Nachkommen vorliege.

Der Kreisarchivar stellte also die Schutzbedürftigkeit der Nachkommen Jägers über das öffentliche Interesse an der Aufklärung der Vergangenheit, in diesem Falle das Wissen über einen NS-Täter, der eine öffentliche Person der Zeitgeschichte war und der überdies längst Gegenstand der internationalen Holocaustforschung ist. Ich widersprach Gerhard Auer seinerzeit mit folgendem Argument: »Gerade weil er [Karl Jäger] ein NS-Massenmörder war, gerade weil das Problem damit so groß ist, muss er unsere gesteigerte Aufmerksamkeit finden. Wir müssen zu klären und sachgerecht zu erörtern versuchen: Wie konnte ein Mann wie Jäger, der in der Waldkircher Gesellschaft fest verwurzelt war, der von fast allen Waldkircherinnen und Waldkirchern, die ihn kannten, als feinsinnig, intelligent, musikalisch, organisationsbegabt und sympathisch eingeschätzt und geschätzt wurde – wie konnte ein solcher Mann, nachdem er 1936 von Himmler zum hauptamtlichen SS-Führer ernannt wurde, wenige Jahre später zum ›Henker des litauischen Judentums‹ werden? Das ist eine Frage von bleibendem Interesse, auch für die Zukunft.«[550]

An der ablehnenden Haltung des Redakteurs hat diese Argumentation nichts zu ändern vermocht. Der ihm angebotene Beitrag wurde dann an anderer Stelle veröffentlicht.

Die Öffentlichkeit hat von dieser Kontroverse seinerzeit nichts erfahren. Denn der für den Landkreis Emmendingen zuständige Redakteur der *Badischen Zeitung*, dem ich den Vorgang zugänglich machte, konnte sich nicht dazu entschließen, seinen Lesern darüber zu berichten.

In der Stadt Waldkirch hielt das öffentliche Beschweigen der Causa Jäger auch in der Folgezeit an. Wie ich gelegentlich erfuhr, wurde allerdings hinter vorgehaltener Hand immer wieder über Karl Jäger wie auch über den hartnäckigen Historiker als den Überbringer der schlechten Nachricht geredet. Zu einer öffentlichen Auseinandersetzung mit dem brisanten historischen Thema kam es jedoch nicht. Ein häufig zu hörendes Argument lautete, mit dem – auch von der Familie Jäger gewollten – Beschweigen könne man die Nachkommen Jägers am wirkungsvollsten schonen. Der Gedanke, dass es sich dabei gar nicht um eine Angelegenheit der Familie handelte, sondern um den verantwortungsvollen Umgang der Stadt und ihrer Bürger mit diesem Segment der Geschichte des Holocaust, das nun einmal durch die Herkunft Karl Jägers aus Waldkirch mit dieser Stadt verbunden ist, fand kaum einen Nährboden. Das Thema »Jäger« blieb unerwünscht. Das Erinnern an die Geschichte der Stadt spielte sich auch weiterhin eher im Sinne einer folkloristisch geprägten Heimatkunde ab, in der Politisches generell und die NS-Zeit speziell weiträumig umgangen wurden.

Einzig das Waldkircher Geschwister Scholl-Gymnasium scherte aus. Zwar zeigte es im Jahr 2001 noch kein Interesse an dem Vorschlag, sich an einer Exkursion von Schülern und Studenten nach Litauen zu beteiligen. Aber bald darauf begann es seine historisch-pädagogische Verantwortung in vorbildlicher Weise wahrzunehmen (siehe dazu die nachfolgenden Kapitel VII/5 und 6). Lehrer und Schüler setzten sich intensiv mit der NS-Zeit auseinander und sparten dabei die Mordtaten des SS-Standartenführers Karl Jäger nicht aus. Von den Geschichtslehrern des Gymnasiums war zu hören, dass die Angehörigen der zweiten und dritten Nachkriegsgeneration neugieriger und unbefangener mit dem »heißen« Thema umgingen als ihre Eltern und Großeltern.

4. Orte der Erinnerung an den Holocaust in Litauen und in Deutschland

Heute gibt es nur wenige Orte, an denen über die Taten Jägers als Organisator der Judenmorde in Litauen informiert wird. Hier sind zunächst zwei Museen in Litauen zu nennen. Das eine befindet sich in der heutigen litauischen Hauptstadt Vilnius und heißt Staatliches Jüdisches Museum Litauens.[551] Dort wird im ersten Ausstellungsraum ein Brustbild des SS-Standartenführers Karl Jäger präsentiert, eingerahmt von vergrößerten Kopien beziehungsweise Übersetzungen seines Berichts vom 1. Dezember 1941 in litauischer und in russischer Sprache. Der zweite Lernort befindet sich in der früheren provisorischen Hauptstadt Kaunas, in welcher Karl Jäger 1941–1943 als KdS residierte, und zwar im Museum des IX. Forts, wo einige Schautafeln über den Holocaust in Kaunas informieren.

In der deutschen Stadt Ludwigsburg, in der seit 1958 die Zentrale Stelle der Landesjustizverwaltungen für die Aufklärung von nationalsozialistischen Gewaltverbrechen arbeitet – heute ist sie eine Außenstelle des Bundesarchivs –, wird seit 2008 eine Dauerausstellung mit dem Titel *Die Ermittler von Ludwigsburg* gezeigt.[552] Auf einer der Stellwände, die etwa fünf Prozent des Volumens der Ausstellung ausmacht, wird mittels einiger exemplarischer Exponate über die Arbeit der Zentralen Stelle zum Fall Jäger – hauptsächlich im Jahr 1959 – informiert.

Weiterhin zeigt das Haus der Geschichte Baden-Württembergs seit 2009 in Ludwigsburg in seiner Dauerausstellung *Hohenasperg – ein deutsches Gefängnis* auch Originaldokumente über den prominentesten NS-Verbrecher, der dort als Gefangener einsaß, nämlich Karl Jäger.[553]

In Jägers Heimatstadt Waldkirch ist eine Erinnerung an den SS-Offizier und an seine Taten nirgendwo optisch präsent. Das örtliche Heimatmuseum legt den Schwerpunkt auf die Geschichte des Orgelbaus und klammert die Geschichte des Nationalsozialismus in der Stadt bislang vollständig aus.

5. Emotionale Annäherung an das Grauen: Eine Litauen-Exkursion von Freiburger Studenten und Schülern

»Wenige Juden, viele Probleme!«, so resümierte Simonas Alperovicius die Lage, als er im Jahr 2001 nach der Rolle der kleinen jüdischen Gemeinde im heutigen Litauen befragt wurde, deren Vorsitzender er ist. Diese Einschätzung bezieht sich, was der Gesprächspartner lediglich andeutete, auch auf den Umgang der litauischen Bevölkerung mit der Vergangenheit. Professor Liudas Truska, der an den Universitäten Vilnius und Kaunas Neuere Geschichte lehrt und die Defizite in der Erinnerungskultur des eigenen Landes bestens kennt[554], fragte die deutschen Besucher mit kritischem Unterton, weshalb sie sich nur für das jüdische Thema interessierten und nicht zugleich für die Zeit der Sowjetherrschaft.

Bei den Deutschen handelte es sich um dreißig junge Menschen aus Freiburg im Breisgau, um Studentinnen und Studenten des Historischen Seminars der Albert-Ludwigs-Universität, die sich ein Jahr lang mit den Judenmorden in Litauen während des Zweiten Weltkrieges wissenschaftlich auseinandergesetzt hatten, sowie um Schülerinnen und Schüler des Freiburger Rotteck-Gymnasiums. Als Höhepunkt ihrer Beschäftigung mit dem Thema »Karl Jäger, ein Massenmörder aus Südbaden« unternahmen sie eine historisch-politische Exkursion nach Litauen. Sie besuchten die historischen Mordstätten, sprachen mit Überlebenden des Holocaust und trafen mit litauischen Jugendlichen, auch jüdischen, zusammen. Durch diese Kontakte wurde ihnen bewusst, dass man heute in Litauen – nicht anders als in Deutschland – kaum etwas über Karl Jäger weiß.

Die Freiburger Schüler und Studenten trafen in den ehemaligen Ghettos von Vilnius und Kaunas mit litauischen Juden zusammen, die den Holocaust überlebt hatten.[555] Sie waren überrascht und angetan von der Aufgeschlossenheit, mit der die alten Menschen den jungen Besuchern aus Deutschland gegenübertraten und ihnen bereitwillig jede Frage beantworteten. Die Zeugen der Judenmorde in Litauen honorierten das Interesse der jungen Deutschen mit offener Zuwendung. Wo diese versteckten Hass geargwöhnt hatten, fanden sie unerwartete Gesprächsbereitschaft. Sie hörten auch die Botschaft: »Es gibt keine schlechten Völker, wohl aber schlechte Menschen.« Begegnungen mit Holocaust-Überlebenden wie Fanja Branzowska, Tobijas Jafetas, Fruma Kucinskiene, Joheved Inciuriene, Bronius Eliosaitis, Leiba Lipschitz und Boris Steinas ermöglichten den jungen Deutschen einen emotionalen Zugang zu den Ereignissen der Kriegszeit. Dadurch erfuhren sie eine Dimension von Geschichte, die sich ihnen sonst nicht eröffnet hätte.

> »Litauen, den 20. Juli 2001. Wir sind auf dem Weg zu der Erschießungsstätte Ponar. Dort wurden ab Juli 1941 Tausende Juden, Polen, litauische und russische Kommunisten ermordet. […]
>
> Körper zu tausend kalten Mondsicheln erstarrt in hellen Gruben, daneben kleine Duftblumen im Gras. Ich weiß nicht, wo ich stehe. Hilflose Hitze und Würgen. – Geh auf die Knie und such nach deinem Namen! Wohin mit dem zerschlagenen Kopf des entsetzten Kindes?
>
> *Hört ihr: keine Klänge mehr hier drinnen! (Und kein Ton kommt über meine gelben Lippen.)*
>
> ›Still, still, lasst uns schweigen
>
> Gräber wachsen hier
>
> Gepflanzt von den Feinden
>
> Grünen sie dem Himmel entgegen.‹[556]
>
> Zwischen den Steinen, den fallenden, zucken bleiche Schmetterlinge. Auf und ab, Waldwiege, Schlafwunsch.
>
> Um mich nicht zu verirren, kehre ich um. Dort unter Schattenbäumen sind vertraute Gestalten. Sie gehen staunend und schwer.«
>
> Sophie Ewald, 18-jährige Schülerin, über den Besuch der Gedenkstätte Paneriai[557]

Im Anschluss an die Freiburger Exkursion nach Litauen und durch die Zusammenarbeit mit dem Litauischen Kulturinstitut (LKI) in Lampertheim-Hüttenfeld und dem Nordost-Institut in Lüneburg, die im Jahr 2001 eine Tagung veranstalteten mit dem Titel »Das Jahr 1941: Fragen an die litauische Geschichte«, entstand in der Folgezeit eine umfassende Zwischenbilanz der historischen Forschung über die Judenmorde in Litauen. Das Buch wurde im Jahr 2003 veröffentlicht und trägt den Titel *Holocaust in Litauen. Krieg, Judenmorde und Kollaboration im Jahr 1941.*[558] Darin beleuchten deutsche, litauische, britische und amerikanische Historiker die Ereignisse des Jahres 1941 in Litauen aus verschiedenen Blickwinkeln. Darüber hinaus kommen Zeitzeugen zu Wort.

Abb. 35: Am Gedenkstein für das Ghetto in Vilnius legen eine Schülerin und ein Student aus Freiburg am 20. Juli 2001 eine Blumenschale nieder. Daneben die Holocaust-Überlebenden Fanja Branzowska und Tobijas Jafetas.

6. Holocaust-Überlebende aus Litauen in Jägers Heimatstadt Waldkirch

»Wir Älteren schulden der Jugend nicht die Erfüllung von Träumen, sondern Aufrichtigkeit. Wir müssen den Jüngeren helfen zu verstehen, warum es lebenswichtig ist, die Erinnerung wach zu halten. Wir wollen ihnen helfen, sich auf die geschichtliche Wahrheit nüchtern und ohne Einseitigkeit einzulassen, ohne Flucht in utopische Heilslehren, aber auch ohne moralische Überheblichkeit.

Wir lernen aus unserer eigenen Geschichte, wozu der Mensch fähig ist. Deshalb dürfen wir uns nicht einbilden, wir seien nun als Menschen anders und besser geworden.«

Bundespräsident Richard von Weizsäcker am 8. Mai 1985[559]

Trotz aller Widerstände ging die Beschäftigung mit dem Holocaust in Litauen – und damit auch mit dem Fall Jäger – in dessen Heimatstadt Waldkirch auch nach der Jahrhundertwende weiter. Besondere Verdienste erwarben sich dabei das Waldkircher Kunstforum Georg Scholz-Haus sowie das städtische Geschwister Scholl-Gymnasiums (GSG). Als die ehemalige FDP-Bundespolitikerin Cornelia Schmalz-Jacobsen im Frühjahr 2003 nach Waldkirch kam, um aus ihrem Buch *Zwei Bäume in Jerusalem*[560] zu lesen, machte der Vorsitzende des Fördervereins des besagten Kunstforums, der Buchhändler Roland Burkhart, in seiner Begrüßungsrede die folgenden, bemerkenswert kritischen Ausführungen:

»Hier in Waldkirch haben wir an einer ganz schweren Geschichte zu kauen. Wir haben nämlich auch einen Helden aus der Nazi-Zeit, allerdings einen negativen. Ein Mitbürger dieser Gemeinde war damals ganz besonders in den Sog der Nazi-Ideologie geraten und hat vor 60 Jahren eine traurige Berühmtheit im Deutschen Reich erlangt. Als Kommandeur und Gestapochef hat er im von den Nazis besetzten Litauen viele Tausend, genauer über 137000 jüdische Bürger, in den Tod geschickt, zum Teil sogar selbst dabei Hand angelegt. Es fällt der Gemeinde und den Nachfahren heute schwer, diese schreckliche Seite im Waldkircher Geschichtsbuch aufzuschlagen. Aber wir müssen es tun, damit wir den Kopf und die Seele wieder frei bekommen und wir aktiv gegen die Gespenster des Rassenhasses und menschlicher Niedertracht angehen können, die heute, auch 60 Jahre danach, noch da sind und auch im Elztal noch ihr Unwesen treiben.«[561]

Im Herbst 2006 wurde im Waldkircher Geschwister Scholl-Gymnasium die Ausstellung *Sag' nie, Du gehst den letzten Weg* gezeigt, die von der Wuppertaler Künstlerin Roswitha Dasch konzipiert und realisiert wurde. Das Waldkircher Geschichtsprojekt am GSG ergänzte die Ausstellung mit Tafeln, auf denen über die Rolle des SS-Standartenführers Karl Jäger informiert wurde. Im Rahmen des Begleitprogramms zu besagter Ausstellung erhielt der Verfasser dieses Buches am 3. Oktober 2006 erstmals die Möglichkeit, in Waldkirch – im Forum des Gymnasiums – umfänglich zu dem Thema »Karl Jäger und der Holocaust in Litauen. Zum Stand der historischen Forschung« zu referieren.[562] Die etwa 150 Personen, die im Forum des Gymnasiums saßen, darunter nicht wenige Meinungsführer der Stadt, hörten den Ausführungen fast zwei Stunden lang mit großer Aufmerksamkeit zu. Auch ein Enkel Jägers war anwesend.

Abb. 36: Holocaust-Überlebende aus dem Baltikum bei der Eröffnungsveranstaltung zur Karl Plagge-Ausstellung im Geschwister Scholl-Gymnasium Waldkirch am 21. Februar 2008. In der ersten Stuhlreihe von links: Juliane Zarchi (Kaunas), Fruma Kucinskiené (Kaunas), Alexander Bergmann (Riga) und Tobijas Jafetas (Kaunas).

Einen vorläufigen Höhepunkt der lokalen Erinnerungsarbeit in Jägers Heimatstadt Waldkirch im Schwarzwald bildete der Besuch von vier Holocaust-Überlebenden aus dem Baltikum in Waldkirch im Februar 2008: Fruma Kucinskiene[563] und Juliane Zarchi aus Kaunas, Tobijas Jafetas[564], als Kind in Kaunas und heute in Vilnius lebend, und Alexander Bergmann aus Riga[565]. Nach Waldkirch eingeladen hatte wiederum das Geschwister Scholl-Gymnasium, vertreten durch dessen Direktor Dr. Helmut Strittmatter und den Lehrer für Geschichte, Ulrich Fischer-Weissberger. Die lokale Presse wies ihre Leser auf die Bedeutung dieses Ereignisses hin: Erwartet werden »Überlebende des Holocaust in Litauen und Lettland, die von ihrer Rettung vor der Mordmaschinerie der Nazis erzählen werden. Aufgrund des inzwischen hohen Alters der Zeitzeugen werden diese Gelegenheiten immer seltener. Und nun kommen diese Zeitzeugen sogar in jene Stadt, aus der der Mann stammt, der als SS-Standartenführer und Kommandeur des Einsatzkommandos 3 Litauen ›judenfrei‹ machte [...]«.[566]

Kombiniert mit dem Besuch der Holocaust-Überlebenden war die Präsentation einer – von der Geschichtswerkstatt Darmstadt erarbeitete – Ausstellung über den Wehrmacht-Major Karl Plagge (1897–1957).[567] Dieser hatte 1941 bis 1944 in der litauischen Stadt Vilnius als Kommandeur des dort stationierten Heereskraftfahrparks 562 Hunderte von Juden gerettet und war dafür vom Staat Israel im Jahr 2005 posthum als Gerechter unter den Völkern ausgezeichnet worden.[568]

Die Waldkircher Schülerinnen und Schüler waren auf das Thema Retter in Uniform[569] durch mehrjährige, intensive gemeinsame Geschichtsarbeit mit dem betagten, im benachbarten Dorf Simonswald wohnhaften Zeitzeugen Heinz Drossel (1916–2008) vorbereitet worden. Dieser ehemalige Oberleutnant der Wehrmacht hatte ebenfalls Juden gerettet und war dafür im Jahr 2000 vom Staat Israel als Gerechter unter den Völkern geehrt worden.[570]

Tobijas Jafetas, der 1941 selbst ein Jugendlicher gewesen war, 14 Jahre alt, erzählte ruhig, mit wenigen Gesten und in ziemlich gutem Deutsch – das hat er früher zu Hause gesprochen – wie die Familie ins Ghetto übersiedelte, zwar unter Zwang, aber doch fast freiwillig. »Wir dachten, wir wären da sicherer.‹ Das war ein Irrtum. Immer wieder wurden Männer abgeholt, wir wurden weniger und weniger.« Ob er hier sei, um die Deutschen anzuklagen, wurde er gefragt. Die klare Antwort lautete: »Nein, er sei nicht hier, um anzuklagen [...]. Er sei hier, um ihnen deutlich zu machen, wie wertvoll die Demokratie ist, in der sie leben.« Ob er wütend auf die Deutschen sei? Nein, sagte Jafetas, »man kann wütend sein auf einen Menschen, aber nicht auf ein Volk; einer macht seine Sache gut, ein anderer schlecht, oder er wird gezwungen, etwas Schlechtes zu tun«.[571]

Zum Abschluss der Gespräche am Gymnasium bedankten sich die Schülerinnen und Schüler überaus herzlich mit Geschenken und Umarmungen bei den Zeitzeugen. Die vier Holocaust-Überlebenden aus dem Baltikum wurden auch vom Bürgermeister der Stadt, Richard Leibinger (SPD), offiziell empfangen.[572] Im Rathaus trugen sie sich in das Goldene Buch der Stadt ein.

7. Die zweite Republik Litauen und die ausgelöschte jüdische Kultur

Nach dem Ende des Kalten Krieges war Litauen das erste Land des zerfallenden sowjetischen Herrschaftsbereichs, das sich aus dem sowjetischen Staatsverband löste. Litauen erklärte am 11. März 1990 seine Unabhängigkeit und konstituierte sich – wie schon einmal 1918 – als Republik Litauen. Im Januar 1991 versuchten pro-sowjetische militärische Kräfte unter Einsatz von Panzern erfolglos, die Demokratie zu stürzen. Es kam zu einem Befreiungskampf, der das Leben von 14 jugendlichen Demonstranten kostete. Eine daraufhin am 25. Februar 1991 durchgeführte Volksabstimmung ergab, dass 85 Prozent der Litauer für die Unabhängigkeit des Landes von der Sowjetunion stimmten. Nach dem Scheitern eines Putsches in Moskau zögerten die westlichen Länder nun nicht mehr, die Unabhängigkeit Litauens anzuerkennen. Im Jahr 2004 wurde Litauen Mitglied der Europäischen Union und der Nato.

Sowohl der Kampf der Litauer um ihre nationale Unabhängigkeit als auch der Prozess der Demokratisierung des Landes und seiner Integration in die westlichen Bündnisse verlief nicht ohne Krisen, aber – in der Summe betrachtet – doch erfolgreich. Die in der litauischen Gesellschaft anzutreffenden Erinnerungen an die Geschichte ihres Landes seit dem Beginn des Zweiten Weltkrieges sind nach wie vor kontrovers und umstritten.

Die Entwicklung der kleinen jüdischen Gemeinde Litauens ist dagegen alles andere als eine Erfolgsgeschichte. Im Jahr 1995 bilanzierte der in Kaunas wohnhafte jüdische Schriftsteller Markas Zingeris die deprimierende Lage der jüdischen Gemeinde in der unabhängigen Republik Litauen folgendermaßen:

»Die Reste der Gemeinde von 240 000 Personen im Jahr 1939, von etwa 20 000 während der Perestroika, schrumpfte ständig seit dem Jahr der Unabhängigkeit von 1990, bis sie auf marginale 4000 im letzten Jahr [1994] fiel. Die Spannungen und Leiden der Übergangszeit und die allgemeine Instabilität und Unsicherheit, die Ängste vor einer Wiederholung der Ereignisse der Vergangenheit ebenso wie eine besondere jüdische Sensibilität für Probleme der Minderheitenfragen haben viele jüdische Familien dahin gebracht, dieses baltische Land für immer zu verlassen.

Die jüdische Gemeinde Litauens, die der Welt viele berühmte Gelehrte und Künstler und geachtete Rabbis gab, diese Gemeinde schließt am Ende des 20. Jahrhunderts das Buch ihrer Geschichte. Alles, was die verbleibenden wenigen Tausend tun können, ist, bildlich gesprochen, Litauen in einen sauberen jüdischen Friedhof oder eine Touristenattraktion zu verwandeln und die sechs Jahrhunderte jüdischer Präsenz in Litauen mit einem Lehrstuhl für jüdische Studien an der 400-jährigen Universität in Vilnius zu krönen!«[573]

Der aus Kaunas stammende Buchautor Zwi Katz war 14 Jahre alt, als die deutsche Wehrmacht Litauen überfiel. Er lebt seit langem in Israel. In sein Heimatland wollte er nicht zurückkehren. Denn wie alle anderen Überlebenden war er von einem Trauma geprägt, von der Erinnerung an die Mordstätten und an die deutschen und litauischen Mörder. »Die Erinnerungen daran mussten jahrzehntelang verdrängt werden, um ein neues Leben beginnen und eine neue Existenz aufbauen zu können.«[574] Über die Vergangenheit haben Zwi Katz und seine Freunde lange Zeit überhaupt nicht gesprochen. »Diese lag in den tiefsten Gehirnzellen verschlossen, ein schwarzes, versiegeltes Loch. Nur nachts in den Albträumen drückte sie auf die Seele. Aber nur eine dünne und zerbrechliche Schicht der Verdrängung lag zwischen der Gegenwart und der lauernden Vergangenheit [...].«[575] Erst ein halbes Jahrhundert nach den schrecklichen Ereignissen vermochte Katz seine Lebenserinnerungen niederzuschreiben und sie im Jahr 2002 zu veröffentlichen. Mit dem Blick auf das Jahr 1945 schließt er sie, ähnlich wie Markas Zingeris, mit dem Bild vom großen jüdischen Friedhof: »Litauen, das Land, in dem ich meine glücklichen Kinderjahre verbrachte, war jetzt nur noch ein einziges jüdisches Massengrab. Friedhöfe aber sind kein Platz zum Leben, und ich musste mir eine andere Heimat suchen.«[576]

In Deutschland wie in Litauen schreitet die historische Erforschung der Judenmorde in den baltischen Staaten zügig voran, wobei insbesondere die vom ehemaligen litauischen Staatspräsidenten Adamkus eingesetzte Internationale Historikerkommission eine konstruktive Rolle spielt. Es bleibt eine offene Frage, wann und in welchem Umfang die Ergebnisse der neuen Forschungen von einer größeren Öffentlichkeit wahr- und angenommen werden. Wegen des fortgeschrittenen Lebensalters der Täter wird die Justiz beider Länder kaum noch zu einer Belebung des öffentlichen Interesses an dem Vernichtungsgeschehen der Jahre 1941–1944 beitragen können. Auch die wenigen Überlebenden des Holocaust werden nicht mehr lange zur Verfügung stehen, um über ihr schweres Leben zu berichten. In der Zukunft wird die Bedeutung der Orte der Erinnerungen und der Gedenkstätten zunehmen. Konkrete, anschauliche Darstellungen des Mordgeschehens und der Täter in der historischen Literatur und in den Medien stehen ebenso im Dienste einer verantwortlichen Erinnerung an den Holocaust.

8. Karl Jäger: Wie ein feinsinniger Musiker zum Massenmörder wurde

Die Biographie des Standartenführers Karl Jäger lässt erkennen, dass dieser Kommandeur eines Mordkommandos der SS von seiner anthropologischen Disposition her keineswegs eine Bestie in Menschengestalt oder ein geisteskranker Verbrecher war. Vielmehr haben wir es mit einem ganz normalen, auf einigen Feldern sogar überdurchschnittlich begabten Menschen zu tun, der allen, die ihn vor dem Zweiten Weltkrieg persönlich kannten, Respekt abnötigte. Seine Mitbürger im Schwarzwaldstädtchen Waldkirch schildern ihn übereinstimmend als einen feinsinnigen, musikalisch begabten, charakterfesten, immer korrekten, politisch engagierten und führungsstarken Mann. So kannten und schätzten sie ihn.

Als diese Zeitzeugen dann Jahrzehnte nach dem Krieg davon erfuhren, dass ihr Held von ehedem als ein höherer SS-Offizier zum Henker des litauischen Judentums geworden war, nahmen sie instinktiv eine Abwehrhaltung ein, in der ungläubiges Entsetzen und Angst mitschwangen. Sie fragten sich, ob das wirklich der gleiche Mann war, der bis 1936 in ihrem Städtchen gelebt und dort hohes Ansehen genossen hatte.

Eine ältere Waldkircher Bürgerin versuchte den offensichtlichen Widerspruch zwischen ihrem persönlichen Bild von Jäger und seinen späteren Untaten folgendermaßen zu erklären – und zu entschuldigen:»Er war nicht ein Mann des Radikalismus, sondern von Verhandeln und Verstehen und von Gerechtigkeit. [...] Als normaler Mensch kann man so etwas [gemeint sind die Judenmorde, d. Verf.] nicht machen. Drum manchmal gibt es auch Zweifel, ob alles stimmt. Aber es ist ja dokumentarisch belegt. Und trotzdem muss man sagen: Da hat eben der Satan regiert.«[577]

Der Historiker ist angehalten, nicht in metaphysische Deutungsversuche dieser Art zu flüchten, sondern Erklärungen in der Biographie dieses Menschen zu suchen, dessen Leben als Erwachsener nicht zufällig in das »Zeitalter der Extreme« fällt, wie der britische Historiker Eric Hobsbawm insbesondere die erste Hälfte des 20. Jahrhunderts mit den beiden Weltkriegen und dem Genozid an den europäischen Juden charakterisiert hat.[578] Wenn man die positiven Charakterisierungen des Karl Jäger als eine zutreffende Beschreibung seiner Person betrachtet, so stellt sich die Frage umso dringlicher, welche Einflüsse und Umstände erforderlich waren, um diesen Mann trotz seiner guten Anlagen zum Massenmörder werden zu lassen.

Als Kind und Jugendlicher wuchs Karl Jäger, soweit erkennbar, in einer normalen bürgerlichen Familie auf, verlor allerdings früh seine Mutter durch Selbstmord. Er genoss eine katholische Erziehung, bekam eine gute Berufsausbildung, lernte mehrere Musikinstrumente, den Orchestrionbau und Kaufmännisches. Mit der Heirat einer Tochter aus einem mittelständischen Unternehmen gelang ihm bereits in der Zeit vor dem Ersten Weltkrieg ein sozialer Aufstieg. Parallel zu seiner musikalischen Ausbildung wurde der junge Karl Jäger mit einem obrigkeitsstaatlich und militaristisch geprägten Wertesystem vertraut gemacht, wie es im kaiserlichen Deutschland Wilhelms II. für alle Bildungseinrichtungen und gerade auch in der Musikerziehung verbindlich war.[579] Darin bildeten Werte wie Pflicht, Ordnung, Gehorsam, Vaterland und Gottes-

furcht zentrale Orientierungspunkte, ebenso das Leitbild vom kriegerischen Mann.[580] Früh lernte Jäger das militärische Milieu kennen und als
Schule kriegerischer Männlichkeit schätzen. Er wollte nicht nur der feinsinnige Musiker sein, sondern auch dem Männlichkeitsideal seiner Zeit
nacheifern. Vor dem Ersten Weltkrieg leistete er mehrfach freiwillige
Militärdienstübungen ab, bis ihn schließlich bei Kriegsbeginn 1914 der
Gestellungsbefehl ereilte. Vier lange und sicherlich prägende Jahre leistete Jäger Kriegsdienst im deutschen Heer, zumeist an der Front. Vielfach
muss er Todesgefahren erlebt haben, und wahrscheinlich wurde ihm
auch das Töten von Feinden zur selbstverständlichen Pflicht. Der mehrjährige Kriegsdienst stumpfte ihn – nicht anders als Millionen anderer
Männer – mental ab, entfremdete ihn von seinen zuvor ausgeübten zivilen Tätigkeiten und ließ die männlich-kriegerischen Anteile seiner Persönlichkeit überhandnehmen.

Karl Jäger wandelte sich durch die schrecklichen Weltkriegsjahre nicht
etwa zum Pazifisten, wie das bei einem Teil der – nach Millionen zählen-
den – deutschen Frontsoldaten der Fall war. Vielmehr deutete er das
Geschehen im Sinne der deutschen Nationalisten, die darauf beharrten,
dass Deutschland »gegen eine Welt von Feinden« tapfer, aufopferungs-
voll und erfolgreich gekämpft habe, dass das deutsche Heer »im Felde
unbesiegt« geblieben sei, dass die »Novemberverbrecher« das Vaterland
verraten und so die Niederlage herbeigeführt hätten, dass der »Diktat-
frieden« von Versailles nur ein vorübergehender Zustand sein könne und
dass Deutschland sobald als möglich einen neuen kriegerischen Anlauf
zur Verbesserung seiner Position in der Welt unternehmen müsse. Da die
demokratische Republik von Weimar für einen solchen zweiten »Griff
nach der Weltmacht« nicht die Voraussetzungen zu bieten schien, war
Jäger ein erklärter Gegner, ja Verächter der Republik.

In der Nachkriegszeit schloss sich der Weltkriegs-Veteran alsbald einer
badischen Formation der illegalen Schwarzen Reichswehr an, in der
rechtsradikales, gewaltverherrlichendes und antisemitisches Gedanken-
gut zu Hause war. Mit dieser Liaison blieb er der militaristischen Welt der
kriegerischen Gewalt auf das Engste verbunden. Wie bei allen deutschen
Nationalisten jener Zeit waren Juden, Demokraten und Pazifisten auch
in den Augen Jägers die Feinde der »wahren Deutschen«. Feindbilder
brauchte er also nicht erst in der NS-Zeit zu lernen.

Jägers politische Ansichten scheinen sich nach dem Krieg so weitge-

hend mit der Weltanschauung Adolf Hitlers gedeckt zu haben, dass er
sich schon 1923, als die NSDAP noch eine Splitterpartei war, dazu ent-
schloss, ihr als Mitglied beizutreten und ihr, wie man dort später sagte,
als alter Kämpfer zu dienen. Das tat er in der Weise, dass er in seinem
Heimatstädtchen Waldkirch eine NSDAP-Ortsgruppe gründete, sich
dort als Hitler des Elztals bezeichnen ließ und Anfang der 1930er Jahre
zudem einen SS-Sturm ins Leben rief, der sich alsbald von der Mitglie-
derzahl wie vom Ausbildungsstand her mit jeder vergleichbaren SS-Formation im Südwesten Deutschlands messen konnte.

Das Engagement Karl Jägers für die NSDAP und die SS fiel in eine Zeit,
in welcher er seine Position als Prokurist einer Firma für den Bau von
mechanischen Musikinstrumenten eingebüßt hatte und arbeitslos geworden war. Seine mehrjährige Suche nach einer neuen Zukunftsper-
spektive wurde schließlich in einer Weise belohnt, die seinen politischen
Intentionen voll entsprach. Himmler holte ihn 1936 als hauptamtlichen
Polizeioffizier in die SS. Jäger, der damals 48 Jahre alt war, arbeitete in der
Folgezeit im Reichssicherheitshauptamt und in anderen Behörden der
SS-Organisation, erhielt eine gute dienstliche Beurteilung nach der anderen und avancierte rasch vom Hauptsturmführer (Hauptmann) zum
Standartenführer (Oberst). Innerhalb von vier Jahren machte er also eine
bemerkenswerte Karriere, die ihn fest an die SS und den Staat Hitlers
band. In Speziallehrgängen wurde er ideologisch auf seine spätere Tätigkeit als Offizier des Sicherheitsdienstes der SS im Krieg vorbereitet.

Im Juni 1941 erhielten Jäger und weitere 50 SS-Offiziere von Heydrich
die eher allgemein gehaltene Einweisung, dass es in dem bevorstehenden
Krieg gegen die Sowjetunion auch darum gehen werde, die Juden im
Osten zu vernichten. Auf genauere Befehle berief er sich auch später
nicht. In seiner neuen Rolle als Chef des Einsatzkommandos 3 hielt er es
für seine Pflicht, den Orientierungen seiner Vorgesetzten unbedingt Folge zu leisten, auch wenn die Ausführung dieser Pflicht die Ermordung
vieler Tausender litauischer Juden bedeutete. Pflichtgefühl und bedin-
gungsloser Gehorsam stellten für Jäger auch in der Mordphase seiner
SS-Laufbahn das Korsett für sein Denken und Handeln dar.[581] Seit der
besagten Ansprache Heydrichs stand für ihn fest, »dass die Juden im
Osten erschossen werden müssten. Ich sah diese Äußerung Heydrichs als
bindenden Befehl dafür an, dass bei der Aufnahme meiner Tätigkeit im
Osten die Juden zu erschießen seien«.[582]

Seit langem galten in der SS Juden und Bolschewisten als die Todfeinde Deutschlands. Sie wollten, so wurde behauptet, Deutschland und die Deutschen vernichten und mussten daher selbst vernichtet werden. »Mit Hilfe dieser Theorie verwandelte sich somit im Hinterkopf der Täter der Vernichtungsprozess in eine Art Präventivkrieg.«[583]

Als ein SS-Offizier, der eine ganze Generation älter war als andere Polizeioffiziere der SS in vergleichbaren Stellungen, mochte Jäger das Gefühl haben, sich besonders radikal geben zu müssen, »um nach oben hin zu glänzen«. Daher ließ er die litauischen Juden schneller und gründlicher ermorden, als dies in anderen Regionen Osteuropas der Fall war. Von seinen Untergebenen verlangte er, wie vielfach belegt ist, bedingungslosen Gehorsam, ließ ihnen aber gleichzeitig Handlungsspielräume. Er bestand rigoros auf seinen Kompetenzen, duldete keinen Widerspruch und verfolgte die Devise, dass sich ausnahmslos alle Mitglieder seines Einsatzkommandos – eingeschlossen er selbst – an den Exekutionen persönlich beteiligen mussten. Durch das Mitschießen sollte sich eine Gemeinschaft im Verbrechen bilden.

Als EK 3-Kommandeur und KdS Litauen war Jäger nicht nur ein Bürokrat und Schreibtischtäter, der Befehle gab und in seinem Büro die eingehenden Meldungen über Exekutionen entgegennahm. Im Rahmen der ihm obliegenden Dienstaufsicht fuhr er auch immer wieder an Einsatzorte des EK 3 und sah dort die Folgen seiner Befehle: Erschießungen, Leichenberge, Massengräber, ermordete Männer, Frauen und Kinder. Jäger war kein Exzesstäter, der Lust am Töten hatte oder den das Miterleben von Massenexekutionen faszinierte.

Wohl aber war Jäger ein Überzeugungstäter, der nicht auf Befehle wartete, sondern die Judenmorde, zu denen er bevollmächtigt war, selbst aktiv und in vorauseilendem Gehorsam vorantrieb. In den Opfern seiner Vernichtungspolitik sah er zunehmend weniger die einzelnen Menschen unterschiedlichen Alters und Geschlechts mit ihren individuellen Fähigkeiten, sondern einen Bevölkerungsteil Litauens, der – durch das antisemitische und antibolschewistische Feindbild definiert – entmenschlicht und zur Ausrottung freigegeben war.

Es ist bekannt, dass Mordschützen reichlich von der Droge Alkohol Gebrauch machten, um ihre widerstrebenden Gefühle auszuschalten. Über Jäger wissen wir, dass ihn Albträume plagten, in denen immer wieder ermordete jüdische Frauen und Kinder auftauchten. Diese seelischen

Reaktionen können als ein Beleg dafür angesehen werden, dass das alte Moralsystem, das Karl Jäger im Zuge seiner christlichen Erziehung vermittelt worden war, durch die neue, rassistische Vernichtungsmoral, welche in der SS verbindlich gemacht wurde, zumindest noch nicht vollständig verdrängt worden war.[584]

Man könnte geneigt sein, das zurückgezogene Leben, das Jäger in den 14 Nachkriegsjahren als Landarbeiter im Odenwald führte, und ebenso seinen Bilanzselbstmord im Jahr 1959, als Zeichen später Reue zu interpretieren. Die Angaben, die Jäger vor seinem Suizid machte, bestätigen diese Annahme jedoch nicht. Jäger konnte sich nicht dazu durchringen, die Verantwortung für die Ermordung der litauischen Juden zu übernehmen. Stattdessen schob er sie auf seine Untergebenen ab, leugnete seine eigene Rolle als Befehlsgeber und ließ keinerlei Reue erkennen. Abschließend erklärte er, dass er sich »wegen der durchgeführten Erschießungen in Litauen nicht schuldig fühle«.[585] Die Tatsache, dass er sich wenig später selbst umbrachte, spricht allerdings eine andere Sprache. Mit seiner demonstrativen Unbußfertigkeit verpasste Jäger auch seine letzte Chance, in Trauer an die Opfer zu denken. Stattdessen erging er sich in Selbstmitleid über sein eigenes schweres Schicksal.

Auch in diesem Punkt unterschied sich Jäger nicht von anderen NS-Tätern seines Kalibers, die sich in den Jahrzehnten nach dem Krieg vor Gerichten äußerten. In ihnen war noch immer das Gefühl lebendig, das ihnen Himmler in seiner »Posener Rede« am 4. Oktober 1943 vermittelt hatte, bei der Ermordung der Juden »anständig geblieben« zu sein. Diese Täter hatten auch in den Nachkriegsjahrzehnten keinerlei Mitleid mit den Opfern und keine persönlichen Schuldgefühle. Sie zeigten keine Bereitschaft zur Übernahme einer individuellen Verantwortung und hielten an der Überzeugung fest, auf Befehle von oben und zugleich im Dienste einer geschichtlichen Notwendigkeit gehandelt zu haben.

So drängt sich zum Abschluss dieser Täterbiographie einmal mehr das Bild vom dünnen Eis der Zivilisation auf. Es brach im »Zeitalter der Extreme« unter dem Ansturm der kriegerischen und genozidalen Vernichtungspolitik Hitler-Deutschlands auf breiter Fläche ein. Trotz einer zweitausendjährigen christlichen Tradition brachte die nun einsetzende Entwicklung eine Vielzahl ganz normaler Massenmörder wie Karl Jäger hervor. Unter den etwa 200 000 deutschen Tätern und ihren Helfern in den eroberten Ländern gab es Zahnärzte und Opernsänger, Lehrer und Schulschwänzer, Juristen, einen Universitätsprofessor, einen Architekten, sogar einen Pfarrer, Katholiken und Protestanten, Jüngere und Ältere.[586] In der Regel kamen diese Männer aus der Mitte der deutschen Gesellschaft und hatten zumeist eine akademische Ausbildung. Der feinsinnige Musiker Karl Jäger, der zum Massenmörder wurde, fällt somit keineswegs aus dem Rahmen des Gruppenprofils deutscher Täter auf der Führungsebene der SS.

Vor dem Hintergrund des Albtraums von Krieg und Holocaust beschwören heute in Deutschland und anderswo alle geschichtsbewusst Denkenden in Politik und Gesellschaft, dass so etwas »nie wieder« vorkommen dürfe. Doch gleichzeitig sollten die Menschen eine Ahnung davon in ihrem Bewusstsein bewahren, dass es trotz der fundamentalen Lehren aus der jüngeren deutschen Geschichte keine Garantien für die Zukunft gibt: Alles bleibt möglich.

Anmerkungen

1 Levi, Mensch, S. 36 f.
2 Schnellbrief des Reichsführer-SS und Chef der Deutschen Polizei im Reichsministerium des Innern, i.V. gez. Streckenbach, an SS-Standartenführer Jäger, vom 3.12.1941. Personalakte Jäger in: BArch ehem. Berlin Document Center (BDC), SS0, Jäger, Karl, 20.9.1888.
3 Veröffentlicht wurde er in dem Dokumentenband Klee/Dressen/Rieß, Schöne Zeiten, S. 52–261, sowie in der Forschungsbilanz von Bartusevicius/Tauber/Wette, Holocaust, Anhang.
4 Aus der Niederschrift einer Vernehmung Jägers durch das Landeskriminalamt Baden-Württemberg – Sonderkommission Zentrale Stelle –, Heidelberg, am 10.4.1959. In: Hessisches Hauptstaatsarchiv, Wiesbaden, Abt. 461, Sign. 32438, Bd. 1 m S. 227–241, hier: Bl. 235.
5 Smelser/Syring, SS.
6 Mallmann/Paul, Karrieren.
7 Browning, Männer.
8 Vgl. Curilla, Ordnungspolizei. Dort auch Informationen über die Einsätze der deutschen Ordnungspolizei in Litauen, insbesondere des Reserve-Polizeibataillons 11 in Kaunas.
9 Zentrale Stelle der Landesjustizverwaltungen Ludwigsburg. Verfahren 5 AR-Z 14/1958. Beschuldigter: Karl Jäger.
10 Vernehmungsprotokolle als Faksimiles ebenfalls in: Archives of the Holocaust.
11 Personalakte Heinrich Schmitz. In: BArch ehem. Berlin Document Center (BDC), Rusha, Schmitz, Heinrich, geb. 15.2.1907.
12 Ermittlungsverfahren der Staatsanwaltschaft Frankfurt/M., Verfahren Js 1106/59, gegen den Hauptsturmführer der Gestapo in Kaunas/Litauen, Heinrich Schmitz [und andere Angehörige des EK3]. In: Hessisches Hauptstaatsarchiv, Wiesbaden, Abt. 461, lfd. Nr. 32438, Bde. 1–567.
13 Personalakte Karl Jägers. In: BArch ehem. Berlin Document Center (BDC), SS0, Jäger, Karl, 20.9.1888.
14 Zum Beispiel Benz/Kwiet/Matthäus, Einsatz.
15 Herbert, Nationalsozialistische Vernichtungspolitik; Kaiser, Täter.

16 Siehe Benz/Neiss, Judenmord, sowie: The Crimes of the Totalitarian Regimes in Lithuania. 3 Bde.

17 Vgl. Pohl, Holocaust; weiterhin Longerich, Ermordung; sowie ders., Politik der Vernichtung.

18 Wie Anm. 1.

19 Welzer, Wer waren die Täter, S. 238; ähnliche Schlussfolgerungen bei Browning, Männer.

20 Quellenkritische Überlegungen von Historikern des Holocaust zu veröffentlichten Augenzeugenberichten werden erörtert von Schneppen, Ghettokommandant, Zweiter Teil: Zeugen und Zeugnisse, S. 175–219.

21 Siehe dazu das Quellen- und Literaturverzeichnis in diesem Buch; vgl. des Weiteren die Literaturübersicht zum Thema Holocaust in Litauen in: Holocaust and Genocide Studies 1998.

22 Hidden History [Katalog]. Die Ausstellung wurde von November 1997 bis Oktober 1999 in New York gezeigt.

23 Holzman, Aufzeichnungen.

24 Ulrich Herbert: Genauer Blick auf das Grauen. Zeugnis einer Überlebenden: Helene Holzman in Kaunas. In: Süddeutsche Zeitung Nr. 281, 2.12. 2000, Beilage S. 4.

25 Vgl. dazu den Dokumentenband von Andreas Flitner/Joachim Wittig (Hrsg.): Optik – Technik – Soziale Kultur. Siegfried Czapski, Weggefährte und Nachfolger Ernst Abbés. Rudolstadt 2000, besonders die Einführung der Herausgeber (S. 11–59).

26 Der Schriftsteller Reinhard Kaiser und Helene Holzmans Tochter Margarete zeichnen gemeinsam als Herausgeber verantwortlich. Kaiser schrieb ein Nachwort sowie eine Kurzbiographie der Autorin und versah die Aufzeichnungen mit treffenden Hinweisen auf die Spezialliteratur.

27 Schreiben der Zentralen Stelle der Landesjustizverwaltungen vom 5.12. 1989 an den Verf.; Anlage: Vermerk der Zentralen Stelle vom 2.5.1963 über die Überlassung einer Reihe von Originaldokumenten durch das Außenministerium der UdSSR.

28 Rückerl, NS-Prozesse.

29 Klee/Dreßen/Rieß, Schöne Zeiten, S. 52–62.

30 Wette, Politik im Elztal, S. 159.

31 Bartusevicius/Tauber/Wette, Holocaust in Litauen, Dokumententeil.

32 Jäger-Bericht vom 10.9.1941, in: Dieckmann/Suziedelis, Persecution, S. 206–209.

33 Wilhelm, Rassenpolitik, S. 11.

34 Stang, Kollaboration und Massenmord, S. 479.

35 Siehe dazu im Einzelnen Kap. IV/1.

36 Die folgenden Angaben zur Person Karl Jägers nach Wette, Politik im Elz-
    tal, S. 157 f.

37 Das ist Waldkirchs Stadtmusik. 1836–1986. Jubiläumsschrift zum 150-jäh-
    rigen Bestehen der Stadtmusik Waldkirch. Waldkirch o. J. [1986], S. 24.

38 Vgl. Otto Wernet: Orchestrionbau in Waldkirch. In: Hermann Ram-
    bach/Otto Wernet, Waldkircher Orgelbauer. Zur Geschichte des Drehor-
    gel- und Orchestrionbaus. Kirchenorgelbauer in Waldkirch. Waldkirch o. J.
    [Vorwort von 1984], S. 165–199. Dort auch mehrere Abbildungen von
    Orchestrionen, die von der Firma Weber hergestellt wurden.

39 Angaben zum militärischen Werdegang bis 1918 in: Maschinenschrift-
    licher, handschriftlich unterzeichneter Lebenslauf von Karl Jäger, SS-Stan-
    dartenführer, SS-Nr. 62823 (undatiert, geschrieben vermutl. nach der Be-
    förderung zum Standartenführer im Mai 1940, 4 Maschinenseiten, hier:
    S. 4. In: Personalakte Karl Jäger. BArch ehem. Berlin Document Center
    (BDC), SS0, Jäger, Karl, 20. 9. 1888.

40 Mit den psychischen Deformationen dieser Männer beschäftigt sich Klaus
    Theweleit, Männerphantasien; siehe auch Wette, Militarismus, S. 142–146.

41 Lebenslauf Jäger (1940), Bl. 3. In: Personalakte Karl Jäger. BArch ehem.
    Berlin Document Center (BDC), SS0, Jäger, Karl, 20. 9. 1888.

42 Remmele, Staatsumwälzung, S. 113–118 u. 160–162.

43 Vgl. Wohlfeil, Heer, S. 204 ff.; sowie: Weißbuch über die Schwarze Reichs-
    wehr.

44 Vgl. Sauer, Schwarze Reichswehr.

45 Vgl. Bräunche, Entwicklung. Zur Verbotszeit der NSDAP vgl. besonders
    S. 332–335.

46 Vgl. den undatierten, handschriftlichen Lebenslauf des SS-Truppführers
    1/I./65, Karl Jäger, von ca. 1933. In: Personalakte Karl Jäger, in: BArch
    ehem. Berlin Document Center (BDC), SS0, Jäger, Karl, 20. 9. 1888.

47 Lebenslauf Jäger (1940), Bl. 2. In: Personalakte Karl Jäger. BArch ehem.
    Berlin Document Center (BDC), SS0, Jäger, Karl, 20. 9. 1888.

48 Wernet, Orchestrionbau.

49 Maschinenschriftlicher, handschriftlich unterzeichneter Lebenslauf von
    Karl Jäger, SS-Standartenführer, SS-Nr. 62823 (undatiert, geschrieben ver-
    mutl. nach der Beförderung zum Standartenführer im Mai 1940), 4 Ma-
    schinenseiten, hier: S. 1. In: Personalakte Karl Jäger. In: BArch ehem. Berlin
    Document Center (BDC), SS0, Jäger, Karl, 20. 9. 1888.

50 Das Ehescheidungsurteil wurde am 5. März 1940 verkündet. Aktennotiz in
    der Personalakte Jägers in: BArch ehem. Berlin Document Center (BDC),
    SS0, Jäger, Karl, 20. 9. 1888.

51 So die Berufsbezeichnung im Personal-Bericht vom 22. 4. 1938. Personal-

akte Jäger in: BArch ehem. Berlin Document Center (BDC), SSO, Jäger, Karl, 20. 9. 1888.

52 Haumann / Zoche, Industrialisierung. Foto von dem mit Hakenkreuzfahnen geschmückten Firmengelände anläßlich des Festakts zum 75-jährigen Firmenjubiläum im Jahr 1942 ebda., S. 48.

53 Fragebogen zur Berichtigung bzw. Ergänzung der Führerkartei der SS-Personalkanzlei, datiert vom 15. 1. 1935, eigenhändig unterschrieben von Jäger, SS-Hauptsturmführer. Personalakte Jäger in: BArch ehem. Berlin Document Center (BDC), SSO, Jäger, Karl, 20. 9. 1888.

54 Zentrale Stelle der Landesjustizverwaltungen Ludwigsburg, 5 AR-Z 14 / 1958. Beschuldigter: Jäger, Karl, Bd. I, Aktenvermerk des Generalstaatsanwalts vom 13. 2. 1957, Bl. 13.

55 Dies ist unzutreffend. Jäger wurde erst im Jahr 1940 zum SS-Standartenführer befördert.

56 Aussage einer Waldkircherin in einem Interview mit Lothar Walser, Mensch.

57 Mündlich überliefert von Marion Bentin, Waldkirch.

58 Einschlägige Informationen über die SS bietet Wegner, Schutzstaffeln (SS), S. 528–530.

59 Lebenslauf Jäger (1940), Bl. 3. Personalakte Jäger in: BArch ehem. Berlin Document Center (BDC), SSO, Jäger, Karl, 20. 9. 1888.

60 Antifaschistische Nachrichten Waldkirch Nr. 5 / 1990, 1. Mai 1990, S. 4.

61 Information des damaligen Verwaltungslehrlings und späteren Hauptamtsleiters der Stadt Waldkirch, Hubert Thoma.

62 Wette, Politik im Elztal, S. 225. Die Nazi-Bilder tragen die Titel »Kampfbereitschaft für Scholle« und »Familie« (1941 / 42) und »Die Neue Zeit« (1942 / 43).

63 Aus einem Interview, das der Rundfunkjournalist Lothar Walser, Mensch, mit dieser Waldkircherin führte.

64 Sexau ist eine Nachbargemeinde von Waldkirch in Südbaden.

65 Meier / Reidt, Kirche, S. 162

66 Vgl. Longerich, Himmler.

67 Siehe das Stichwort *Jul* in: Meyers Großes Universal Lexikon, Bd. 7, Mannheim u. a. 1983, S. 356.

68 Schreiben des Obersturmführers Karl Jäger an den Reichsführer SS, Heinrich Himmler, vom 26. 12. 1935. Personalakte Jäger in: BArch ehem. Berlin Document Center (BDC), SSO, Jäger, Karl, 20. 9. 1888.

69 Zur Organisation der SS siehe Wegner, Schutzstaffeln (SS), S. 528–530.

70 Lebenslauf Jäger (1940), Bl. 3. Personalakte Jäger in: BArch ehem. Berlin Document Center (BDC), SSO, Jäger, Karl, 20. 9. 1888.

71 Alle Zitate aus der Beurteilung vom 12. Juni 1937, die der Führer der 13. SS-Standarte, ein SS-Standartenführer, abgab. Personalakte Jäger in: BArch ehem. Berlin Document Center (BDC), SS0, Jäger, Karl, 20.9.1888.

72 Fragebogen zur Berichtigung bzw. Ergänzung der Führerkartei der SS-Personalkanzlei vom 15.1.1935. Personalakte Jäger in: BArch ehem. Berlin Document Center (BDC), SS0, Jäger, Karl, 20.9.1888.

73 Fragebogen zur Ergänzung bzw. Berichtigung der Führerkartei und der Dienstaltersliste vom 7. August 1937. Personalakte Jäger in: BArch ehem. Berlin Document Center (BDC), SS0, Jäger, Karl, 20.9.1888.

74 Siehe den Artikel *gottgläubig* in: Zentner/Bedürftig, Lexikon des Dritten Reiches, S. 224.

75 Vgl. Wilhelm, Polizei.

76 Boberach, Meldungen.

77 Paul, Verwaltung, S. 43.

78 Ebda., S. 42−81.

79 Wildt, Radikalisierung, S. 11−41.

80 Heydrich, Bekämpfung, S. 123. Zit. nach Wildt, Radikalisierung, S. 12.

81 Siehe Paul, Kämpfende Verwaltung.

82 Wildt, Radikalisierung, S. 15.

83 Vgl. Herbert, Best, S. 191−196.

84 Schreiben des Reichsführers SS, Der Chef des Sicherheitshauptamtes, vom 22.2.1938, an die SS-Personalkanzlei. In: Personalakte Jäger in: BArch ehem. Berlin Document Center (BDC), SS0, Jäger, Karl, 20.9.1888.

85 Vernehmungsniederschrift vom 15.6.1959. In: Zentrale Stelle Ludwigsburg, 5 AR-Z 14/58 gegen Jäger, Bd. IV, Bl. 1885.

86 Matthäus, Judentum, S. 100−126, sowie Kwiet, Erziehung.

87 Vgl. Krausnick/Wilhelm, Truppe.

88 Vgl. hierzu speziell Heuer, Staatspolizei; sowie Johnson, Terror.

89 Vgl. Curilla, Ordnungspolizei, S. 55−60; Matthäus, Judentum, S. 100−126.

90 Matthäus, Judentum, S. 100.

91 Vgl. hierzu speziell Matthäus, Ausbildungsziel.

92 Vgl. dazu im Einzelnen Matthäus, Judentum, S. 102−113.

93 Erlass Gestapa I 1 C (Best) betr. Haltung gegenüber den Juden, 19.2.1935. Zit. nach Matthäus, Judentum, S. 111.

94 SS-Leitheft 3 zur Judenfrage (für SS-Führer und Schulungsleiter) vom 22.4.1936. Zit. nach Matthäus, Judentum, S. 115.

95 Ebda., S. 116.

96 Zit. ebda., S. 116 f.

97 Ebda., S. 112.

98 Ebda., S. 118.

99 Hitler-Rede vom 30.1.1939. Text in: Domarus, Hitler, Band II, Erster Halbband: 1939–1940. Wiesbaden 1973, S.1055.

100 Ebda., S.1057.

101 Ebda., S.1058. Zum Charakter dieser Hitler-Rede vgl. auch Kley, Intention.

102 Vgl. die Schulungsbroschüre: Grundriss Nr. 19: Judentum der Arbeitsgemeinschaft für SS-Führeranwärter (Frühjahr 1939). Zit. nach Matthäus, Judentum, S.118.

103 Zit. nach Curilla, Ordnungspolizei, S.59.

104 Undatierter Lebenslauf des SS-Standartenführers Karl Jäger (ca. 1940), Blatt 3. Personalakte Jäger in: BArch ehem. Berlin Document Center (BDC), SS0, Jäger, Karl, 20.9.1888.

105 Kurzvita in Klee, Personenlexikon, S.23.

106 Das Verhörprotokoll von dem Bach-Zelewskis, der einer der berüchtigtsten NS-Massenmörder war, ist auszugsweise abgedruckt in: Poliakov / Wulf, Reich, S.512.

107 Es kann an dieser Stelle nicht näher erörtert werden, dass in der SS – nicht viel anders ja auch in der Wehrmacht – neben den Juden auch die Slawen als rassisch minderwertige Feinde fixiert wurden. Vgl. dazu im Einzelnen Wette, Rassenfeind.

108 Mallmann, Türöffner, S.445

109 Stang, Kollaboration und Massenmord (1966), S.117.

110 Stang, Kollaboration und Völkermord (2000), S.466.

111 Vgl. Lichtenstein, Himmlers grüne Helfer.

112 Stang, Kollaboration und Völkermord (2000), S.466.

113 Näheres bei Neumann/Peckl/Priemel, Ausbildung, S.61.

114 So nannte Viktor Klemperer die Sprache des Dritten Reiches. Vgl. ders., LTI.

115 Schnellbrief des Reichsführers-SS und Chef der Deutschen Polizei im Reichsministerium des Innern, i.V. gez. Streckenbach, an SS-Standartenführer Jäger, vom 3.12.1941. Personalakte Jäger in: BArch ehem. Berlin Document Center (BDC), SS0, Jäger, Karl, 20.9.1888.

116 Longerich, Politik der Vernichtung, S.318.

117 Siehe die Auszüge aus den Vernehmungen Karl Jägers in Ludwigsburg im Jahr 1959 in: Wilhelm, Rassenpolitik, Dokument Nr. 18, S.186–189; Longerich, Politik der Vernichtung, S.319; Zentrale Stelle der Landesjustizverwaltungen Ludwigsburg. Verfahren 5 AR-Z 14/1958. Beschuldigter: Karl Jäger, 1883ff., 26.1.1959.

118 Zit. nach Longerich, Politik der Vernichtung, S.318 f.

119 Ebda., S.310–320.

120 Die sogenannten verbrecherischen Befehle sind dokumentiert in: Ueber-
     schär/Wette, Überfall, S. 241 ff.

121 Richtlinien für das Verhalten der Truppe in Russland vom 19.5.1941, Ziff
     2, in: Ueberschär/Wette, Überfall, S. 258.

122 Klein, Erlaubnis, S. 930; so auch die Schlussfolgerung von Curilla, Ord-
     nungspolizei, S. 123.

123 Vgl. Ogorrek/Rieß, Fall 9, S. 164–175.

124 Longerich, Politik der Vernichtung, S. 312.

125 Vgl. Ogorrek, Einsatzgruppen.

126 Fernschreiben Heydrichs vom 29.6.1941. In: Klein, Einsatzgruppen,
     S. 318–319.

127 Schriftliche Weisung Heydrichs vom 2.7.41 auszugsweise abgedruckt in:
     Longerich, Politik der Vernichtung, S. 315 f.

128 Vgl. im Einzelnen ebda., S. 317–320.

129 Mit dieser Problematik beschäftigte sich 1985 eine international besetzte
     Historikerkonferenz in Stuttgart. Dokumentation in dem Band von Jä-
     ckel/Rohwer, Mord an den Juden.

130 So auch das Ergebnis von Longerich, Politik der Vernichtung, S. 320.

131 Zu deren Kultur vgl. Haumann, Geschichte der Ostjuden.

132 Atamuk, Juden in Litauen, S. 97 und 118. Das Buch ist bereits 1990 in Jid-
     disch, Litauisch und Russisch erschienen.

133 Ebda., S. 85.

134 Ebda., S. 88 und 125 f.

135 Reinhard Kaiser: Helene Holzman, Stationen ihres Lebens. In: Holzman,
     Aufzeichnungen, S. 358.

136 Holzman, Aufzeichnungen, S. 11.

137 Ebda., S. 10 f., auch zum Folgenden.

138 Atamuk, Juden in Litauen, S. 126.

139 Die folgenden Ausführungen stützen sich maßgeblich auf die Analyse von
     Eidintas, Stereotyp, S. 13–25.

140 Augenzeugenberichte ebda., S. 14 f.

141 Atamuk, Juden in Litauen, S. 133.

142 Eidintas, Stereotyp, S. 19 f.

143 Ebda, S. 13.

144 Atamuk, Juden in Litauen, S. 138.

145 Eidintas, Stereotyp, S. 13.

146 Atamuk, Juden in Litauen, S. 135.

147 Holzman, Aufzeichnungen, S. 8 und 362.

148 Eidintas, Stereotyp, S. 21 f.; Atamuk, Juden in Litauen, S. 141.

149 Eidintas, Stereotyp, S. 16 f.

150 Liudas Truska: Litauer und Juden. Über einen zählebigen Mythos (Zeitungsartikel 1993). Zit. nach Atamuk, Juden in Litauen, S. 133.

151 Atamuk, Juden in Litauen, S. 133–145, auch zum Folgenden; ebenso Eidintas, Stereotyp, S. 13.

152 Vgl. Böhler, Auftakt, besonders Kapitel 9 und 10.

153 Atamuk, Juden in Litauen, S. 147.

154 Vgl. dazu Kubota, Sugihara Chiune, der auch die japanische Literatur zu dieser außergewöhnlichen Persönlichkeit verarbeitet. Sugihara ist der einzige Japaner, der vom Staat Israel als Gerechter unter den Völkern ausgezeichnet wurde. Vgl. auch Silver, Stille Helden, S. 60–67.

155 Priemel, Sommer 1941, S. 26–39.

156 Kutorgiene-Buivydaite, Tagebuch, Eintrag 22. 6. 1941, S. 621. Tatsächlich handelte es sich um eine Rede von Goebbels, der die Erklärung Hitlers verlas. Zur Vita dieser Ärztin, die im Jahr 1982 als Gerechte unter den Völkern geehrt wurde, siehe: Enzyklopädie des Holocaust II, S. 845.

157 Zur Gliederung der Heeresgruppe Nord, der ihr angehörenden Großverbände, sowie Stellenbesetzungslisten siehe Haupt, Heeresgruppe Nord, Anlagenteil S. 323–353.

158 Zu Hoepners Vorstellungen vom Vernichtungskrieg vgl. Wette, Wehrmacht, S. 100 f.

159 Zur militärischen Eroberung Litauens durch die Heeresgruppe Nord vgl. die aktengestützte Darstellung von Stang, Kollaboration und Massenmord (1996), S. 42–47.

160 Kriegstagebuch Nr. 1, Gen.Kdo II. A. K., S. 11, Eintrag zum 24. 6. 1941. In: BA-MA RH 24–2/80.

161 Brandisauskas, Aufstand, S. 94.

162 Ebda., S. 95.

163 Zur Lietuviu Aktyvistu Frontas (LAF) siehe: Enzyklopädie des Holocaust II, S. 868. Diese Organisation wurde bereits 1940 von litauischen Emigranten in Berlin gegründet, kurz nach dem Einmarsch der Roten Armee in Litauen. Sie arbeitete eng mit den deutschen Geheimdiensten zusammen.

164 Wortlaut des Aufrufs bei Brandisauskas, Aufstand, S. 95 f., weitere Belege ebda. S. 96 f.

165 Brandisauskas, Aufstand, S. 98.

166 Erinnerungen an seine Erlebnisse in Litauen in den letzten Juniwochen 1941 schildert der deutsche Wehrmachtarzt Dr. med. Wilhelm Mauß: Als Sanitätsoffizier im Zweiten Weltkrieg. o. O. 1999, S. 16. Für den Hinweis auf diese Publikation danke ich Dr. Alexander Neumann, Freiburg i. Br.

167 Vgl. Haupt, Heeresgruppe Nord, Abschnitt: Das Hinterland. Militär- und Zivilverwaltung – Partisanenkrieg, S. 268 ff.

168 Stang, Kollaboration und Massenmord (1966), S. 52 f.

169 Ebda., S. 54.

170 Dazu im Einzelnen Curilla, Ordnungspolizei, Kapitel Reserve-Polizeibataillon 11, S. 150–181.

171 Brandisauskas, Aufstand, S. 81–107.

172 Vgl. ebda., S. 81–84.

173 Diesen Aufruf der Litauischen Aktivisten-Front (LAF) in Berlin vom März 1941 zitiert Brandisauskas, Aufstand, S. 83.

174 Ebda., S. 106, auch zu den nachfolgend genannten Zahlenangaben.

175 Ebda., S. 107.

176 Siehe im Einzelnen Gasparaites, Verräter, S. 886–904.

177 Wortlaut der Proklamation der Provisorischen Regierung Litauens vom 24. 6. 1991 in: Brandisauskas, Aufstand, S. 98.

178 Ebda., S. 98 f.

179 Joachim Tauber, 14 Tage im Juni, S. 40.

180 Zu diesem Feindbildkomplex vgl. Eidintas, Stereotyp, S. 13–25.

181 Vgl. Dieckmann, Krieg und Ermordung; und ders., Ghetto.

182 Kutorgiene, Tagebuch, Eintrag 25. 6. 1941, S. 626.

183 Tauber, 14 Tage im Juni, S. 46.

184 Es handelte sich um die Garage an der Gediminas-Straße in Kaunas.

185 Bericht eines Fotografen, der über einen Sonderausweis des Armeeoberkommandos 16 verfügte, abgedruckt in: Klee/Dreßen/Rieß, Schöne Zeiten, S. 38 f. Nicht alle Einzelheiten dieser Darstellung werden von litauischen Augenzeugen bestätigt.

186 Diese Fotos sind abgedruckt ebda., S. 31.

187 Vgl. ebda., S. 32, 33, 34 und 37; dazu im Einzelnen das nachfolgende Kap. 4.

188 Holzman, Aufzeichnungen, S. 24 f.

189 Kutorgiene, Tagebuch, Eintrag 29. 6. 1941, S. 634. Die Ortsangabe Vytauto-Prospekt ist unzutreffend. Siehe Anm. 186.

190 Vgl. auch Krausnick, Hitlers Einsatzgruppen, S. 179.

191 Einsatzgruppe A, Gesamtbericht bis zum 15. Oktober 1941, von Franz Walther Stahlecker, Führer der Einsatzgruppe A. Nürnberger Dokument 180-L. Zit. nach: Klee/Dreßen/Rieß, Schöne Zeiten, S. 32–35, hier: S. 32. Stahlecker, der bei einem Partisanenüberfall am 19. 3. 1942 verwundet wurde, erlag seinen Verletzungen. Siehe Klein, Erlaubnis, S. 938.

192 Vgl. dazu im Einzelnen Wette, Babij Jar 1941; und ders., Schießen müsst ihr!

193 Vgl. Mitcham / Mueller, Generaloberst Erich Hoepner.

194 Befehl des Befehlshabers der Panzergruppe 4, Generaloberst Erich Hoep-
    ner, zur bevorstehenden Kriegführung im Osten vom 2.5.1941. Auszugs-
    weise abgedruckt in: Ueberschär / Wette, Überfall, S.251.

195 Krausnick, Hitlers Einsatzgruppen, S.179.

196 Klee / Dreßen / Rieß, Schöne Zeiten, S.31–43.

197 Krausnick, Hitlers Einsatzgruppen, S.178.

198 Leeb, Tagebuchaufzeichnungen, S.288. Siehe auch Krausnick, Hitlers Ein-
    satzgruppen, S.181.

199 Dieckmann, Krieg und Ermordung, S.306.

200 Für Kaunas und andere Schauplätze von Massakern betont auch Herbert,
    Vernichtungspolitik, S.51, diese Öffentlichkeit sowie den Tatbestand, dass
    alle Dienststellen der Deutschen in die Diskussion um das Schicksal der
    Juden einbezogen waren.

201 Curilla, Ordnungspolizei, Kapitel Sonderkommando 1 b, S.856–860,
    hier: S.857, siehe auch S.305.

202 Ebda., S.857, unter Bezug auf Feststellungen des Landgerichts Karlsruhe.

203 Aus Stahleckers Gesamtbericht bis zum 15.Oktober 1941. Zit. nach:
    Klee / Dreßen / Rieß, Schöne Zeiten, S.32 f.

204 Ebda., S.35.

205 Vgl. Kangeris, Kollaboration.

206 Myllyniemi, Krise, S.146 ff.

207 Direktiven für die Befreiung Litauens vom 24.3.1941, veröffentlicht
    durch die LAF. Zit. MacQueen, Massenvernichtung, S.23.

208 Myllyniemi, Krise, S.149

209 Flugblatt der LAF vom 19.3.1941. In: Rozauskas, Documents Accuse,
    S.123. In Klammern folgt der Zusatz:»Verrätern wird nur verziehen,
    wenn sie bewiesenermaßen wenigstens einen Juden umgebracht haben.«
    Der Zusatz stellt eine Fälschung dar. Für den Hinweis auf diesen Sach-
    verhalt danke ich Joachim Tauber, Lüneburg.

210 MacQueen, Polen, S.60 f.

211 Jäger-Bericht vom 1.12.1941 siehe Anhang.

212 Stang, Kollaboration und Massenmord (1966), S.54, gibt für den Wechsel
    von der deutschen Militärverwaltung zur Zivilverwaltung den 21.7.2001
    an.

213 Stang, Kollaboration und Massenmord (1966), S.55.

214 Vgl. Curilla, Ordnungspolizei, Dritter Teil, Abschn. III: Zivilverwaltung,
    S.880–892, hier: 880 f.

215 Stang, Kollaboration und Massenmord (1966), S.57.

216 Das vielschichtige Beziehungsgeflecht zwischen deutscher Besatzung und

litauischer Verwaltung beschreibt am Beispiel der Stadt Vilnius Tauber, Verwaltung.

217 Stang, Kollaboration und Massenmord (1966), S. 56.

218 Ebda., S. 55.

219 Prützmann wurde am 31. 10. 1941 abgelöst durch SS-Obergruppenführer Friedrich Jeckeln.

220 Vernehmung Jägers in Heidelberg am 8. 5. 1959 durch einen Staatsanwalt der Zentralen Stelle der Landesjustizverwaltungen. Niederschrift in: HStA Wiesbaden, Abt. 461, Sign. 32 438, Bl. 385–409, hier: Bl. 397.

221 Vgl. Herbert, Vernichtungspolitik, S. 22 ff.

222 Brandisauskas, Aufstand, S. 103.

223 Holzman, Aufzeichnungen.

224 Vgl. jetzt auch den autobiographischen Beitrag von Kucinskiene, Ghetto Kaunas.

225 Vernehmungsprotokoll Jäger, 15. 6. 1959.

226 Zur Vita von Ehrlinger siehe Wilhelm, Einsatzgruppe A, S. 478 f.

227 Vernehmungsprotokoll Jäger, 15. 6. 1959, S. 4. Zentrale Stelle der Landesjustizverwaltungen Ludwigsburg. Verfahren 5 AR-Z 14 / 1958. Beschuldigter: Karl Jäger.

228 Im Bereich des Rückwärtigen Heeresgebietes Nord unter General v. Roques, in dem auch Litauen lag, operierten die Sicherungsdivisionen 207, 281 und 285 der Wehrmacht. Für Kaunas war die Sicherungsdivision 281 zuständig, die der 16. Armee unterstand. Siehe Stang, Hilfspolizisten und Soldaten, S. 286.

229 Herbert, Vernichtungspolitik, S. 43.

230 Die nachfolgenden Informationen verdanke ich den Forschungen von Neumann / Peckl / Priemel, Praxissemester Osteinsatz; Kurzfassung dies.: Ausbildung zum Massenmord.

231 Neumann / Peckl / Priemel, Ausbildung zum Massenmord, S. 67.

232 Vernehmung Jägers 15. 6. 1959 ff. in: Zentrale Stelle der Landesjustizverwaltungen Ludwigsburg. Verfahren 5 AR-Z 14 / 1958. Beschuldigter: Karl Jäger, Bd. IV, Bl. 1885–1941, Zitat: Bl. 1907.

233 Neumann / Peckl / Priemel, Ausbildung zum Massenmord, S. 62.

234 Aus einem undatierten Berichtsfragment des EK 3 (von Anfang 1942) betr. Juden. In: Benz / Kwiet / Matthäus, Einsatz, Dok. Nr. 147, S. 174.

235 Vgl. die als Faksimile abgedruckten Briefe in: Benz / Kwiet / Matthäus, Einsatz, Dok. 150, S. 177–179.

236 Vgl. im Einzelnen Benz / Kwiet / Matthäus, Einsatz, Einleitung, S. 8.

237 Nach dem Krieg behauptete Jäger zunächst zu seiner Entlastung, er sei zu diesem Zeitpunkt gar nicht in Kaunas gewesen, sondern habe in den ers-

ten zwei Wochen des Monats Juli 1941 in einem Polizei-Lazarett in Königsberg gelegen, um eine Angina auszukurieren. Siehe Niederschrift einer Vernehmung Jägers im Amtsgericht Heidelberg am 11.4.1958. In: HStA Wiesbaden, Abt. 461, Sign. 32438, Bd. 1, Bl. 249. Diese Behauptung steht im Widerspruch zum *Jäger-Bericht* und ist damit nicht glaubhaft. Jäger nahm sie später auch wieder zurück.

238 Jäger-Bericht vom 1.12.1941. Faksimile in: Bartusevicius/Tauber/Wette, Holocaust in Litauen, S.303–311.

239 Siehe Stang, Kollaboration und Massenmord (1996), Anhang B: Methoden der Massenexekution (S.257–272), Abschnitt *Erschießungsmethode*, S.264–265.

240 Vernehmungsniederschrift Landeskriminalamt Baden-Württemberg, Sonderkommission, Zentrale Stelle, Hohenasperg, 15.6.1959ff., Bl. 18f. In: Zentrale Stelle der Landesjustizverwaltungen Ludwigsburg. Verfahren 5 AR-Z 14/1958. Beschuldigter: Karl Jäger, Bd. IV, Bl. 1885–1941, hier: Bl. 1920f.

241 Hilberg, Vernichtung, S.1076 u. 1079.

242 Zum Prozess der Gewöhnung und des learning by doing vgl. Welzer, Menschen.

243 Mit der Frage der Rationalisierungen des Holocaust beschäftigt sich eingehend Hilberg, Vernichtung, S.1086–1101.

244 Vernehmungsniederschrift Landeskriminalamt Baden-Württemberg, Sonderkommission, Zentrale Stelle, Hohenasperg, 15.6.1959ff., Bl. 15. In: Zentrale Stelle der Landesjustizverwaltungen Ludwigsburg. Verfahren 5 AR-Z 14/1958. Beschuldigter: Karl Jäger, Bd. IV, Bl. 1885–1941, hier: Bl. 1913.

245 Zit. nach Matthäus, Grenze, S.102.

246 Über die Lebensverhältnisse im Ghetto informiert umfassend der Ausstellungskatalog: Hidden History.

247 Siehe im Einzelnen: Enzyklopädie des Holocaust I, S.535–539.

248 Vgl. im Einzelnen Curilla, Ordnungspolizei, S.154.

249 Rosenfeld, Mordaktion, Zitate S.134.

250 Rosenfeld, Mordaktion, S.135. Joachim Tauber weist mich dankenswerterweise darauf hin, dass dieser Vorfall in anderen Berichten von Überlebenden nicht erwähnt wird und daher zweifelhaft ist.

251 Siehe Jäger-Bericht vom 1.12.1941, siehe Anhang.

252 Rosenfeld, Mordaktion, S.135.

253 Simon, Erinnerungsbericht, Bl. 177a–177l. Der Bericht wurde verfasst für die Staatsanwaltschaft beim Oberlandesgericht Stuttgart, welche damals Ermittlungen zum Fall Jäger anstellte.

254 Jäger-Bericht vom 1.12.1941. Siehe Anhang.

255 Curilla, Ordnungspolizei, S.155.

256 Ganor, Leben, S.69; so auch Faitelson, Widerstand, S.45.

257 Ben-Dor, Mütze, S.59.

258 Ebda., S.45.

259 Ebda., S.60. Ben-Dor, der die Verlesung des Memorandums seines Vaters am Familientisch miterlebte, bricht seinen Bericht über die Intellektuellen-Aktion an dieser Stelle ab.

260 Rosenfeld, Mordaktion [Aussage vor der Staatsanwaltschaft München am 4./5. Juni 1959], S.133–141, Zitat S.135 f.

261 Jäger-Bericht vom 1.12.1941. Siehe Anhang.

262 Ebda., Blatt 2 und 3.

263 Siehe im Einzelnen Jäger-Bericht vom 1.12.1941. Siehe Anhang, Blatt 3–6.

264 Jäger-Bericht vom 1.12.1941. Siehe Anhang.

265 Ebda.

266 Stang, Kollaboration und Massenmord (1966), S.157 u. 163.

267 Zu den litauischen Mordhelfern vgl. Bubnys, Hilfspolizeibataillone.

268 Stang, Kollaboration und Massenmord (1966), S.123. Namentliche Liste der Angehörigen dieses Verbandes ebda., S.193–256.

269 Zum Folgenden Stang, Kollaboration und Völkermord (2000), S.473 ff.

270 Die Rolle der litauischen Polizei wurde genau untersucht von Suziedelis, Crimes, Vol.III.

271 Stang, Kollaboration und Völkermord (2000), S.476.

272 Jäger-Bericht vom 1.12.1941. Siehe Anhang.

273 Vgl. Eckert, Mordstätte Paneriai, sowie den Augenzeugenbericht von K. Sakowitz, Aufzeichnungen.

274 Neumann/Peckl/Priemel, Praxissemester Osteinsatz, S.43, auch zum Folgenden.

275 Zentrale Stelle der Landesjustizverwaltungen Ludwigsburg, 5 AR-Z 14/ 1958. Beschuldigter: Jäger, Karl, Bd. II, Bl. 1181 u. 1227.

276 Jäger-Bericht vom 1.12.1941. Siehe Anhang, Blatt 8.

277 Jeremias 11, 19: »Und ich war wie ein argloses Lamm, das zur Schlachtbank geführt wird, und hatte nicht bemerkt, was sie gegen mich sannen: ›Lasst uns den Baum im Saft vernichten und ihn ausreißen aus dem Lande der Lebenden, dass niemand mehr seines Namens gedenkt!‹«

278 Mögliche historische Gründe für diese Passivität erörtert Hilberg, Vernichtung, S.1107–1110.

279 Schur, Juden von Vilnius, S.94.

280 Siehe das nachfolgende Kapitel IV/8.

281 Vgl. Sutzkever, Wilner Ghetto; Peckl, Schafe; allgemein Lustiger, Kampf.

282 Lustiger, Feldwebel Anton Schmid; Wette, Helfer.

283 Text des Aufrufes bei Sutzkever, Ghetto von Vilnius, S. 504 f.; mit etwas anderer Übersetzung in Sutzkever, Wilner Getto, S. 159.

284 Jäger-Bericht vom 1. 12. 1941. Siehe Anhang, Blatt 3.

285 Stichwort *Kedainiai* in: Enzyklopädie des Holocaust II, S. 749. Siehe auch Zuroff, Beruf: Nazijäger, S. 89.

286 Siehe Ulmer Einsatzgruppenprozess 1958, Schlusswort des Richters; zit. nach Pöschko, Ermittler von Ludwigsburg, S. 24. Siehe auch Curilla, Ordnungspolizei, S. 840 und 842.

287 Jäger-Bericht vom 1. 12. 1941. Siehe Anhang, Blatt 4.

288 Porträtfotos der einzelnen Familienmitglieder, der Betar-Jugendgruppe sowie der Holzsynagoge von Jubarkas in: Stiftung Denkmal für die ermordeten Juden Europas, Ort der Information.

289 Jäger-Bericht vom 1. 12. 1941. Siehe Anhang, Blatt 5.

290 Diese später viel gebrauchte Formulierung stammt von Abba Kovner, jüdischer Partisanen-Kommandeur in Wilna. Siehe Eintrag zu *Kovner* in: Enzyklopädie des Holocaust II, S. 801. Siehe auch Kapitel IV / 7. Text des Aufrufs in Sutzkever, Wilner Ghetto, S. 159.

291 Jäger-Bericht vom 1. 12. 1941. Siehe Anhang, Blatt 5.

292 Ereignismeldung UdSSR des Chefs der Sicherheitspolizei und des SD in Berlin Nr. 155 vom 11. Januar 1942, Bl. 9. Hessisches HStA Wiesbaden, Abt. 461,Verfahren Js 1106 / 59 gegen Heinrich Schmitz, Nr. 43 438 / 1. Diese Meldung geht sehr wahrscheinlich auf einen Bericht von Jäger zurück.

293 Stang, Kollaboration und Massenmord (1966), S. 170 f.

294 Curilla, Ordnungspolizei, S. 309.

295 Stang, Kollaboration und Massenmord (1966), S. 163; Tauber gegenüber dem Verfasser; Wildt, Generation der Unbedingten.

296 Zur Vita Hamanns vgl. Stang, Kollaboration und Massenmord (1966), S. 153 – 175; siehe auch Curilla, Ordnungspolizei, S. 309.

297 Neumann / Peckl / Priemel, Praxissemester Osteinsatz, S. 45 f.

298 Smoliakovas, Nacht, S. 37. S. war von August 1941 bis September 1943 im Ghetto Kaunas, damals 19 – 22 Jahre alt. Der Text wurde 1968 aus der Erinnerung niedergeschrieben.

299 Kutorgiene-Buivydaite, Tagebuch, Eintrag 19. 9. 1941, S. 658.

300 So die Überlegung der Litauen-Spezialisten Joachim Tauber und Christoph Dieckmann.

301 Tory, The Kovno Ghetto Diary, Eintrag 17. 9. 1941, S. 36.

302 Kutorgiene-Buivydaite, Tagebuch, Eintrag 19. 9. 1941.

303 Inciuriene, Rettung, S. 206.

304 Ebda., S. 206 f.

305 Jäger-Bericht vom 1. 12. 1941. Siehe Anhang, Blatt 4.

306 Ebda., Eintrag unter dem Datum 4. 10. 1941. Siehe Anhang, Bl. 5.

307 Im Folgenden bringt Rosenfeld die Vernichtung der Kranken mit der Klein-Ghetto-Aktion in Verbindung. Diese hatte jedoch bereits am 26. 9. 1961 stattgefunden. Siehe Rosenfeld, Mordaktion.

308 Rosenfeld, Mordaktion, S. 133–141, Zitat S. 137.

309 Curilla, Ordnungspolizei, S. 160–162, mit weiteren Einzelheiten.

310 Jäger-Bericht vom 1. 12. 1941, Eintrag 4. 10. 41. Siehe Anhang, Blatt 5

311 Inciuriene, Rettung, S. 207.

312 Rosenfeld, Mordaktion, S. 133–141, Zitat S. 137.

313 Simon, Erinnerungsbericht, Bl. 177 g.

314 Jäger-Bericht vom 1. 12. 1941. Siehe Anhang.

315 Vernehmungsprotokoll Jäger, 19. 6. 1959, S. 24–26. In: Zentrale Stelle der Landesjustizverwaltungen Ludwigsburg. Verfahren 5 AR-Z 14 / 1958. Beschuldigter: Karl Jäger.

316 Siehe Jäger-Bericht vom 1. 12. 1941. Siehe Anhang, Bl. 3.

317 Aus der Ereignismeldung UdSSR Nr. 88 vom 19. 9. 1941, in welcher über die Fortsetzung der Liquidierungen durch das EK 3 unter Jäger berichtet wird. Zit. nach dem Aktenvermerk des Generalstaatsanwalts von Hessen vom 13. 2. 1957. In: Hessisches HStA Wiesbaden, Abt. 461, Verfahren Js 1106/59 (gegen Heinrich Schmitz), Nr. 411 a / 187, Bl. 5.

318 Jäger-Bericht vom 1. 12. 1941. Siehe Anhang, Bl. 3.

319 Ebda. Siehe Anhang, Bl. 5.

320 Ganor, Leben, S. 72. Helmut Rauca, SS-Hauptscharführer (Oberfeldwebel), Judenreferent beim KdS Litauen in Kaunas, tauchte nach dem Krieg in Kanada unter, wurde dort aufgespürt und an die Bundesrepublik ausgeliefert, wo ihm der Prozess gemacht werden sollte. Er starb am 29. 10. 1983 in Frankfurt / Main in der Untersuchungshaft.

321 »Aussiedlung« war ein in Wehrmacht und SS verwendeter Tarnbegriff für Deportation in eine der Vernichtungsstätten.

322 Gemeint sind mehrere Tausend jüdische Zwangsarbeiter, die zum Bau des Aleksotas-Flughafens außerhalb von Kaunas eingesetzt wurden. Er wurde für die deutsche Luftwaffe gebaut.

323 Rosenfeld, Mordaktion, S. 133–141, Zitat S. 137 f.

324 Ebda., S. 138.

325 Ebda., S. 138 f.

326 Ebda., S. 139.

327 Ganor, Leben, S. 107 f.

328 Ebda., S. 86.

329 Ebda., S. 118.

330 Ebda., S. 119.

331 Ebda., S. 126.

332 Rosenfeld, Mordaktion, S. 133–141, Zitat S. 139.

333 Ebda.

334 Vgl. dazu Priemel, Wirtschaftskrieg, und ders., Rettung durch Arbeit.

335 Jäger-Bericht vom 1. 12. 1941. Siehe Anhang, Bl. 5.

336 Scheffler, Massenmord in Kowno, S. 83.

337 Scheffler, Schicksal, S. 1.

338 Gottwald / Schulle, Judendeportationen.

339 Scheffler, Schicksal, S. 2 f.

340 Siehe im Einzelnen Klein, Erlaubnis, S. 932.

341 Scheffler, Schicksal, S. 4; Klein, Erlaubnis, S. 931–935.

342 Friedrich Jeckeln (1895–1946), geb. in Hornberg / Schwarzwald, im Sommer 1941 zunächst HSSPF Russland Süd (Kiew), ab Anfang November 1941 dann HSSPF Ostland und Russland Nord (Riga). 1946 von einem sowjetischen Militärgericht zum Tode verurteilt und in Riga hingerichtet. Personenbeschreibung in: Enzyklopädie des Holocaust II, S. 667.

343 Vgl. Angrik / Klein, Endlösung, und den Augenzeugenbericht von Bergmann, Aufzeichnungen.

344 Zum gesamten Vorgang Scheffler, Schicksal, S. 4 f., sowie Klein, Erlaubnis, S. 934 f.

345 Stadtarchiv München, verzogen, unbekannt wohin.

346 Tätigkeits- und Abschlussbericht der Arisierungsstelle München vom 30. 6. 1943. Faksimile in: Stadtarchiv München, verzogen, unbekannt wohin, Dok. 22, S. 19.

347 Siehe die in diesem Band erstmals veröffentlichten Fotos von den Deportierten (S. 47–96) und die dazu gehörigen Dokumente.

348 Scheffler, Massenmord in Kowno, S. 84.

349 Zur Geschichte der Judenräte siehe: Enzyklopädie des Holocaust II, S. 690–699; ebda., S. 691, auch ein Foto des Judenrates von Kaunas mit dem Vorsitzenden Elchanan Elkes.

350 Zit. nach Scheffler, Massenmord in Kowno, S. 84.

351 Al Koppel: Zuerst an der Reihe. Das Schicksal meiner Familie. In: Stadtarchiv München, verzogen, S. 37–43, Zitate S. 39 u. 42.

352 Augenzeuge Kulisch wird zitiert von Porat, Legend, S. 382. Zit. nach Heusler, Fahrt in den Tod, S. 19.

353 Bertram-Bericht vom Mai 1942, zit. nach Scheffler, Massenmord in Kowno, S. 87.

354 Reproduktion der Gedenktafel in: Stadtarchiv München, verzogen, Dok. 23. Ein Pendant mit identischem Text wurde im Münchener Rathaus angebracht.

355 Siehe Scheffler / Schulle, Buch der Erinnerung, Bd. I.

356 Herbert, Vernichtungspolitik, S. 50 f.

357 Streit, Keine Kameraden, S. 133 f.

358 Kutorgiene-Buivydaite, Tagebuch, Eintrag 19. 9. 1941, S. 658.

359 Dieckmann, Murder, in: Crimes Vol. II, S. 221 – 226, und ebda. Conclusions, S. 265 f.

360 Smoliakovas, Nacht, S. 37.

361 Ebda., S. 43.

362 Gordon, Shadow, S. 56. Harold Gordon schrieb seine Erinnerungen in den 1950er Jahren auf Jiddisch. Ins Englische wurden sie in den 1970er Jahren übersetzt.

363 Jäger-Bericht vom 1. 12. 1941. Siehe Anhang, Bl. 7.

364 Ebda.

365 Funkspruch Müller an KdS Litauen, Standartenführer Jäger, vom 18. 5. 1942. In: Klein, Einsatzgruppen, S. 410 f., Dok. 18. Der Anlass zu dieser Weisung war, dass das Einsatzkommando in Minsk erneut jüdische Facharbeiter ermordet hatte, was zu einer Beschwerde des OKW geführt hatte, das an deren Arbeitseinsatz interessiert war.

366 Dieckmann, Krieg, S. 310 – 318.

367 Hilberg, Vernichtung, Bd. 2, Abschnitt VII, S. 287 – 410.

368 Ebda., S. 359.

369 Kaiser, Rettung.

370 Im Geist-Tagebuch auch als J. und einmal mit vollem Namen als Jäger bezeichnet.

371 Kaiser, Rettung, S. 170, vgl. auch S. 164 – 169.

372 Ieva Simonaityte wurde im Jahr 1967 als Volksschriftstellerin der Litauischen SSR geehrt. Nach ihrem Tod im Jahr 1987 wurde ihr Sommerhaus in Priekule zu einem Museum mit dem Namen Ieva-Simonaityte-Gedenkstätte umgebaut. Im Jahr 1998 wurde in Klaipeda das große, aus Granit gehauene Denkmal Arche errichtet, das an die Vereinigung des Memel-Gebietes mit Litauen erinnert. Auf dem Kopf des Denkmals ist ein Spruch von Simonaityte eingemeißelt. Er lautet, in deutscher Übersetzung: Wir sind ein Volk, ein Land, ein Litauen.

373 Kaiser, Rettung, S. 202 – 205

374 Ebda., S. 205 f.

375 So berichtet Helene Holzman, zit. nach Kaiser, Rettung, S. 208.

376 Kaiser, Rettung, S. 215. Faksimile des von Jäger mündlich gegebenen Be-

fehls, der vom Ältestenrat auf einem mit Maschine geschriebenen Zettel festgehalten wurde, ebda., S. 216. Der Zettel wurde von Avraham Tory, Mitglied des Ältestenrats, aufbewahrt.

377 Diese Auskunft erhielt Lyda Geist nach der Verhaftung ihres Mannes in Gebäude der SS. Kaiser, Rettung, S. 221 f.

378 Josef Stütz, SS-Hauptscharführer (Oberfeldwebel), wurde 1943 von einem Juden in Wilna außerhalb des Ghettos erschossen. So Kaiser in: Holzman, Aufzeichnungen, S. 383.

379 Nach dem Bericht von Helene Holzman, die eine Stunde nach der Verhaftung in die Wohnung der Geists kam. Zit. nach Kaiser, Rettung, S. 218 f.

380 Zit. nach Kaiser, Rettung, S. 219.

381 Ebda., S. 225.

382 Befehl Jägers vom 24. Juli 1942, Schwangere zu erschießen, siehe: Benz/Kwiet/Matthäus, Einsatz, Nr. 187, S. 205.

383 Neumann/Peckl/Priemel, Praxissemester Osteinsatz, S. 46; zu Böhmichens Einsatz in mehreren Konzentrationslagern vgl. Klee, Auschwitz, S. 48.

384 Hilberg, Vernichtung, S. 1105, mit Quellenangabe.

385 Bericht Alnors zit. nach Klein, Einsatzgruppen, S. 41 f.

386 Matthäus, Kaunas, S. 193–195.

387 Ebda., S. 196 und 198, spricht von 17 000 Juden, der Jäger-Bericht dagegen von 15 000.

388 Dieckmann, Ghetto, S. 455.

389 Matthäus, Kaunas, S. 198 und 200.

390 Ebda., S. 200.

391 Vgl. im Einzelnen Faitelson, Widerstand, Kap.: Die Leichenbrenner, S. 209–219. Zum Gesamtkomplex vgl. Hoffmann, Aktion 1005, zu Kaunas S. 339–356.

392 Faitelson, Widerstand, Teil V: Das Schicksal der entflohenen Leichenbrenner, S. 365 ff.; Hoffmann, Aktion 1005, S. 352 f.

393 Die KZ-Außenstellen sind beschrieben im Abschnitt Kauen (Kaunas) in: Benz/Distel, Ort des Terrors, Bd. 8, S. 189–206; siehe auch den Eintrag *Kaunas* in: Enzyklopädie des Holocaust II, S. 805.

394 Dieckmann, Ghetto und KZ Kaunas, S. 455.

395 Curilla, Ordnungspolizei, S. 329, spricht von der Kinder- und Altenaktion.

396 Simon, Erinnerungsbericht, Bl. 177 h und i.

397 Katz, Ufern, S. 112.

398 Kruk, Schreie, S. 70 und 142.

399 Für diese Informationen danke ich Joachim Tauber, Lüneburg. Siehe auch
     Curilla, Ordnungspolizei, S. 329, mit Quellenangaben.
400 Ebda, S. 330.
401 Enzyklopädie des Holocaust II, S. 806 f.
402 Jäger-Bericht vom 1. 12. 1941. Siehe Anhang, Bl. 7.
403 Siehe den Artikel *Kowno* in: Holocaust-Enzyklopädie II, S. 805.
404 Zum Widerstand in Wilna vgl. Peckl, Schafe; Faitelson, Widerstand. Zum
     jüdischen Widerstand allgemein Lustiger, Kampf.
405 Faitelson, Widerstand, berichtet über Kaunas; siehe auch den Eintrag *Ko-
     wno*, Abschnitt *Der Untergrund* in: Enzyklopädie des Holocaust II, S. 806.
406 Transkription:
     An die Gruppe A in Riga
     Betr. Exekutionen bis zum 1. Februar 1942 durch das EK. 3.
     Bezug: Dortiges FS [Fernschreiben] N: 1331 vom 6. 2. 42
     A: Juden 136 431
     B: Kommunisten 1064 (darunter 1 Kommissar 1 Oberpolitruck* 5 Po-
     litruck**)
     C: Partisanen 56
     D: Geisteskranke: 653
     E: Polen 44, russische Kriegsgefangene 28. Zigeuner 5. Armenier 1.
     Gesamtzahl: 136 272, davon Frauen 55 556, Kinder 34 454.

     Jäger
     SS Staf.***

       * Muss heißen: Oberpolitruk
      ** Muss richtig heißen: Politruk. Mit diesem Begriff wurde der politische
         Führer in einer sowjetischen Truppe bezeichnet, der dem militäri-
         schen Vorgesetzten beigeordnet war.
     *** SS- Standartenführer
407 Hsl. Meldung des KdS Jäger vom 9. 2. 1942 an die Einsatzgruppe A. Fak-
     simile in: Bartusevicius / Tauber / Wette, Judenmorde in Litauen, S. 316 f.
408 Stang, Kollaboration und Massenmord (1966), S. 171.
409 Neumann / Peckl / Priemel, Praxissemester Osteinsatz, S. 44.
410 So die Sicht von Neumann / Peckl / Priemel, Ausbildung, S. 63.
411 Foto von Heinrich Schmitz bei Faitelson, Widerstand, S. 62.
412 Aussage Heinrich Schmitz am 15. 1. 1960. Zentrale Stelle Ludwigsburg,
     207 AR-Z 14 / 1958 (Schmitz), Bd. 13. Bl. 5652 – 5660. Zit. bei Stang, Kol-
     laboration und Massenmord (1966), S. 171, Anm. 3.
413 Vernehmung Schmitz, 4. 12. 1962, BArch B 162 / 2537, Bl. 10046 – 48. Zit.
     nach Neumann / Peckl / Priemel, Praxissemester Osteinsatz, S. 41 mit
     Anm. 156.

414 Aussage vom 9.3.1962 in Ludwigsburg. Zit. nach Stang, Kollaboration und Massenmord (1966), S. 60.

415 SS-Hauptscharführer Helmut Rauca, im KdS Litauen zuständig für jüdische Angelegenheiten. Foto in Faitelson, Widerstand, S. 62.

416 Faitelson, Widerstand, S. 288 f., sowie Ganor, Leben, S. 135, 139 f. 142; Holzman, Aufzeichnungen, S. 74–76; siehe auch Anm. 381.

417 Gemeint sind die Aufzeichnungen Jägers, aufgrund derer er die Exekutionsmeldungen an seine Vorgesetzten verfasste.

418 Aussage Heinrich Schmitz vom 6.3.1962. In: Hessisches HStA Wiesbaden, Abt. 461, Verfahren Js 1106/59 gegen Heinrich Schmitz, Bd. 29, Bl. 9040. Für den Hinweis auf diese Aussage danke ich Joachim Tauber, Lüneburg.

419 Lipschitz im Gespräch mit dem Autor im März 2001.

420 Hsl. Meldung des KdS Jäger vom 9.2.1942 an die Einsatzgruppe A. Faksimile in: Bartusevicius/Tauber/Wette, Judenmorde in Litauen, S. 316 f.

421 Goldhagen, Hitlers willige Vollstrecker, bes. Teil II: Das eliminatorische Programm und seine Institutionen, S. 165 ff.

422 Neumann/Peckl/Priemel, Praxissemester Osteinsatz, S. 34 f.

423 Ehrlinger wurde später KdS in Kiew sowie BdS Russland-Mitte und Weißruthenien. Siehe Curilla, Ordnungspolizei, S. 111–113.

424 Aussage Erich Ehrlinger am 30.7.1959, in: Zentrale Stelle der Landesjustizverwaltungen Ludwigsburg, 5 AR-Z 14/1958. Beschuldigter: Jäger, Karl. Bd. IV, Bl. 2501–3002, hier: Bl. 2677.

425 Gewecke wurde mit Urteil des Landgerichts Lübeck vom 27.1.1970 zu einer Gefängnisstrafe verurteilt. Von der Anklage wegen der Ermordung von mindestens 700 Juden wurde er außer Verfolgung gesetzt. Siehe Curilla, Ordnungspolizei, S. 882, mit Anm. 491.

426 Aktenvermerk Hans Gewecke, in: Zentrale Stelle der Landesjustizverwaltungen Ludwigsburg, 5 AR-Z 14/1958. Beschuldigter: Jäger, Karl. Bd. II, Bl. 785. Zu den Judenmorden in Siauliai vgl.: Das Tagebuch von A. Jeruschalmi. In: Grossmann/Ehrenburg, Schwarzbuch, S. 548–580; sowie den Artikel *Schaulen* in: Enzyklopädie des Holocaust III, S. 1280–1281. Von den 5360 Juden, die 1939 in Siauliai wohnten, überlebten nur etwa 500.

427 Curilla, Ordnungspolizei, S. 891, unter Bezug auf das Verfahren gegen Gewecke beim Landgericht Lübeck.

428 Siehe Eintrag *Jeckeln* in: Enzyklopädie des Holocaust II, S. 667.

429 Aussage Dr. Fritz Bartmann, in: Zentrale Stelle der Landesjustizverwaltungen Ludwigsburg, 5 AR-Z 14/1958. Beschuldigter: Jäger, Karl. Bd. X, Bl. 5289–5295, Zitate Bl. 5295, auch zum Folgenden.

430 Aussage des ehem. Gestapobeamten Ferdinand Schlemmer am 22.12. 1959, in: Zentrale Stelle der Landesjustizverwaltungen Ludwigsburg, 5 AR-Z 14/1958. Beschuldigter: Jäger, Karl. Bd. X, Bl. 5341.

431 Aussage Heinrich Erlen, in: Zentrale Stelle der Landesjustizverwaltungen Ludwigsburg, 5 AR-Z 14/1958. Beschuldigter: Jäger, Karl. Bd. X, Bl. 5459–5463.

432 Zentrale Stelle, 30.10.1959, Abschlussbericht über die durch EK3 bzw. KdS Litauen erfolgten Judenerschießungen in Litauen, in: Zentrale Stelle der Landesjustizverwaltungen 5 AR-Z 14/58 gegen Jäger, Karl, Bd. X, Bl. 4357–4365, hier: Bl. 4359.

433 Zit. nach Asmuss, Holocaust, S. 169.

434 Jost, Jg. 1904, Jurist, Polizeidirektor in Gießen, seit 1934 beim SD, Leiter des Auslandsnachrichtendienstes des Reichssicherheitshauptamtes. Kurzvita Heinz Jost in: Wilhelm, Einsatzgruppe A, S. 483 f., sowie in: Enzyklopädie des Holocaust II, S. 686.

435 Aussage Jost vom 27.6.1958, in: Zentrale Stelle der Landesjustizverwaltungen Ludwigsburg, 5 AR-Z 14/1958. Beschuldigter: Jäger, Karl. Bd. II, Bl. 879. Jost datiert die fragliche Unterhaltung auf April 1941, was wohl heißen muss: April 1942.

436 Zentrale Stelle der Landesjustizverwaltungen Ludwigsburg, 5 AR-Z 14/1958. Beschuldigter: Jäger, Karl. Bd. I, Bl. 267, sowie Bd. IV, Bl. 1749.

437 Zentrale Stelle der Landesjustizverwaltungen Ludwigsburg, 5 AR-Z 14/1958. Beschuldigter: Jäger, Karl. Vernehmungsniederschrift Jäger, 18.6.1959, S. 14.

438 Am 14. Oktober 1944 wurde Jäger in die Führerlaufbahn des leitenden Dienstes im Sicherheitsdienst des Reichsführers-SS eingewiesen und auf eine Planstelle B 2 höhergestuft. Siehe: Schreiben des Chefs der Sicherheitspolizei und des SD, Kaltenbrunners, an den SS-Standartenführer Karl Jäger vom 14. Oktober 1944. In: Personalakte Jäger in: BArch ehem. Berlin Document Center (BDC), SSO, Jäger, Karl, 20.9.1888.

439 Aus einer Vernehmung Jägers durch einen Beamten der Zentralen Stelle am 8.5.1959 in Heidelberg, in: Zentrale Stelle der Landesjustizverwaltungen Ludwigsburg. Verfahren 5 AR-Z 14/1958. Beschuldigter: Karl Jäger, Bd. I, Bl. 383.

440 Verfügung des Reichssicherheitshauptamts vom 8. Juni 1944. Personalakte Jäger in: BArch ehem. Berlin Document Center (BDC), SSO, Jäger, Karl, 20.9.1888. Siehe auch Vernehmung Jägers durch einen Beamten der Zentralen Stelle am 8.5.1959 in Heidelberg, in: Zentrale Stelle der Landesjustizverwaltungen Ludwigsburg. Verfahren 5 AR-Z 14/1958. Beschuldigter: Karl Jäger, Bd. I, Bl. 383 u. 385.

441 Schreiben des Reichsführers SS und Chefs der Deutschen Polizei vom 24. Mai 1944 an das Polizeipräsidium Münster/Westfalen. Personalakte Jäger in: BArch ehem. Berlin Document Center (BDC), SSO, Jäger, Karl, 20.9.1888.

442 Zu Hudal (1883–1963) vgl. Klee, Personenlexikon, S. 272 f., sowie ders., Persilscheine.

443 Verfügung des Reichsführers SS. Der Chef des Rasse- und Siedlungshauptamtes, vom 13.7.1940, an das RSHA. Personalakte Jäger in: BArch ehem. Berlin Document Center (BDC), SSO, Jäger, Karl, 20.9.1888.

444 Schreiben Jägers an das SS-Personalhauptamt vom 20.12.1944. Personalakte Jäger in: BArch ehem. Berlin Document Center (BDC), SSO, Jäger, Karl, 20.9.1888.

445 Vgl. das Buch von Folttmann/Möller-Witten, Opfergang der Generale.

446 Aussage Jägers in der Vernehmung am 10.4.1959, in: Zentrale Stelle der Landesjustizverwaltungen Ludwigsburg, 5 AR-Z 14/1958. Beschuldigter: Jäger, Karl. Bd I., Bl. 227–241, hier: S. 233.

447 Notiz des Generalstaatsanwalts vom 26.2.1957 betr. Scheidung der 2. Ehe von Karl Jäger. In: Zentrale Stelle der Landesjustizverwaltungen Ludwigsburg, 5 AR-Z 14/1958. Beschuldigter: Jäger, Karl. Bd. I, Bl. 13.

448 Siehe Schreiben des Sozialgerichts Freiburg vom 8.2.1960. In: Zentrale Stelle der Landesjustizverwaltungen Ludwigsburg, 5 AR-Z 14/1958. Beschuldigter: Jäger, Karl. Korrespondenzakte Bd. II.

449 Mitteilung des Waldkircher Steuerberaters Max Fehrenbach aus dem Jahre 1990 an den Verfasser.

450 Mitteilung des Waldkircher Heimatforschers und Ehrenbürgers Hermann Rambach vom Jahre 1989 an den Verfasser.

451 Nach eigenen Angaben in der Vernehmung vom 10.4.1959. In: Zentrale Stelle der Landesjustizverwaltungen Ludwigsburg, 5 AR-Z 14/1958. Beschuldigter: Jäger, Karl., Bd. I., Bl. 227–241, hier: S. 233.

452 Günther Wust: 1000 Jahre Neckargemünd, 988–1988. Beiträge zur Geschichte einer Neckargemeinde. Neckargemünd 1988, S. 188–189.

453 Zentrale Stelle der Landesjustizverwaltungen Ludwigsburg, 5 AR-Z 14/1958. Beschuldigter: Jäger, Karl. Bd I., Bl. 227–241, hier: S. 233.

454 Ebda., S. 234 f.

455 Ebda., Vernehmungsniederschrift Jäger, 19.6.1959, S. 23.

456 Meldebogen vom 16.5.1946. In: Zentrale Stelle der Landesjustizverwaltungen Ludwigsburg, 5 AR-Z 14/1958. Beschuldigter: Jäger, Karl. Bd. III, Bl. 1007–1009.

457 Nach eigenen Angaben in der Vernehmung vom 8.5.1959. In: Zentrale Stelle der Landesjustizverwaltungen Ludwigsburg, 5 AR-Z 14/1958. Beschuldigter: Jäger, Karl., Bd. I., Bl. 385.

458   Zentrale Stelle der Landesjustizverwaltungen Ludwigsburg, 5 AR-Z 14/ 1958. Beschuldigter: Jäger, Karl. Bd. I, Bl. 5.

459   Kurzvita von Fischer-Schweder in Wilhelm, Einsatzgruppe A, S. 480.

460   Siehe den Ausstellungskatalog: Haus der Geschichte Baden-Württemberg, Ulmer Einsatzgruppenprozess.

461   Feststellung des Landeskriminalamts Baden-Württemberg vom 6.6.1959 in einem Schreiben an die Zentrale Stelle Ludwigsburg. In: Zentrale Stelle der Landesjustizverwaltungen Ludwigsburg, 5 AR-Z 14/1958. Beschuldigter: Jäger, Karl. Bd. III, Bl. 1361.

462   Bundeskriminalblatt Jg. 7, Nr. 718, 25.1.1957. Abschrift in: Zentrale Stelle der Landesjustizverwaltungen Ludwigsburg, 5 AR-Z 14/1958. Beschuldigter: Jäger, Karl. Bd. III, Bl. 1363.

463   Feststellung des Landeskriminalamts Baden-Württemberg vom 10.4. 1959 im Hinblick auf das Erfordernis zur Geheimhaltung der Verhaftung Jägers. In: Zentrale Stelle der Landesjustizverwaltungen Ludwigsburg, 5 AR-Z 14/1958. Beschuldigter: Jäger, Karl. Bd. I, Bl. 241.

464   Die Mörder sind unter uns. Deutscher Spielfilm 1946, Regie und Drehbuch von Wolfgang Staudte. Titel übernommen von den Herausgebern des Ausstellungskatalogs über den Ulmer Einsatzgruppenprozess. Siehe Haus der Geschichte, besonders den Beitrag von Lutum-Lenger, Mörder, S. 23–26.

465   Karsten Krüger: Der Friedlichste von allen. In: Frankfurter Rundschau 1.6.2002, Magazin, S. 3.

466   Aussage Jägers in der Vernehmung vom 10.4.1959. In: Zentrale Stelle der Landesjustizverwaltungen Ludwigsburg, 5 AR-Z 14/1958. Beschuldigter: Jäger, Karl. Bd. I., Bl. S. 235.

467   Frei, Vergangenheitspolitik, S. 284 f.

468   Siehe im Einzelnen ebda., S. 266–305, sowie Schwarz, Begnadigung.

469   Vgl. Schrimm, 50 Jahre.

470   Siehe Pöschko, Ermittler von Ludwigsburg, S. 83.

471   Vgl. Zentrale Stelle Landesjustizverwaltungen Ludwigsburg, Vorläufiger Abschlussbericht in dem Ermittlungsverfahren gegen den ehemaligen SS-Standartenführer Karl Jäger, z. Zt. unbekannten Aufenthaltes wegen Mordes vom 3.4.1959. In: Hessisches HStA Wiesbaden, Abt. 461,Verfahren Js 1106/59 gegen Heinrich Schmitz, Nr. 43 438/1.

472   Sein Enkel plauderte ahnungslos aus, der Opa wolle doch zur Kommunion kommen. Diese Szene ist der Einstieg für die Rundfunksendung von Eichmeier, So traurig für mich, Bayerischer Rundfunk, BR 2, 14.6.2009, 13.05–13.30 Uhr.

473   Zentrale Stelle der Landesjustizverwaltungen Ludwigsburg, 5 AR-Z 14/ 1958. Beschuldigter: Jäger, Karl. Bd. I, Bl. 90–94.

474 Ebda., Bd. I, Bl. 249.

475 Gleichtags wurde er von der Staatsanwaltschaft Heidelberg verhört. Vernehmungsniederschrift vom 10.4.1959 in: ebda., Bd. I, S. 227–241.

476 Vernehmungsniederschrift vom 10.4.1959 in: ebda., Bd. I, S. 235.

477 Ebda., Bd. I, S. 235–241.

478 Siehe Kap. I/3.

479 Zentrale Stelle der Landesjustizverwaltungen Ludwigsburg, 5 AR-Z 14/ 1958. Beschuldigter: Jäger, Karl. Vernehmungsprotokoll Jäger, 19.6.1959, S. 23.

480 Ebda., Vernehmungsprotokoll Jäger, 18.6.1959, S. 20.

481 Ebda., Vernehmungsprotokoll Jäger, 19.6.1959, S. 23.

482 Ebda., Vernehmungsprotokoll Jäger, 18.6.1959, S. 20, auch zum Folgenden. Dort heißt es: höher (sic!) Pflichtauffassung. Gemeint ist wohl eher hoher Pflichtauffassung. Andere Lesart: höherer.

483 Zu der von dem SS-Führer Otto Ohlendorf in die Verteidigungsstrategie der Einsatzgruppenführer eingeführte These vom Befehlsnotstand vgl. Ogorrek/Rieß, Fall 9, S. 166–170; Aussagen von SS-Angehörigen und Polizisten zur Legende des Befehlsnotstandes in: Klee/Dreßen/Rieß, Schöne Zeiten, S. 77–86. Weitere Fälle bei Grabitz, NS-Prozesse, Abschnitt Das Märchen vom Befehlsnotstand, S. 135–144. Zusammenfassung des Forschungsstandes von Dressen, Befehlsnotstand.

484 Vita bei Stang, Kollaboration und Massenmord (1966), S. 175 f.

485 Jäger-Bericht vom 1.12.1941. Siehe Anhang.

486 Ebda.

487 Ankündigung der Radiosendung von Eichmeier, So traurig für mich. In: Dampf-Radio. Einzige überregionale Hörfunkzeitung, 19. Jg., Woche 24/ 2009, 8.8.–14.6.2009.

488 Bericht über den Selbstmord durch Erhängen des geschiedenen Landarbeiters Karl Jäger vom 22.6.1959, in: Zentrale Stelle der Landesjustizverwaltungen Ludwigsburg, 5 AR-Z 14/1958. Beschuldigter: Jäger, Karl. Bd. III, Bl. 1633–1647.

489 Aussagen des Arztes Dr. med. Kurd Bürkner am 22.6.1959, in: Zentrale Stelle der Landesjustizverwaltungen Ludwigsburg, 5 AR-Z 14/1958. Beschuldigter: Jäger, Karl. Bd. IV, Bl. 1639 f., Zitat Bl. 1640.

490 Vgl. Herbert, Best, S. 495–497 und 507–510.

491 Ogorrek/Rieß, Fall 9, S. 165 f.

492 Bericht über den Selbstmord durch Erhängen des geschiedenen Landarbeiters Karl Jäger vom 22.6.1959, in: Zentrale Stelle der Landesjustizverwaltungen Ludwigsburg, 5 AR-Z 14/1958. Beschuldigter: Jäger, Karl. Bd. III, Bl. 1643.

493 Ebda., Bd. III, Bl. 1645.

494 Dam/Giordano, KZ-Verbrechen, sowie Haus der Geschichte Baden-Württemberg, Ulmer Einsatzgruppenprozess [Ausstellungskatalog].

495 Kufeke, Umgang [Ausstellungskatalog], S. 241.

496 Wojak, Fritz Bauer.

497 Siehe Faksimile der Karteikarte Heinrich Schmitz in: Pöschko, Ermittler, S. 78 f.

498 Ebda., Kap. III 5: Ein Beispiel aus den Ermittlungsakten der Zentralen Stelle [Jäger und Schmitz], S. 83–102, hier: S. 100 f.

499 Brunner, Lebenswege, S. 214–242. Brunner zufolge gab es im deutsch besetzten Frankreich 74 SS-Offiziere, die als KdS oder KdS-Stellvertreter Dienst taten.

500 Ebda., 216–220.

501 Gesetz zur Regelung der Rechtsverhältnisse der unter Artikel 131 Grundgesetz fallenden Personen, verabschiedet 1951.

502 Brunner, Lebenswege, S. 229 f.

503 Ebda., S. 238. In einigen weiteren Fällen kam es zwar zu einer Anklage, aber nicht zu einer Verurteilung. Siehe ebda., S. 239 f.

504 Ebda., S. 229.

505 Vgl. Frei, Deutsche Lernprozesse. NS-Vergangenheit und Generationenfolge seit 1945. In: ders., 1945 und wir, S. 23–40.

506 Vgl. im Einzelnen Kohrs, Darstellung, S. 256.

507 Ebda., S. 258.

508 Band 1 dieser Dokumentation: Vilnius 1965, Band 2: Vilnius 1973. Siehe Tauber, Vergangenheitsbewältigung, MS S. 5, Anm. 16–22.

509 Bericht von Leiba Lipschitz, jüdische Gemeinde Siauliai, im März 2001.

510 Zur Person siehe: de.wikipedia.org/wiki/Algirdas_Brazauskas.

511 Tauber, Vergangenheitsbewältigung, MS S. 11 f., Anm. 51–53.

512 Offizielle Bezeichnung: International Commission for the Evaluation of the Crimes of the Nazi and Soviet Occupation Regimes in Lithania.

513 Vgl. als erstes Ergebnis den Band von Dieckmann/Suziedelis, Persecution, sowie die Bde. I und II der Serie Crimes.

514 Zit. nach Tauber, Vergangenheitsbewältigung, MS S. 15, Anm. 67.

515 Truska/Vareikis, Preconditions (= Crimes I: The Nazi Occupation), S. 332; Übersetzung aus dem Englischen.

516 Tauber, Vergangenheitsbewältigung, MS S. 3, mit Anm. 9, MS S. 3, mit Anm. 9, unter Berufung auf die Forschungen von Eidintas, Jews.

517 Vgl. den Pressebericht von Hannes Gamillscheg: Der Prozess gegen Lileikis soll Beleg der Ernsthaftigkeit sein. In: Frankfurter Rundschau vom 11. 2. 1998, S. 2.

518 Tauber, Vergangenheitsbewältigung, MS S. 11, Anm. 50, unter Hinweis auf die in seinem Todesjahr erschienenen Memoiren von Lileikis, Spuren.

519 Johannsmeyer, Erinnerung.

520 Vgl. dazu Norbert und Stephan Lebert, Namen, die exemplarisch darstellen, wie sich Wolf-Rüdiger Hess, Martin Bormann junior, Niklas und Norman Frank, Gudrun Himmler, Edda Göring sowie die Brüder v. Schirach sich in unterschiedlicher Weise mit der schweren Last der Erkenntnis auseinandergesetzt haben, dass ihr Vater ein NS-Gewaltverbrecher war.

521 Siehe Kap. II / 3.

522 Josef Meier / Johannes Reidt: Katholische Kirche und Nationalsozialismus in Waldkirch. In: Waldkirch 1939 – davor und danach. Beiträge des Arbeitskreises Regionalgeschichte Elztal zu den Kulturtagen 1989 (= Schriften zur neueren Waldkircher Stadtgeschichte. Bd. 1), S. 135 – 191, bes. S. 162.

523 Zu diesem Begriff vgl. Wolfram Wette: Was ist Verstrickung? Bei der Debatte über den Nationalsozialismus wird zu viel im Passiv geredet. In: DIE ZEIT Nr. 8, 18. 2. 1999, S. 11.

524 Einfügeblatt von Josef Meier und Johannes Reidt in: Waldkirch 1939 davor und danach.

525 Dass die Familie Jäger in Sippenhaft genommen werde, was fast nicht mehr zu verkraften sei, beklagte Walter Jäger, der Sohn Karl Jägers, in einem Brief an den Waldkircher Stadtrat vom 28. 10. 1990, allerdings ohne Hinweis darauf, welche Mitbürger es waren, die eine solche unzulässige Diffamierung der schuldlos Beladenen betrieben.

526 Leserbrief von Liesel Frick, Waldkirch: Unanständig. In: Badische Zeitung 19. 19. 1989.

527 Stadträtin Liesel Frick in der Sendung von Lothar Walser: ›Ich war stets ein Mensch mit höherer Pflichtauffassung.‹ Der NS-Massenmörder Jäger, die Stadt Waldkirch und wir. Südwestfunk, 1. Programm, 29. März 1990, 21 – 22 Uhr, Sendereihe Hierzuland.

528 Zit. nach Kai-Ulrich Deissner: Die Idylle und der Massenmörder. Ein ständiger Streitfall: Die Stadt Waldkirch und der Nationalsozialismus. Eine Zwischenbilanz. In: Badische Zeitung vom 27. / 28. Oktober 1990, BZ-Magazin, S. 1 – 2, hier: S. 2.

529 Zit. nach Deissner, Idylle, S. 1.

530 Frei, 1945 und wir, S. 148.

531 Lothar Walser, ›Ich war stets ein Mensch mit höherer Pflichtauffassung‹ (wie Anm. 530).

532 Vgl. im Einzelnen Wette, Verweigerte Erinnerung.

533 Schwan, Politik und Schuld; vgl. dazu auch die Rezension von Richard

Schröder: Ohne Norm keine Schuld. In: DIE ZEIT vom 1.8.1997, S.13; vgl. des Weiteren die Erkenntnisse des israelischen Psychoanalytikers Bar-On, Last des Schweigens.

534 Deissner, Idylle (wie Anm. 531).

535 So auch der Titel einer Veranstaltung des Arbeitskreises Regionalgeschichte Elztal am 16.11.1990 in Waldkirch mit dem Psychologie-Professor Fred Wyatt und dem Pädagogik-Professor H.H. Deissler, beide Freiburg i.Br. Vgl. den Bericht: Das Verdrängen des Schrecklichen widerspricht der Stimme der Vernunft. Der Arbeitskreis Regionalgeschichte Elztal fragte nach der Psychologie des Waldkircher NS-Mörders Karl Jäger. In: Waldkircher Anzeiger/Elztäler Wochenbericht, 20.12.1990.

536 Deissner, Idylle (wie Anm. 531), S.1.

537 Badische Zeitung 9.11.1990, Forum (ganzseitig), 5.12.1999, Forum (halbseitig).

538 Formulierung von Ralph Giordano.

539 Vgl. Westernhagen, Kinder der Täter; Lebert, Erbe.

540 Vgl. Frank, Vater.

541 Meckel, Suchbild.

542 Meyer, Kopf.

543 Scheub, Leben.

544 Siehe Klee, Auschwitz; sowie Zofka, KZ-Arzt Josef Mengele.

545 Die Vergangenheitspolitik in Günzburg wurde wissenschaftlich aufgearbeitet von dem Historiker Keller, Günzburg. Vgl. auch Hermann G. Abmayr: Im Schatten. Günzburg und der Fall Mengele – Vom Umgang einer Stadt mit ihrem nationalsozialistischen Erbe. In: Frankfurter Rundschau Nr. 281, 2.12.2003, S.10, der darauf hinweist, dass Kellers Untersuchung von kritischen Günzburgern als apologetisch eingestuft wird.

546 Zit. nach Hermann G. Abmayr: Die Stadt und der KZ-Arzt. Bis heute tut sich Günzburg, die Heimat des NS-Verbrechers Josef Mengele, schwer damit, der Opfer zu gedenken. In: Frankfurter Rundschau Nr. 69, 23.3. 2005, S.26: Forum.

547 Foto der Günzburger Bronzetafel zur Illustration des zitierten Artikels von Abmayr, Die Stadt und der KZ-Arzt (siehe Anm. 548).

548 Interview von Hermann Abmayr mit Ruth Niemitz: Zivilcourage zeigen. In: Frankfurter Rundschau Nr. 69, 23.3.2005, S. 26.

549 Schreiben des Landratsamts Emmendingen, Kreisarchivar Auer, vom 13.3.2003 an den Verfasser.

550 Aus dem Schreiben des Verfassers an den Emmendinger Kreisarchivar Auer vom 10.4.2003.

551 Vgl. den illustrierten Katalog von Kostanian, Jewish State Museum.

552 Siehe den Ausstellungskatalog von Pöschko, Ermittler.

553 Für diese Information vom 10. 8. 2009 danke ich Frau Dr. Franziska Dunkel, Haus der Geschichte Baden-Württemberg, Stuttgart.

554 Vgl. Truska, Historiographie.

555 Siehe Wette, Stimme der Stille; Wiederabdruck in Wette/Hoffmann, Litauen 1941 und 2001, S. 166–168.

556 Ponar-Wiegenlied aus: Songs of the Vilna-Ghetto von Marme-Loschn.

557 Sophie Ewald: »Still, still, lasst uns schweigen …«. In: Wette/Hoffmann, Litauen 1941 und 2001, S. 111–112.

558 Bartusevicius/Tauber/Wette, Holocaust in Litauen.

559 Weizsäcker, Rede vom 8. Mai 1985, S. 191.

560 Schmalz-Jacobsen, Bäume.

561 Text der Begrüßungsrede von Roland Burkhart im Besitz des Verfassers.

562 Vgl. den Pressebericht von Eberhard Weiß: Die Untaten des Hitlers von Waldkirch. Professor Wette gab im Geschwister Scholl-Gymnasium Einblick in die Forschung zu Karl Jäger. In: Badische Zeitung, 5. 10. 2006, S. 21 (Elztal); Wiederabdruck u. d. T. Die Untaten des ›Hitlers von Waldkirch‹. In: Gegen Vergessen – Für Demokratie 52/2007, S. 35.

563 Kucinskiene, Ghetto Kaunas.

564 Jafetas, Junge.

565 Vgl. die Autobiographie von Bergmann, Aufzeichnungen.

566 Sylvia Timm: Zeitzeugen im Gespräch mit Schülern. Zu den Geschwister Scholl-Tagen wird eine Ausstellung über Karl Plagge eröffnet. Holocaust-Überlebende aus Litauen in Waldkirch. In: Badische Zeitung, 16. 2. 2008, S. 25 (Elztal).

567 Vgl. die CD: Ausstellung Karl Plagge. Ein Gerechter unter den Völkern. Hrsg. vom Magistrat der Wissenschaftsstadt Darmstadt. Ein Projekt der Darmstädter Geschichtswerkstatt e. V. Zu beziehen über: archetmedia GbR, Landgraf-Georg-Str. 60, 64283 Darmstadt.

568 Am 15. 2. 2005 fand in Darmstadt eine große Gedenkfeier zu Ehren des Majors der Wehrmacht Karl Plagge statt. Siehe die Dokumentation von Viefhaus, Zivilcourage.

569 Diese Formulierung geht zurück auf das Buch von Wette, Retter.

570 Drossel, Zeit der Füchse; sowie Wette, Oberleutnant Heinz Drossel.

571 Zit. nach dem Presseartikel von Sylvia Timm: Wir wurden weniger und weniger. Vier Holocaust-Überlebende aus Litauen und Lettland berichten Waldkircher Schülern von ihrer schweren Vergangenheit. In: Badische Zeitung, 21. 2. 2008, S. 8 (Aus Land und Region).

572 Vgl. den Presseartikel: Tiefen Respekt gezeigt. Holocaust-Überlebende

wurden im Rathaus empfangen. In: Elztäler Wochenbericht, 28.2.2009, S. 9.

573 Zingeris, Juden in Litauen, S. 293 f.

574 Katz, Ufer der Memel, S. 6.

575 Ebda., S. 12.

576 Ebda., S. 154.

577 Aussagen einer älteren Waldkircherin im Interview mit Lothar Walser, Mensch.

578 Hobsbawm, Zeitalter.

579 Vgl. Lemmermann, Kriegserziehung; und allgemein: Wette, Militarismus, Abschnitt II: Die Zeit des Deutschen Kaiserreiches, S. 35–99.

580 Vgl. Kühne, Soldat.

581 Moser, Korsett.

582 Vernehmungsniederschrift Landeskriminalamt Baden-Württemberg, Sonderkommission, Zentrale Stelle, Hohenasperg, 15.6.1959ff., Bl. 10. In: Zentrale Stelle der Landesjustizverwaltungen Ludwigsburg. Verfahren 5 AR-Z 14/1958. Beschuldigter: Karl Jäger, Bd. IV, Bl. 1885–1941, hier: Bl. 1903.

583 Hilberg, Vernichtung, S. 1090 f.

584 Zum Problem zweier rivalisierender Moralsysteme vgl. Welzer, Täter, S. 187 f., sowie die grundlegende Studie von Todorow, Angesichts des Äußersten.

585 Vernehmungsniederschrift Landeskriminalamt Baden-Württemberg, Sonderkommission, Zentrale Stelle, Hohenasperg, 15.6.1959ff., Bl. 23. In: Zentrale Stelle der Landesjustizverwaltungen Ludwigsburg. Verfahren 5 AR-Z 14/1958. Beschuldigter: Karl Jäger, Bd. IV, Bl. 1885–1941, hier: Bl. 1928.

586 Siehe die Zusammenfassung der jüngeren Forschung über die Täter im Holocaust von Bönisch/Wiegrefe, Säuglinge.

Anhang

Der *Jäger-Bericht*

Der Befehlshaber der Sicherheitspolizei u. des SD   Kauen, am 1.Dezember 1941
    Einsatzkommando 3

Geheime Reichssache!   5 Ausfertigungen:
    4. Ausfertigung.

Gesamtaufstellung der im Bereich des EK.3 bis zum 1.Dez.1941
durchgeführten Exekutionen.

Übernahme der sicherheitspolizeilichen Aufgaben in Litauen
durch das Einsatzkommando 3 am 2.Juli 1941.

(Das Gebiet Wilna wurde am 9.Aug.41, das Gebiet Schaul-
2.Okt.41 vom EK.3 übernommen. Wilna wurde bis zu diesen Zei.
vom EK.9 und Schaulen vom EK.2 bearbeitet.)

Auf meine Anordnung und meinen Befehl durch die
lit.Partisanen durchgeführten Exekutionen:

4.7.41	Kauen - Fort VII -	416 Juden, 47 Jüdinnen	463
6.7.41	Kauen - Fort VII -	Juden	2 514

Nach Aufstellung eines Rollkommandos unter Führung
von SS-Ostuf.Hamann und 8 - 10 bewährten Männern
des EK.3 wurden nachfolgende Aktionen in Zusammenarbeit mit den lit.Partisanen durchgeführt:

7.41	Mariampole	Juden	32
7.41	"	14 " und 5 komm.Funktionäre	19
.7.41	Girkalinei	komm.Funktionäre	6
9.7.41	Wendziogala	32 Juden, 2 Jüdinnen, 1 Litauerin, 2 lit.Komm., 1 russ.Kommunist	38
9.7.41	Kauen - Fort VII -	21 Juden, 3 Jüdinnen	24
1.7.41	Mariampole	21 " , 1 russ. 9 lit.Komm.	31
.7.41	Babtei	8 komm.Funktionäre (6 davon Juden)	8
.7.41	Mariampole	39 Juden, 14 Jüdinnen	53
9.7.41	Kauen - Fort VII -	17 " , 2 " , 4 lit.Komm., 2.komm.Litauerinnen, 1 deutsch.K.	26
1.7.41	Panevezys	59 Juden, 11 Jüdinnen, 1 Litauerin, 1 Pole, 22 lit.Komm., 9 russ.Komm.	103
22.7.41	"	1 Jude	1
23.7.41	Kedainiai	83 Juden, 12 Jüdinnen, 14 russ.Komm. 15 lit.Komm., 1 russ.O-Politruk.	125
25.7.41	Mariampole	90 Juden, 13 Jüdinnen	103
28.7.41	Panevezys	234 " , 15 " , 19 russ.Komm., 20 lit.Kommunisten	288

                -Übertrag: 3 834

-Übertrag: 3 834

Datum	Ort		
29.7.41	Rassiniai	254 Juden, 3 lit.Kommunisten	257
3o.7.41	Agriogala	27 " , 11 " "	38
31.7.41	Utena	235 " , 16 Jüdinnen, 4 lit.Komm. 1 zweifacher Raubmörder	256
11/31.7.41	Wendziognla	13 Juden, 2 Mörder	15

Monat August:

1.8.41	Ukmerge	254 Juden, 42 Jüdinnen, 1 pol.Komm. 2 lit.NKWD-Agenten, 1 Bürgermeister von Jonava, der den Befehl zum An- zünden der Stadt Jonava gab	3oo
2.8.41	Kauen-Fort IV	17o Juden, 1 USA-Jude, 1 USA-Jüdin, 33 Jüdinnen, 4 lit.Kommunisten	2o9
4.8.41	Panevezys	362 Juden, 41 Jüdinnen, 5 russ.Komm. 14 lit.Kommunisten	422
5.8.41	Rassiniai	213 Juden, 66 Jüdinnen	279
7.8.41	Uteba	483 " , 87 " , 1 Litauer, war Leichenfledderer an deutschen Soldaten	571
8.8.41	Ukmerge	62o Juden, 82 Jüdinnen	7o2
9.8.41	Kauen-Fort IV	484 " , 5o "	534
11.8.41	Panevezys	45o " , 48 " , 1 lit.1 russ.K.	5oo
13.8.41	Algtus	617 " , 1oo " , 1 Verbrecher	719
14.8.41	Jonava	497 " , 55 "	552
15.und 16.8.41	Rokiskis	32oo Juden, Jüdinnen und J-Kinder, 5 lit.Komm., 1 Pole, 1 Partisane	3 2o7
9.bis 16.8.41	Rassiniai	294 Jüdinnen, 4 Judenkinder	298
27.6.bis 14.8.41	Rokiskis	493 Juden, 432 Russen, 56 Litauer (alles aktive Kommunisten)	981
18.8.41	Kauen-Fort IV	698 Juden, 4o2 Jüdinnen, 1 Polin, 711 Intell.-Juden aus dem Ghetto als Repressalie für eine Sabotage- Handlung	1 812
19.8.41	Ukmerge	298 Juden, 255 Jüdinnen, 1 Politr. 88 Judenkinder, 1 russ. Kommunist	645
22.8.41	Dünaburg	3 russ.Komm., 5 Letten, dabei war 1 Mörder, 1 russ.Gardist, 3 Polen, 3 Zigeuner, 1 Zigeunerin, 1 Zigeu- nerkind, 1 Jude, 1 Jüdin, 1 Arme- nier, 2 Politruks (Gefängnis-Über- prüfung in Dünaburg)	21

-Übertrag: 16 152

Blatt 3.

			—Übertrag:	16 152

22.8.41	Aglona	Geisteskranke: 269 Männer, 227 Frauen, 48 Kinder	544
23.8.41	Panevezys	1312 Juden, 4602 Jüdinnen, 1609 Judenkinder	7 523
18. bis 22.8.41	Kr. Rasainiai	466 Juden, 440 Jüdinnen, 1020 Judenkinder	1 926
25.8.41	Obeliai	112 Juden, 627 Jüdinnen, 421 Judenkinder	1 160
25. und 26.8.41	Seduva	230 Juden, 275 Jüdinnen, 159 Judenkinder	664
26.8.41	Zarasai	767 Juden, 1113 Jüdinnen, 1 lit.Kom. 687 Judenkinder, 1 russ.Kommunistin	2 569
26.8.41	Pasvalys	402 Juden, 738 Jüdinnen, 209 Judenkinder	1 349
26.8.41	Kaisiadorys	alle Juden, Jüdinnen u.J.-Kinder	1 911
27.8.41	Prienai	" " " " "	1 078
27.8.41	Dagda und Kraslawa	212 Juden, 4 russ.Kr.-Gefangene	216
27.8.41	Joniskis	47 Juden, 165 Jüdinnen, 143 Judenkinder	355
28.8.41	Wilkia	76 Juden, 192 Jüdinnen, 134 Judenkinder	402
28.8.41	Kedainiai	710 Juden, 767 Jüdinnen, 599 Judenkinder	2 076
29.8.41	Rumsiskis u. Ziezmariai	20 Juden, 567 Jüdinnen, 197 Judenkinder	784
29.8.41	Utena und Moletai	582 Juden, 1731 Jüdinnen, 1469 Judenkinder	3 782
13. bis 31.8.41	Alytus und Umgebung	233 Juden	233

Monat September:

| 1.9.41 | Mariampole | 1763 Juden, 1812 Jüdinnen, 1404 Judenkinder, 109 Geistes-kranke, 1 deutsche Staatsangehörige, die mit einem Juden verheiratet war, 1 Russin | 5 090 |

| | | | —Übertrag: | 47 814 |

Blatt 4.

-Übertrag: 47 814

Datum	Ort	Juden		Jüdinn.		J.-Kind.		Summe
28.8.bis 2.9.41	Darsuniskis	1o Juden,		69 Jüdinn.		2o J'-Kind.		99
	Carliava	73	"	113	"	61	"	247
	Jonava	112	"	1200	"	244	"	1 556
	Petrasiunai	3o	"	72	"	23	"	125
	Jesuas	26	"	72	"	46	"	144
	Ariogala	2o7	"	26o	"	195	"	662
	Jasvainai	86	"	11o	"	86	"	282
	Babtei	2o	"	41	"	22	"	83
	Wenziogala	42	"	113	"	97	"	252
	Krakes	448	"	476	"	2o1	"	1 125
4.9.41	Pravenischkis	247	"	6	"	(Hetz.i.A.-Lg.)		253
4.9.41	Cekiske	22	"	64	"	6o J.-Kind.		146
	Seredsius	6	"	61	"	126	"	193
	Velinona	2	"	71	"	86	"	159
	Zapiskis	47	"	118	"	13	"	178
5.9.41	Ukmerge	1123	"	1849	"	1737	"	4 7o9
25.8.bis 6.9.41	Säuberung in Rasainiai	16	"	412	"	415	"	843
	in Georgenburg	alle	"	alle	"	alle	"	412
9.9.41	Alytus	287	"	64o	"	352	"	1 279
9.9.41	Butrimonys	67	"	37o	"	3o3	"	740
1o.9.41	Merkine	223	"	355	"	276	"	854
1o.9.41	Varena	541	"	141	"	149	"	831
11.9.41	Leipalingis	6o	"	7o	"	25	"	155
11.9.41	Seirijai	229	"	384	"	34o	"	953
12.9.41	Simnas	68	"	197	"	149	"	414

11.und
12.9.41 Uzusalis   Strafaktion gegen Bewohner, die die
                    russ.Partisanen verpflegt haben und
                    teilweise im Besitze von Waffen waren 43

26.9.41 Kauen-F.IV- 412 Juden 615 Jüdinnen,581 J.-Kind.
                    (Kranke u.Seuchenverdächtige)   1 6o8
                                                    _____

-Übertrag: 66 159

Blatt 5.

—Übertrag: 66 159

Monat Oktober:

2.10.41 Zagare   633 Juden, 1107 Jüdinn.,496 J.-Ki.   2 236
(beim Abführen dieser Juden ent-
stand eine Meuterei, die jedoch
sofort niedergeschlagen wurde.Da-
bei wurden 150 Juden sofort erschossen. 7 Partisanen wurd.verletzt)

4.10.41 Kauen-F.IX-   315 Juden,712 Jüdinn.,818 J.-Kind.   1 845
(Strafaktion weil im Ghetto auf
einen deutsch.Polizisten geschossen wurde)

29.10.41 Kauen-F.IX-   2007 Juden, 2920 Jüdinnen,
4273 Judenkinder   9 200
(Säuberung des Ghettos von überflüssigen Juden)

Monat November:

3.11.41 Lazdijai   485 Juden,511 Jüdinn.,539 J.-Kind.   1 535
15.11.41 Wilkowiski   36 "   48 "   31 "   115
25.11.41 Kauen-F.IX-   1159 "   1600 "   175 "   2 934
(Umsiedler aus Berlin, München u.
Frankfurt a.M.)

29.11.41   "   "   693 "   1155 "   152 "   2 000
(Umsiedler aus Wien u.Breslau)

29.11.41   "   "   17 Juden, 1 Jüdin, die gegen die
Ghettogesetze verstossen hatten,
1 R.-Deutscher, der zum jüdischen
Glauben übergetreten war und eine
Rabinerschule besucht hatte, dann
15 Terroristen der Kalinin-Gruppe   34

Teilkommando des EK.3
in Dünaburg in der Zeit
vom 13.7.-21.8.41:   9012 Juden, Jüdinnen und Judenkinder,
573 aktive Kommunisten   9 585

Teilkommando des EK.3
in Wilna:

12.8.bis
1.9.41 Wilna-Stadt   425 Juden, 19 Jüdinnen, 8 Kommunist.
9 Kommunistinnen   461

2.9.41   "   "   864 Juden, 2019 Jüdinnen,
817 Judenkinder
(Sonderaktion, weil von Juden auf
deutsche Soldaten geschossen wurde)   3 700

—Übertrag: 99 804

Blatt 6.

-Übertrag: 99 804

Datum	Ort	Juden		Jüdinn.		J.-Kind.		Summe
12.9.41	Wilna-Stadt	993 Juden,	167o Jüdinn.		771 J.-Kind.			3 334
17.9.41	" "	337 "	687 "		247 "		und 4 lit.Kommunisten	1 271
2o.9.41	Nemencing	128 Juden,	176 Jüdinn.		99 "			4o3
22.9.41	Novo-Wilejka	468 " ,	495 "		196 "			1 159
24.9.41	Riesa	512 "	744 "		511 "			1 767
25.9.41	Jahiunai	215 "	229 "		131 "			575
27.9.41	Eysisky	989 "	1636 "		821 "			3 446
.9.41	Trakai	366 "	483 "		597 "			1 446
4.1o.41	Wilna-Stadt	432 "	1115 "		436 "			1 983
6.1o.41	Semiliski	213 "	359 "		39o "			962
9.1o.41	Svenciany	1169 "	184o "		717 "			3 726
16.1o.41	Wilna-Stadt	382 "	5o7 "		257 "			1 146
21.1o.41	" "	718 "	1o63 "		586 "			2 367
25.1o.41	" "	- "	1766 "		812 "			2 578
27.1o.41	" "	946 "	184 "		73 "			1 2o3
3o.1o.41	" "	382 "	789 "		362 "			1 533
6.11.41	" "	34o "	749 "		252 "			1 341
19.11.41	" "	76 "	77 "		18 "			171
19.11.41	" "	6 Kriegsgefangene, 8 Polen						14
2o.11.41	" "	3 "						3
25.11.41	" "	9 Juden, 46 Jüdinnen, 8 J.-Kinder, 1 Pole wegen Waffenbesitz u.Besitz von anderem Kriegsgerät						64

Teilkommando des EK.3
in Minsk
vom 28.9.-17.1o.41:

Pleschnitza,
Bicholin,
Scak,
Bober,
Uzda   62o Juden,1285 Jüdinnen,1126 J.-Kind.   3 o5o
                und 19 Kommunisten

                                                           133 346

Vor Übernahme der sicherheitspol.Aufgaben durch das EK.3,   4 ooo
Juden durch Progrome und Exekutionen - ausschliesslich von
Partisanen - liquidiert.

                                              Sa.   137 346

Blatt 7.

Ich kann heute feststellen, dass das Ziel, das Judenproblem für Litauen zu lösen, vom EK.3 erreicht worden ist. In Litauen gibt es keine Juden mehr, ausser den Arbeitsjuden incl. ihrer Familien.

Das sind

in Schaulen	ca.	4 500
in Kauen	"	15 000
in Wilna	"	15 000.

Diese Arbeitsjuden incl. ihrer Familien wollte ich ebenfalls umlegen, was mir jedoch scharfe Kampfansage der Zivilverwaltung (dem Reichskommissar) und der Wehrmacht eintrug und das Verbot auslöste: Diese Juden und ihre Familien dürfen nicht erschossen werden!

Das Ziel, Litauen judenfrei zu machen, konnte nur erreicht werden, durch die Aufstellung eines Rollkommandos mit ausgesuchten Männern unter Führung des SS-Obersturmführer Hamann, der sich meine Ziele voll und ganz aneignete und es verstand, die Zusammenarbeit mit den litauischen Partisanen und den zuständigen zivilen Stellen zu gewährleisten.

Die Durchführung solcher Aktionen ist in erster Linie eine Organisationsfrage. Der Entschluss, jeden Kreis systematisch judenfrei zu machen, erforderte eine gründliche Vorbereitung jeder einzelnen Aktion und Erkundung der herrschenden Verhältnisse in dem betreffenden Kreis. Die Juden mussten an einem Ort oder an mehreren Orten gesammelt werden. An Hand der Anzahl musste der Platz für die erforderlichen Gruben ausgesucht und ausgehoben werden. Der Anmarschweg von der Sammelstelle zu den Gruben betrug durchschnittlich 4 bis 5 km. Die Juden wurden in Abteilungen zu 500, in Abständen von mindestens 2 km, an den Exekutionsplatz transportiert. Welche Schwierigkeiten und nervenaufreibende Arbeit dabei zu leisten war, zeigt ein willkürlich herausgegriffenes Beispiel:

In Rokiskis waren 3208 Menschen 4 1/2 km zu transportieren, bevor sie liquidiert werden konnten. Um diese Arbeit in 24 Stunden bewältigen zu können, mussten von 80 zur Verfügung stehenden litauischen Partisanen über 60 zum Transport, bezw.

bezw. zur Absperrung eingeteilt werden. Der verbleibende Rest, der immer wieder abgelöst wurde, hat zusammen mit meinen Männern die Arbeit verrichtet. Kraftfahrzeuge stehen zum Transport nur selten zur Verfügung. Fluchtversuche, die hin und wieder vorkamen, wurden ausschliesslich durch meine Männer unter eigener Lebensgefahr verhindert. So haben z.B. 3 Mann des Kommandos bei Mariampole 38 ausbrechende Juden und kommunistische Funktionäre auf einem Waldweg zusammengeschossen, ohne dass jemand entkam. Der An- und Rückmarschweg betrug zu den einzelnen Aktionen durchweg 160 - 200 km. Nur durch geschickte Ausnutzung der Zeit ist es gelungen, bis zu 5 Aktionen in einer Woche durchzuführen und dabei doch die in Kauen anfallende Arbeit so zu bewältigen, dass keine Stockung im Dienstbetrieb eingetreten ist.

Die Aktionen in Kauen selbst, wo genügend einigermassen ausgebildete Partisanen zur Verfügung stehen, kann als Paradeschiessen betrachtet werden, gegenüber den oft ungeheuerlichen Schwierigkeit die ausserhalb zu bewältigen waren.

Sämtliche Führer und Männer meines Kommandos in Kauen haben an den Grossaktionen in Kauen aktiv teilgenommen. Lediglich ein Beamt des Erkennungsdienstes war infolge Krankheit von der Teilnahme befreit.

Ich betrachte die Judenaktionen für das EK.3 in der Hauptsache als abgeschlossen. Die noch vorhandenen Arbeitsjuden und Jüdinnen werden dringend gebraucht und ich kann mir vorstellen, dass nach dem Winter diese Arbeitskräfte dringendst weiter gebraucht werden. Ich bin der Ansicht, dass sofort mit der Sterilisation der männlichen Arbeitsjuden begonnen wird, um eine Fortpflanzung zu verhindern. Wird trotzdem eine Jüdin schwanger, so ist sie zu liquidiere

Eine der wichtigsten Aufgaben sah das EK.3, neben den Judenaktionen, in der Überprüfung der meist überfüllten Gefängnisse in de einzelnen Orten und Städten. Durchschnittlich sassen in jeder Kreistadt an 600 Personen lit.Volkszugehörigkeit im Gefängnis ein, obwohl ein eigentlicher Haftgrund nicht vorlag. Sie wurden von Partinen auf Grund einfacher Denunzierungen usw. festgenommen. Viele pesönliche Rechnungen waren dabei beglichen worden. Kein Mensch hat sich um sie gekümmert. Man muss in den Gefängnissen gewesen sein und sich mal einen Moment in den überfüllten Zellen aufgehalten

aufgehalten haben, die in hygienischer Beziehung oft jeder Beschreibung spotten. In Jonava - und das ist ein Beispiel für viele - sasse
in einem düsteren Kellerraum von 3 m Länge, 3 m Breite und 1,65 m
Höhe, 5 Wochen lang 16 Männer ein, die alle entlassen werden konnten
weil gegen sie nichts vorzubringen war. Mädchen im Alter von 13 bis
16 Jahren sind eingesperrt worden, weil sie sich, um Arbeit zu bekommen, um die Aufnahme in die kommunistische Jugend beworben hatten
Hier musste durch durchgreifende Massnahmen eine klare Richtung in
die Köpfe der zuständigen litauischen Kreise hineingehämmert werden.
Die Gefängnisinsassen wurden auf dem Gefängnishof aufgestellt und an
Hand der Listen und Unterlagen überprüft. Diejenigen, die wegen
harmloseren Vergehen grundlos eingesperrt waren, wurden zu einem besonderen Haufen zusammengestellt. Diejenigen, die wir aufgrund ihres
Vergehens zu 1 - 3 und 6 Monaten verurteilten, wurden wieder gesondert aufgeteilt, ebenso diejenigen, die zu liquidieren waren, wie
Verbrecher, kommunistische Funktionäre, Politruks und anderes Gesin-
del. Zusätzlich zu der ausgesprochenen Strafe erhielt ein Teil, je
nach dem Vergehen, im besonderen kommunistische Funktionäre, 10 bis
40 Peitschenhiebe zudiktiert, die jeweils sofort ausgeteilt wurden.
Nach Abschluss der Überprüfung wurden die Gefangenen in ihre Zellen
zurückgeführt. Die Freizulassenden wurden im Zuge nach dem Marktplatz
gebracht und dort nach einer kurzen Ansprache, in Gegenwart vieler
Einwohner, freigelassen. Die Ansprache hatte folgenden Inhalt (sie
wurde satzweise sofort von einem Dolmetscher litauisch und russisch
übersetzt):

"Wenn wir Bolschewisten wären, hätten wir Euch erschossen, da
wir aber Deutsche sind, geben wir Euch die Freiheit."

Dann folgte eine scharfe Ermahnung, sich jeder politischen Tätigkeit zu enthalten, sofort alles, was über Gegenströmungen in Erfahrung gebracht wird, den deutschen Stellen zu melden und sich sofort arbeitsmässig an Wiederaufbau, vor allem in der Landwirtschaft,
intensiv zu beteiligen. Sollte sich einer erneut eines Vergehens
schuldig machen, werde er erschossen. Dann wurden sie entlassen.

Man kann sich keine Vorstellung machen, welche Freude, Dankbar-
keit und Begeisterung diese unsere Massnahme jeweils bei den Freige-
lassenen und der Bevölkerung auslöste. Mit scharfen Worten musste man
sich oft der Begeisterung erwehren, wenn Frauen, Kinder und Männer
mit tränenden Augen versuchten, uns die Hände und Füsse zu küssen.

SS-Standartenführer

Ortsnamenkonkordanz zum Jäger-Bericht

Aufgelistet sind von der heutigen Nomenklatur abweichende
Schreibweisen im Jäger-Bericht und ihre heutige Entsprechung:

Aglona	Agluona	Petrasiunai	Petrašiūnai
Agriogala	Ariogala	Pleschnitza	Pleščenicai
Baptei	Babtai		(Pleščan(cy)
Bicholin	Begomlis	Pravenischkis	Pravieniškės
Bober	Bobrai	Rasainiai	Raseiniai
Carliava	Garliava	Riesa	Riešė
Cekiske	Čekiškė	Rokiskis	Rokiškis
Darsuniskis	Darsūniškis	Rumsiskis und	Rumšiškės und
Dünaburg	Daugpilis	Ziezmariai	Žiežmariai
	(lett. Daugavpils)	Scak	Šackas
Eysisky	Eišiškės	Schaulen	Šiauliai
Georgenburg	Jurbarkas	Seduva	Šeduva
Girkalinei	Girkalnis	Semiliski	Semėliškės
Jahiunai	Jašiūnai	Seredsius	Seredžius
Jasvainai	Josv~iniai	Svenciany	Švenčionys
Jesuas	Jieznas	Ukmerge	Ukmergė
Joniskis	Joniškis	Uteba	Utena
Kaisiadorys	Kaišiadorys	Uzusalis	Užusaliai
Kauen	Kaunas	Varena	Varėna
Kedainiai	Kėdainiai	Velinona	Veliuona
Kr. Rasainiai	Kreis Raseiniai	Wendziogala	Vandžiogala
Krakes	Krakės	Wenziogala	Vandžiogala
Kraslawa	Kraslava	Wilkia	Vilkija
Marijampole	Marijampolė	Wilkowiski	Vilkaviškis
Merkine	Merkinė	Wilna	Vilnius
Moletai	Molėtai	Wilna-Stadt	Vilnius-Stadt
Nemencing	Nemenčinė	Zagare	Žagarė
Nevo-Wilejka	Naujoji Vilija	Zapiskis	Zapyškis
Panevezys	Panevėžys		

Karten

Litauen Ende 1941

GENERALKOMMISSARIAT LETTLAND

Heeresgruppe Nord

Düna

Friedrichstadt
(Jaunjelgava)

Jakobstadt
(Jekabpils)

Aglona

Pasewalk

Rokiskis

Kraslawa

Dünaburg

Panevezys

Ežerenai

REICHSKOMMISSARIAT OSTLAND

Uteba

Swenta

Ukmerge

Moletai

Swenzjany

Svenciany

Jonava

Širvintos

eusalis
nischkis
Kaisiadorys
skis Ziezmariai

Riesa Nemencing

suniskis
Semiliski

Nevo-Wilejka

Wilna

uas

Eysisky
Jahinuai

⊛ Orte, in denen nach Angaben
des Jäger-Berichtes Massaker
stattfanden.
Die Schreibweise entspricht
derjenigen im Jägerbericht;
vgl. die Ortsnamenkonkordanz
auf Seite 246.

1938 von Litauen annektiert

Varena

ne

Heeresgruppe Mitte

GENERALKOMMISSARIAT
WEISSRUTHENIEN

Lida

Minsk

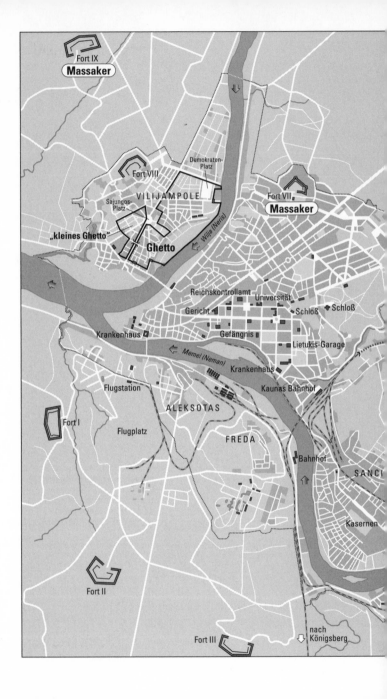

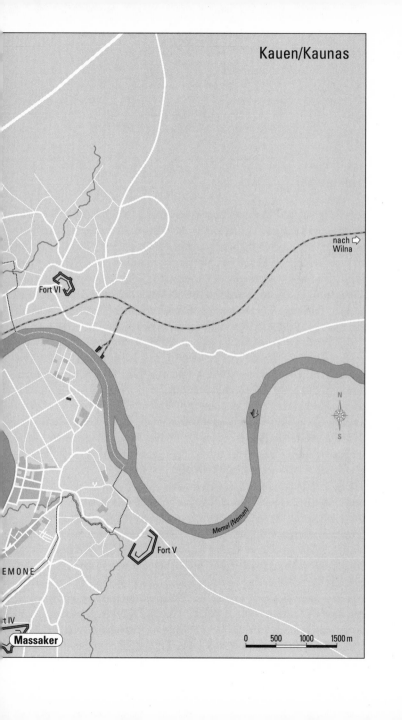

Kauen/Kaunas

nach
Wilna

Fort VI

Fort V

Memel (Neman)

EMONE

t IV

Massaker

0   500   1000   1500 m

Danksagung

Für die Niederschrift dieses Buches bedurfte es eines Anstoßes von außen. Denn in den zwei Jahrzehnten nach der Aufdeckung und Bekanntmachung der Taten Karl Jägers während des Zweiten Weltkrieges im deutsch besetzten Litauen im Jahr 1989 gab es in seiner Heimatregion Südbaden nur eine geringe Nachfrage nach diesem belastenden historischen Stoff. Der Autor wurde zu einigen wenigen Vorträgen eingeladen, so nach Freiburg, Kaunas, Lampertheim, Breisach, Wien – und schließlich auch in Waldkirch, der Heimatstadt Jägers.

Das Verdienst, den Anstoß gegeben zu haben, das in zwei Jahrzehnten gesammelte Quellenmaterial in Buchform zu bringen, gebührt Uwe Neumärker, Direktor der Stiftung Denkmal für die ermordeten Juden Europas. Dies geschah bei der Eröffnung der Wanderausstellung »Was damals Recht war … Soldaten und Zivilisten vor Gerichten der Wehrmacht« in der Albert-Ludwigs-Universität Freiburg i.Br. Neumärker, der eine besondere Beziehung zu Litauen hat, las auch das Manuskript und gab dem Autor wichtige Anregungen. Darüber hinaus stellte er zeitgenössisches Bildmaterial zur Verfügung.

Das Fachlektorat übernahm dankenswerterweise der Litauen-Experte und Direktor des Lüneburger Nordost-Instituts, Dr. Joachim Tauber. Er ist Mitglied der »Internationalen Kommission für die Erforschung nationalsozialistischer und sowjetischer Verbrechen in Litauen«, die der litauische Staatspräsident Valdas Adamkus im Jahre 1998 einsetzte. Sie erhielt den Auftrag, die jüngere Geschichte Litauens zu erforschen, speziell die Verbrechen des deutschen und des sowjetischen Besatzungsregimes. Ermöglicht wurde das Fachlektorat durch die Unterstützung der Bremer Stiftung »Die Schwelle. Beiträge zur Friedensarbeit«, vertreten durch ihren Vorsitzenden, Pfarrer a.D. Reinhard Jung. Wichtige Hintergrundinformationen zur Geschichte des Holocaust in Litauen gab auch Dr. Christoph Dieckmann, der über dieses Thema in Freiburg promovierte. Mit dem Schriftsteller und Publizisten Ralph Giordano, dem wir das Vorwort zu diesem Buch verdanken, habe ich das Jäger-Thema und seine schwierige Rezeptionsgeschichte über Jahre hinweg immer wieder diskutieren können. Der Freiburger Psychoanalytiker und Autor Tilmann Moser half mir bei dem Versuch, die seelische Struktur von NS-Tätern zu verstehen.

Zu danken ist weiterhin den Studierenden des Historischen Seminars der Universität Freiburg, die sich in meinen Lehrveranstaltungen intensiv mit dem Thema »Judenmorde in Litauen« auseinandersetzten. Ich habe viel von ihnen gelernt.

Einige der Studierenden haben eigene Forschungsbeiträge zum Thema »Holocaust in Litauen« veröffentlicht: Christina Eckert, Eric Heine, Alexander Neumann, Petra Peckl und Kim Priemel.

Studiendirektor Detlev Hoffmann vom Freiburger Rotteck-Gymnasium engagierte sich in der pädagogischen Vermittlung dieser Tätergeschichte. Er war auch Mitorganisator einer Exkursion »Auf den Spuren des Massenmörders Karl Jäger« von Studenten und Schülern nach Litauen im Jahre 2001.

Ein besonderer Dank geht an die litauischen Holocaust-Überlebenden Fruma Kuczinskiene, Tobijas Jafetas, Franja Branzowska-Jocheles, Joheved Inciuriene, Boris Steinas, Leiba Lipschitz und Juliane Zarchi, die ihre Erinnerungen zur Verfügung gestellt und somit ein wichtiges menschliches Bindeglied zwischen Vergangenheit und Gegenwart geschaffen haben.

Nicht zuletzt möchte ich Walter Pehle für seine Bereitschaft danken, diese Täterbiographie in der »Schwarzen Reihe« des Fischer Taschenbuch-Verlages zu publizieren, sowie Bernhard Suchy für sein umsichtiges Lektorat.

Freiburg i. Br. / Waldkirch, im Januar 2011   *Wolfram Wette*

Verzeichnis der Bildquellen und Dokumente

Bundesarchiv Außenstelle Ludwigsburg: Abb. 25 (BArch B 162/21160, Bl. 97), 26 (BArch B 162/21160, Bl. 96), 28/29 (BArch B 162/2502, Bl. 1007 und 1008), 31 (BArch B 162/2500, Bl. 249, 39 (5 AR-Z 14/58 gegen Jäger, Karl, Bd. III, Bl. 1007)

Bundesarchiv: Abb. 25 (BArch B 162/21160, Bl. 97)

Hessisches Hauptstaatsarchiv Wiesbaden: Abb. 2, 3, 30, Titel (Abt. 461, Sign. 32438, Bd. 219, Umschlag)

Litauisches Nationalmuseum: Abb. 5

Russisches Staatliches Militärarchiv (Rossijskij Gosudarstvennyi Voennyj Archiv[RGVA]): *Jäger-Bericht*

© Schöffling & Co. Verlagsbuchhandlung GmbH, Frankfurt; aus »*Dies Kind soll leben.*« *Die Aufzeichnungen der Helene Holzman*, hrsg. von Reinhard Kaiser und Margarete Holzman, Frankfurt am Main 2000: Abb. 1, 6, 14, 23, 24

Sylvia Timm, Badische Zeitung: Abb. 36

Ullstein Bild/Pollak: Abb. 18

Wolfram Wette: Abb. 4, 10 (© Wolfram Wette), 21/22 (© Detlev Hoffmann), 34 (© Wolfram Wette), 35 (© Detlev Hoffmann)

Zentrales Staatsarchiv Litauen: Abb. 7, 8, 9

Mit freundlicher Hilfe des Verlages Böhlau Verlag Ges.m.b.H. & Co. KG, Wien. (aus *Holocaust in Litauen. Krieg, Judenmorde und Kollaboration im Jahre 1941*, hrsg. von Vincas Bartusevicius, Joachim Tauber und Wolfram Wette, Wien 2003): Abb. 11, 13, 16, 20

Mit freundlicher Hilfe der Stiftung Denkmal für die ermordeten Juden Europas, Berlin: Abb. 27

Karten: Peter Palm, Berlin

Der Verlag dankt allen, die Bildmaterial zur Verfügung gestellt haben. Sollten Inhaber von Bildrechten ungenannt geblieben sein, bleiben ihre Ansprüche gewahrt.

Quellen- und Literaturverzeichnis

Archivalien

Archivzentrum für historische Dokumentation, Moskau, Sammlung 5000, Serie I, Ordner 25, Bl. 104–117: Original von Jägers »Gesamtaufstellung der im Bereiche des EK 3 bis jetzt durchgeführten Exekutionen, Kaunas, 10. September 1941« und Jägers »Gesamtaufstellung vom 1. Dezember 1941«

Bundesarchiv (Berlin) ehemals Berlin Document Center (BDC): Personalakte Karl Jäger: SS0, Jäger, Karl, 20. 9. 1888.

Bundesarchiv (Berlin) ehemals Berlin Document Center (BDC), Rusha, Schmitz, Heinrich, geb. 15. 2. 1907 (Personalakte Heinrich Schmitz).

Bundesarchiv-Militärarchiv (BA-MA) Freiburg i. Br.,

- Kriegstagebuch der 16. Armee, RH 20–16/45;
- Generalkommando II. Armeekorps, RH 24–2/80;
- Befehlshaber Rückwärtiges Heeresgebiet Nord, General v. Roques (Beginn: 29. 6. 41);
- Feldkommandantur 821 in Kaunas unter Generalmajor Pohl

Hessisches Hauptstaatsarchiv Wiesbaden, Abt. 461, Verfahren der Staatsanwaltschaft Frankfurt Js 1106/59 gegen Heinrich Schmitz [Ermittlungen im sogenannten EK 3-Verfahren gegen Karl Jäger, Heinrich Schmitz und andere Angehörige des EK 3 bzw. des KdS Litauen].

Litauisches Staatsarchiv, Vilnius (LSA), Sammlungen R 708 (litauisches Militär und Polizei 1941/42), R 1444 (Militärkommandantur Kaunas), R 689 (Zentrale der Stadtpolizei Wilna), R 683 (Akten des Kommandeurs der deutschen Ordnungspolizei in Litauen).

Staatsanwaltschaft Hamburg: Verfahren gegen Bruno Streckenbach (147 Js 31/67), Ermittlungsergebnisse und Anklageschrift.

Zentrale Stelle der Landesjustizverwaltungen zur Aufklärung nationalsozialistischer Gewaltverbrechen in Ludwigsburg (ZStL): Ermittlungsverfahren gegen Karl Jäger, Verfahren 5 AR-Z 14/1958. Beschuldigter: Karl Jäger. Jetzt: Bundesarchiv, Außenstelle Ludwigsburg.

Gedruckte Quellen

Archives of the Holocaust. An International Collection of Selected Documents. Volume 22: Zentrale Stelle der Landesjustizverwaltungen, Ludwigsburg. Ed. by Henry Friedländer and Sybil Milton. New York and London 1993 [Vernehmungsprotokoll Jäger, 15.6.1959, Reprint].

Bartusevicius, Vincas/Joachim Tauber/Wolfram Wette (Hrsg.): Holocaust in Litauen. Krieg, Judenmorde und Kollaboration im Jahr 1941. Mit einem Geleitwort von Ralph Giordano. Köln, Weimar, Wien 2003, Teil V: Dokumente, Dokument 1, S. 303–311.

Benz, Wolfgang/Konrad Kwiet/Jürgen Matthäus (Hrsg.): Einsatz im »Reichskommissariat Ostland«. Dokumente zum Völkermord im Baltikum und in Weißrussland 1941–1944. Berlin 1998 (= Nationalsozialistische Besatzungspolitik in Europa 1939–1945, Bd. 6).

Benz, Wolfgang/Marion Neiss (Hrsg.): Judenmord in Litauen. Studien und Dokumente. Berlin 1999.

Buch der Erinnerung siehe Scheffler

Boberach, Heinz (Hrsg.): Meldungen aus dem Reich. Die geheimen Lageberichte des Sicherheitsdienstes der SS 1938–1945. 17 Bde. Herrsching 1984.

Dam, Henrik George van/Ralph Giordano (Hrsg.): KZ-Verbrechen vor deutschen Gerichten. Band II: Einsatzkommando Tilsit. Der Prozess zu Ulm. Frankfurt/M. 1966.

Dieckmann/Suziedelis: The Persecution and Mass Murder of Lithuanian Jews. Vilnius 2006 (= The Crimes of the Totalitarian Regimes in Lithuania, Vol III), S. 206–209 [Jäger-Bericht vom 10.9.1941].

Documents Accuse siehe Rozauskas.

Domarus, Max: Hitler. Reden und Proklamationen 1932–1945. Kommentiert von einem deutschen Zeitgenossen. Band II, Erster Halbband: 1939–1940. Wiesbaden 1973.

Grossmann, Wassili/Ilja Ehrenburg: Das Schwarzbuch. Der Genocid an den sowjetischen Juden. Herausgeber der deutschen Ausgabe: Arno Lustiger. Reinbek bei Hamburg 1994 [Berichte aus Litauen S. 457–676].

Haus der Geschichte Baden-Württemberg (Hrsg.): Die Mörder sind unter uns. Der Ulmer Einsatzgruppenprozess 1958. Stuttgart 2008 [Ausstellungskatalog].

Heydrich, Reinhard: »Die Bekämpfung der Staatsfeinde«, In: Deutsches Recht 6 (1936), S. 121–123.

[Himmler] Der Dienstkalender Heinrich Himmlers 1941/42. Bearbeitet, kommentiert und eingeleitet von Peter Witte u. a. Hamburg 1999.

[Jäger] http://www.holocaust-history.org/works/jaeger-report/htm/intro000 .htm [Faksimile des *Jäger-Berichts*, Transkription, englische Einführung].

Klee, Ernst/Willi Dreßen/Volker Rieß (Hrsg.): »Schöne Zeiten«. Judenmord aus der Sicht der Täter und Gaffer. Frankfurt/M. 1988, S. 52–62 [*Jäger-Bericht* vom 1.12.1941].

Klee, Ernst/Willi Dreßen (Hrsg.): »Gott mit uns«. Der deutsche Vernichtungskrieg im Osten 1939–1945. Frankfurt/M. 1989.

Klein, Peter (Hrsg.): Die Einsatzgruppen in der besetzten Sowjetunion 1941/42. Die Tätigkeits- und Lageberichte des Chefs der Sicherheitspolizei und des SD. Berlin 1997 (= Publikationen der Gedenk- und Bildungsstätte Haus der Wannseekonferenz, Bd. 6).

Kwiet, Konrad: »›Juden und Banditen‹: SS-Ereignismeldungen aus Litauen 1943/44«. In: Jahrbuch für Antisemitismusforschung 2 (1993), S. 405–420.

Leeb, Wilhelm Ritter von: Tagebuchaufzeichnungen und Lagebeurteilungen aus zwei Weltkriegen. Hrsg. von Georg Meyer. Stuttgart 1976.

Longerich, Peter (Hrsg.): Die Ermordung der europäischen Juden. Eine umfassende Dokumentation des Holocaust 1941–1945. München, Zürich 1989.

Meyer, Georg (Hrsg.): Generalfeldmarschall Ritter von Leeb. Tagebuchaufzeichnungen und Lagebeurteilungen aus zwei Weltkriegen. Stuttgart 1976.

[Nürnberger Prozesse] Der Prozess gegen die Hauptkriegsverbrecher vor dem Internationalen Militärgerichtshof, Nürnberg 14. November 1945 – 1. Oktober 1946. 42 Bände. Nürnberg 1947–1949 (Stahlecker-Bericht vom 15. Oktober 1941 über die Tätigkeit der Einsatzgruppe A vom 22. Juni bis zum 15. Oktober 1941, in: IMT Bd. XXXVII, S. 670 ff.)

Rozauskas, E. (Hrsg.): Documents Accuse. Wilna 1970.

Rückerl, Adalbert (Hrsg.): NS-Prozesse. Nach 25 Jahren Strafverfolgung. Möglichkeiten, Grenzen, Ergebnisse. Karlsruhe 1971.

Rürup, Reinhard: Der Krieg gegen die Sowjetunion 1941–1945. Eine Dokumentation. Berlin 1991.

Scheffler, Wolfgang/Diana Schulle (Bearb.): Buch der Erinnerung. Die ins Baltikum deportierten deutschen, österreichischen und tschechoslowakischen Juden. Hrsg. vom »Volksbund Deutsche Kriegsgräberfürsorge e.V.« und dem »Riga-Komitee der deutschen Städte«, gemeinsam mit der Stiftung »Neue Synagoge Berlin – Centrum Judaicum« und der Gedenkstätte »Haus der Wannsee-Konferenz«. Bd. I. München 2003.

Stiftung Denkmal für die ermordeten Juden Europas (Hrsg.): Materialien zum Denkmal für die ermordeten Juden Europas. Berlin 2005, S. 144–147 (Auszug aus dem *Jäger-Bericht* vom 1.12.1941).

Ulmer Einsatzgruppenprozess siehe: KZ-Verbrechen vor Gericht sowie: Haus der Geschichte.

Wette, Wolfram: Politik im Elztal. Ein historisches Lesebuch. Waldkirch 1990, S. 159 [handschriftliche Meldung Jägers vom 9. 2. 1942].

Wiehn, Erhard Roy: »Jüdisches Leben in Litauen heute«. In: Smoliakovas, Grigorijus: Die Nacht die Tage dauerte. Ein jüdisches Überlebensschicksal in Litauen 1941–1945. Hrsg. von Erhard Roy Wiehn. Konstanz 1992, S. 13–30.

Wilhelm, Hans-Heinrich: Rassenpolitik und Kriegführung. Sicherheitspolizei und Wehrmacht in Polen und in der Sowjetunion 1939–1942. Passau 1991 [mit Auszügen aus den Vernehmungsprotokollen Karl Jägers 15.–19. 6. 1959].

Erinnerungen von Opfern

Ben-Dor, David: Die schwarze Mütze. Geschichte eines Mitschuldigen. Aus dem Englischen übertragen von Ingrid Rein. Leipzig 2000 [Überlebenskampf im Ghetto Kaunas]

Bergmann, Alexander: Aufzeichnungen eines Untermenschen. Ein Bericht über das Ghetto in Riga und die Konzentrationslager in Deutschland. Bremen 2009.

Birger, Zev: Keine Zeit für Geduld. Mein Weg von Kaunas nach Jerusalem. Mit einem Vorwort von Shimon Peres. München 1997.

Elkes, Joel: Values, Belief and Survival. Dr. Elkahan Elkes and the Kowno Ghetto. A Memoir. London 1997.

Faitelson, Alex: Im jüdischen Widerstand. Zürich 1998.

Ganor, Solly: Light one Candle. New York 1996; deutsch: Das andere Leben. Kindheit im Holocaust. Aus dem Engl. Übersetzt und mit einer Vorbemerkung versehen von Sabine Zaplin. Frankfurt/M. 1997.

Ganor, Solly: Das andere Leben. Die jüdischen Kinder von Kowno 1941–1945 [Katalog]. Eine Ausstellung der KZ-Gedenkstätte Dachau in Zusammenarbeit mit dem Kulturreferat der Stadt München 4. Mai bis 14. September 2008. Hrsg. von der KZ-Gedenkstätte Dachau 2008.

Grossmann, Wassili / Ilja Ehrenburg: Das Schwarzbuch. Der Genocid an den sowjetischen Juden. Herausgeber der deutschen Ausgabe: Arno Lustiger. Reinbek bei Hamburg 1994 [Berichte aus Litauen S. 457–676].

[Hidden History] United States Holocaust Memorial Museum (Hrsg.): Hidden History of the Kovno Ghetto. New York u. a. 1998.

[Holzman, Helene] »Dies Kind soll leben.« Die Aufzeichnungen der Helene

Holzman 1941–1944. Hrsg. v. Reinhard Kaiser u. Margarete Holzman. Frankfurt/M. 2000 [zit. Holzman, Aufzeichnungen].

Hörmann, Gustav, Arbeitseinsatzleiter im Ghetto Kaunas [Niederschrift vom 2. Sept. 1946]. In: Benz, Wolfgang/Marion Neiss (Hrsg.), Judenmord in Litauen. Studien und Dokumente. Berlin 1999, S. 117–132.

Inciuriene, Joheved: Rettung und Widerstand in Kaunas. In: Bartusevicius/Tauber/Wette, Holocaust in Litauen, S. 201–217.

Jafetas, Tobijas: Als Junge im Ghetto Kaunas. In: Bartusevicius/Tauber/Wette, Holocaust in Litauen, S. 230–238.

Jelin, M.: Die Todesforts bei Kaunas. In: Wassili Grossmann/Ilja Ehrenburg: Das Schwarzbuch. Der Genocid an den sowjetischen Juden. Reinbek bei Hamburg 1994, S. 582–604.

[Jeruschalmi, A.] Das Tagebuch von A. Jeruschalmi [Tagebuch aus dem Ghetto Siauliai, 1941–44, in Jerusalem 1958 in hebräischer Sprache veröffentlicht]. In: Wassili Grossmann/Ilja Ehrenburg: Das Schwarzbuch. Der Genocid an den sowjetischen Juden. Reinbek bei Hamburg 1994, S. 548–580.

Jeruschalmi, Elieser: Das jüdische Märtyrerkind. Nach Tagebuchaufzeichnungen aus dem Ghetto von Schaulen. Übersetzt aus dem Hebräischen von Mirjam Singer. Darmstadt-Eberstadt 1960.

Jewish Life in Lithuania. Exhibition Catalogue. Kaunas 2nd ed. 2007.

Jossade, Jokubas: Die Kämpfer des Ghettos von Kaunas. In: Wassili Grossmann/Ilja Ehrenburg: Das Schwarzbuch. Der Genocid an den sowjetischen Juden. Reinbek bei Hamburg 1994, S. 605–618.

Katz, Zwi: Von den Ufern der Memel ins Ungewisse. Eine Jugend im Schatten des Holocaust. Mit einem Geleitwort von Ernst Holthaus und einem Nachwort von Christoph Dieckmann. Zürich 2002.

Kruk, Raya: Lautlose Schreie. Berichte aus dunklen Zeiten. Frankfurt/M. 1999.

Kucinskiene, Fruma Vitkin: Aus dem Ghetto Kaunas gerettet. In: Bartusevicius/Tauber/Wette, Holocaust in Litauen, S. 201–217.

Kutorgiene-Buivydaite, Elena: Aus dem Tagebuch von Doktor Elena Kutorgiene-Buivydaite. In: Wassili Grossmann/Ilja Ehrenburg: Das Schwarzbuch. Der Genocid an den sowjetischen Juden. Reinbek bei Hamburg 1994, S. 619–673.

Lewinson, Leo: Der unvergängliche Schmerz. Zum Leben und Leiden der litauischen Juden. Ein persönlicher Bericht 1920–1945. Hrsg. von Erhard Roy Wiehn. Konstanz 2001.

Mackiewicz, Jósef: Der Stützpunkt Ponary. Erzählung [erstmals 1945 in London veröffentlicht]. In: Benz, Wolfgang/Marion Neiss (Hrsg.), Judenmord in Litauen. Studien und Dokumente. Berlin 1999, S. 165–175.

Rabinovici, Schoschana: Dank meiner Mutter. Aus dem Hebräischen von Mirjam Pressler. Frankfurt/M. 1994. Frankfurt/M. 1994 und 2002.

Rolnikaite, Maria: Das Tagebuch der Maria Rolnikaite. Wien, Frankfurt 1966.

Rosenfeld, Jehosjua: Mordaktion im Ghetto Kaunas [Aussage vor der Staatsanwaltschaft München am 4./5. Juni 1959]. In: Benz/Neiss (Hrsg.): Judenmord in Litauen, S. 133–141.

Sakowitz, K.: Die geheimen Aufzeichnungen des K. Sakowitz. Dokumente zur Judenvernichtung in Ponary. Hrsg. v. Rachel Margolis/Jim G. Tobias. Nürnberg 2003.

[Schur, G.] Die Juden von Wilna. Die Aufzeichnungen des Grigorij Schur 1941–1944. Bearb. und hrsg. von Wladimir Porudominskij. München 1999.

Simon, Rosa: Erinnerungsbericht über die Tragödie der Juden in Kowno, datiert Jerusalem, 6.12.1958, 10 Maschinenseiten. In: Hessisches Hauptstaatsarchiv, Wiesbaden, Abt. 461, Sign. 32438, Bd. 1, Bl. 177 a–177 l.

Smoliakovas, Grigorijus: Die Nacht die Tage dauerte. Ein jüdisches Überlebensschicksal in Litauen 1941–1945. Aus dem Litauischen von Horst Taleikis. Hrsg. von Erhard Roy Wiehn. Konstanz 1992.

Sutzkever, Abraham: Das Ghetto von Wilna [1944 in Moskau in jiddischer Spreche geschrieben]. In: Grossmann Wassili/Ilja Ehrenburg, Das Schwarzbuch. Der Genocid an den sowjetischen Juden. Reinbek bei Hamburg 1994, S. 457–547.

Sutzkever, Abraham: Wilner Getto 1941–1944. Zürich 2009.

Tory, Avraham: Surviving the Holocaust: The Kovno Ghetto Diary of Avraham Tory. Hrsg. mit einer Einführung von Martin Gilbert. Cambridge, London 1990 [S. 9 f. Bericht über ein Treffen Karl Jägers mit Leib Garfunkel, Jakob Goldberg und anderen jüdischen Vertretern des Ghettos in Kovno].

Waynryb, Abraham: Arzt im Ghetto Wilna. In: Benz/Neiss, Judenmord in Litauen, S. 143–163.

Yesner, Renata: Jeder Tag war Yom Kippur. Eine Kindheit im Ghetto und KZ. Frankfurt/M. 1995 [Autorin kam als 9-jähriges Mädchen ins Ghetto Kaunas].

Zingeris, Markas: Juden in Litauen. Die Gemeinde im Leben danach. In: Bartusevicius/Tauber/Wette, Holocaust in Litauen, S. 290–299

Spezialliteratur zu den Judenmorden in Litauen während des Zweiten Weltkrieges

Arad, Yitzhak: Ghetto in Flames. The Struggle and Destruction of the Jews in Vilna in the Holocaust. Jerusalem 1980. New York 1982.

Arad, Yitzhak: The »Final Solution« in Lithuania in the Light of German Documentation. In: Yad Vashem Studies 11 (1976), S. 234–272.

Arad, Yitzhak: The Concentration of Refugees in Vilna on the Eve of the Holocaust. In: Yad Vashem Studies Nr. 9/1973, S. 206–223.

Arning, Paul Gerhard: »Wenn dich deine Kinder fragen ...«. Impressionen zur Geschichte und Gegenwart jüdischen Lebens in Litauen. Köln 1998.

Benz, Wolfgang/Marion Neiss (Hrsg.), Judenmord in Litauen. Studien und Dokumente. Berlin 1999 (= Reihe Dokumente, Texte, Materialien. Veröffentlicht im Zentrum für Antisemitismusforschung der TU Berlin, Bd. 33).

Benz, Wolfgang/Juliane Wetzel (Hrsg.): Solidarität und Hilfe für Juden während der NS-Zeit. Regionalstudien 2: Ukraine, Frankreich, Böhmen und Mähren, Österreich, Lettland, Litauen, Estland. Berlin 1996, S. 273–293.

Brandisauskas, Valentinas: Der litauische Aufstand vom Juni 1941. In: Annaberger Annalen Nr. 5. Jahrbuch über Litauen und deutsch-litauische Beziehungen 1997, S. 81–107.

Bubnys, Arunas: Die litauischen Hilfspolizeibataillone und der Holocaust. In: Bartusevicius/Tauber/Wette, Holocaust in Litauen, S. 116–131.

[Crimes] The Crimes of the Totalitarian Regimes in Lithuania. 3 Bde. Vilnius 2004–2008.
 – Vol. I: Liudas Truska/Vygantas Vareikis: The Preconditions for the Holocaust. Antisemitism in Lithuania. Vilnius 2004;
 – Vol. II: Christoph Dieckmann/Vytautas Toleikis/Rimantas Zizas: Murders of Prisoners of War and of Civilian Population in Lithuania (1914–1944). Vilnius 2005;
 – Vol. III: Christoph Dieckmann/Saulius Suziedelis: The Persecution and Mass Murder of Lithuanian Jews during Summer and Fall of 1941. Vilnius 2006.

Curilla, Wolfgang: Die deutsche Ordnungspolizei und der Holocaust im Baltikum und in Weißrussland 1941–1944. Paderborn u. a. 2. Aufl. 2006.

[Dasch, Roswitha] Sage nie, du gehst den letzten Weg. Der Genocid an den litauischen Juden 1941–44. Ausstellungskatalog. Köln 1998.

Dieckmann, Christoph: Der Krieg und die Ermordung der litauischen Juden. In: Herbert, Vernichtungspolitik, S. 292–330.

Dieckmann, Christoph: Das Ghetto und das Konzentrationslager in Kaunas 1941–1944. In: Ulrich Herbert/Karin Orth/Christoph Dieckmann (Hrsg.), Die nationalsozialistischen Konzentrationslager. Struktur und Entwicklung. Göttingen 1998, S. 439–471.

Dieckmann, Christoph: The Murder of the Soviet Prisoners of War in Lithuania. In: Christoph Dieckmann/Vytautas Toleikis/Rimantas Zizas. Murders of Prisoners of War and of Civilian Population in Lithuania. Vilnius 2005 (= The Crimes of Totalitarian Regimes in Lithania, Vol. II), S. 221–226.

Dieckmann, Christoph / Saulius Suziedelis: The Persecution and Mass Murder of Lithuanian Jews. Vilnius 2006 (= The Crimes of the Totalitarian Regimes in Lithuania, Vol III), S. 206–209.

Donskis, Leonidas: Antisemitismus in Litauen. Tradition und heutige Erfahrung. In: Jahrbuch für Antisemitismusforschung 6 (1997), S. 21–31.

Eckert, Christina: Die Mordstätte Paneriai (Ponary) bei Vilnius. In: Bartusevicius / Tauber / Wette, Holocaust in Litauen, S. 132–142.

Eichmeier, Renate: So traurig für mich. Der SS-Kommandant Karl Jäger. [Rundfunksendung] Bayerischer Rundfunk, BR 2, 14. 6. 2009, 13.05–13.30 Uhr.

Eidintas, Alfonsas: Das Stereotyp des »jüdischen Kommunisten« in Litauen 1941 / 42. In: Bartusevicius / Tauber / Wette, Holocaust in Litauen, S. 13–25.

Eidintas, Alfonsas: Jews, Lithuanians and the Holocaust. Vilnius 2003.

Gar, Joseph: Lithuania. In: Encyclopedia Judaica. Bd. 11. Jerusalem 1971, Sp. 374.

Gasparaites, Siegfried: »Verrätern wird nur dann vergeben, wenn sie wirklich beweisen können, dass sie mindestens einen Juden liquidiert haben.« Die »Front Litauischer Aktivisten« (LAF) und die antisowjetischen Aufstände 1941. In: Zeitschrift für Geschichtswissenschaft 49 (2001), Nr. 10, S. 886–904.

Gordon, Harry: The Shadow of Death. The Holocaust in Lithuania. Lexington, Kentucky 1992.

Hellmann, Manfred: Grundzüge der Geschichte Litauens und des litauischen Volkes. 5. Aufl. Köln 2001.

Heusler, Andreas: Fahrt in den Tod. Der Mord an den Münchner Juden in Kaunas (Litauen) am 25. November 1941. In: Stadtarchiv München, verzogen, S. 13–24.

Hidden History of the Kovno Ghetto. Hrsg. vom U.S. Holocaust Memorial Museum. Boston u. a. 1998.

Holocaust and Genocide Studies. Vol 12, Nr. 1, Spring 1998 [Schwerpunkt Litauen].

Jewish Life in Lithuania. Exhibition Catalogue. Kaunas 2nd ed. 2007 [in litauischer und englischer Sprache].

Johannsmeyer, Birgit: Erinnerung kämpft noch immer gegen Verdrängung. In: Das Parlament, 52. Jg., Nr. 41, 14. 10. 2002 (Themenschwerpunkt: Die baltischen Staaten), S. 15.

Kaiser, Reinhard: Unerhörte Rettung. Die Suche nach Edwin Geist. Frankfurt / M. 2004.

Kangeris, Karlis: Kollaboration vor der Kollaboration? Die baltischen Emigranten und ihre »Befreiungskomitees« in Deutschland 1940/41. In: Werner Röhr (Hrsg.), Okkupation und Kollaboration (1938–1945). Beiträge zu Konzepten und Praxen der Kollaboration in der deutschen Okkupationspolitik. Berlin, Heidelberg 1994, S. 165–190.

Kauen (Kaunas). In: Wolfgang Benz/Barbara Distel (Hrsg.), Der Ort des Terrors. Geschichte der nationalsozialistischen Konzentrationslager. Bd. 8: Riga-Kaiserswald, Warschau, Vaivara, Kauen (Kaunas), Plaszów, Kulmhof/Chelmno, Belzec, Sobibór, Treblinka. München 2008.

Kibelka, Ruth: Litauen. Verfolgung und Rettung unter deutscher Besatzung. In: Benz/Wetzel, Solidarität (19996), S. 273–293.

Kibelka, Ruth: Die Morde von Rainiai und Pravensiskai. In: Wolfgang Benz/Marion Neiss (Hrsg.), Judenmord in Litauen. Studien und Dokumente. Berlin 1999, S. 91–95.

Klein, Peter: Die Erlaubnis zum grenzenlosen Massenmord. Das Schicksal der Berliner Juden und die Rolle der Einsatzgruppen bei dem Versuch., Juden als »Partisanen« auszurotten. In: Rolf-Dieter Müller/Hans-Erich Volkmann (Hrsg.), Die Wehrmacht. Mythos und Realität. München 1999, S. 923–947.

Kohrs, Michael: Die offizielle Darstellung des Holocaust in der Sowjetzeit (1945–1990). In: Bartusevicius/Tauber/Wette, Holocaust in Litauen, S. 247–261.

Kostanian, Rachel: The Jewish State Museum of Lithuania. Pamenkalnio Str. 12. »The Green House«. Vilnius 1996.

Kubota, Taro: Sugihara Chiune, der Judenretter aus Japan. In: Zeitschrift für Geschichtswissenschaft (ZfG) 7/8 2007, S. 645–660.

Kuchenbecker, Antje: Juden und Judenfeindschaft in Litauen. In: Jahrbuch für Antisemitismusforschung 6 (1997), S. 13–20.

Kwiet, Konrad: Rehearsing for Murder: The Beginning of the Final Solution in Lithuania in June 1941. In: Holocaust and Genocide Studies 12 (1998), S. 3–26.

Lawrence, Peter: Why Lithuania? A Study of Active and Passive Collaboration in Mass Murder in a Lithuanian Village 1941. In: Why Germany? National Socialist Anti-Semitism and the European Context. Hrsg. v. John Mitfull. Oxford 1993, S. 209–219.

Levin, Dov: Fighting Back. Lithuanians Jewry's Struggle Against the Nazis, 1941–1945. New York 1985.

Levin, Dov: Participation of the Lithuanian Jews in the Second World War. In: Journal of Baltic Studies 6 (1975).

Levin, Dov: Der bewaffnete Widerstand baltischer Juden gegen das Nazi-Regime 1941–1945. In: Acta Baltica Nr. 15/1975, S. 166–174.

Lileikis, Aleksandras: Auf den Spuren einer anregenden Zeit. Vilnius 2000 (in litauischer Sprache).

Littman, Sol: War Criminal on Trial. The Rauca Case. Toronto 1983.

Longerich, Peter: Vom Massenmord zur »Endlösung«. Die Erschießung von jüdischen Zivilisten in den ersten Monaten des Ostfeldzuges im Kontext des nationalsozialistischen Judenmords. In: Bernd Wegner (Hrsg.), Zwei Wege nach Moskau. Vom Hitler-Stalin-Pakt zum »Unternehmen Barbarossa«. München 1991, S. 251–274.

Lustiger, Arno: Feldwebel Anton Schmid. Judenretter in Vilnius 1941–1942. In: Bartusevicius/Tauber/Wette, Holocaust in Litauen, S. 185–198.

MacQueen, Michael: Polen, Litauer, Juden und Deutsche in Wilna 1939–1944. In: Benz/Neiss, Judenmord in Litauen, S. 51–68.

MacQueen, Michael: Massenvernichtung im Kontext. Täter und Voraussetzungen des Holocaust. In: Benz/Neiss, Judenmord in Litauen, S. 15–34.

MacQueen, Michael: Einheimische Gehilfen der Gestapo. Die litauische Sicherheitspolizei in Vilnius 1941–1944. In: Bartusevicius/Tauber/Wette, Holocaust in Litauen, S. 103–116.

Matthäus, Jürgen: Jenseits der Grenze. Die ersten Massenerschießungen von Juden in Litauen (Juni – August 1941). In: Zeitschrift für Geschichtswissenschaft 44 (1996), S. 101–126.

Matthäus, Jürgen: Das Ghetto Kaunas und die »Endlösung« in Litauen. In: Benz/Neiss, Judenmord in Litauen, S. 97–112.

Matthäus, Jürgen: Kauen (Kaunas) – Stammlager. In: Wolfgang Benz/Barbara Distel (Hrsg.), Der Ort des Terrors. Geschichte der nationalsozialistischen Konzentrationslager. Bd. 8. München 2008, Abschnitt: Konzentrationslager Kauen (Kaunas), S. 189–206.

Messmer, Matthias: Antisemitismus in Russland, der Ukraine und Litauen. Eine vergleichende Studie. Köln 1998.

Minceles, Henri: Vilna, Wilno, Wilna. La Jerusalem de Lituanie. Paris 1993.

Moser, Tilmann: Stark nur im Korsett. Anmerkungen zum Psychogramm von Karl Jäger. In: Wette/Hoffmann, Litauen 1941 und 2001, S. 172–174.

Neumann, Alexander/Petra Peckl/Kim Priemel: Praxissemester »Osteinsatz«. Der Führernachwuchs der Sipo und der Auftakt zur Vernichtung der litauischen Juden. In: Zeitschrift für Genocidforschung, 7. Jg. 2006, H. 1, S. 4–48.

Neumann, Alexander/Petra Peckl/Kim Priemel: Ausbildung zum Massenmord. Die Beteiligung des Führernachwuchses der Sipo am Holocaust in Litauen im Jahr 1941. In: Timm C. Richter (Hrsg.), Krieg und Verbrechen. Situation und Intention: Fallbeispiele. München 2006, S. 63–73.

Ogorrek, Ralf/Volker Rieß: Fall 9: Der Einsatzgruppenprozess (gegen Otto Ohlendorf und andere). In: Der Nationalsozialismus vor Gericht. Die alliierten Prozesse gegen Kriegsverbrecher und Soldaten 1943–1952. Hrsg. v. Gerd R. Ueberschär. Frankfurt/M. 1999, S. 164–175.

Peckl, Petra: Wie die Schafe zur Schlachtbank? Jüdischer Widerstand im Ghetto von Vilnius. In: Bartusevicius/Tauber/Wette, Holocaust in Litauen, S. 171–184.

Porat, Dina: The Holocaust in Lithuania. Some unique aspects. In: David Cesarani (Hrsg.)., The Final Solution: Origins and Implementation. London, New York 1994, S. 159–174.

Porat, Dina: The Legend of the Struggle of Jews from the Third Reich in the Ninth Fort near Kowno, 1941–1942. In: Tel Aviver Jahrbuch für deutsche Geschichte 20 (1991).

Priemel, Kim C.: Rettung durch Arbeit. Handlungsspielräume von Wehrmachtsangehörigen im Kontext des Holocaust am Beispiel von Vilnius, Litauen. Unveröffentlichte Freiburger Magisterarbeit 2002.

Priemel, Kim C.: Sommer 1941. Die Wehrmacht in Litauen. In: Bartusevicius/Tauber/Wette, Holocaust in Litauen, S. 26–39.

Priemel, Kim C.: Am Rande des Holocaust. Die Rettung von Juden durch Wehrmachtangehörige in Vilnius. In: Zeitschrift für Geschichtswissenschaft 52 (2004), S. 1017–1034.

Priemel, Kim C.: Wirtschaftskrieg und Arbeitsjuden. Möglichkeiten zur Rettung von Juden in Vilnius, 1941–1944. In: Wolfram Wette (Hrsg.), Zivilcourage. Empörte, Helfer und Retter aus Wehrmacht, Polizei und SS. Frankfurt/M. 2. Aufl. 2006, S. 305–322.

Ritter, Rüdiger: Arbeitsteiliger Massenmord: Kriegsverbrechen in Litauen während des Zweiten Weltkrieges. In: Timm C. Richter (Hrsg.), Krieg und Verbrechen. Situation und Intention: Fallbeispiele. München 2006, S. 53–62.

Scheffler, Wolfgang: Die Einsatzgruppe A. In: Peter Klein (Hrsg.), Die Einsatzgruppen in der besetzten Sowjetunion 1941/42. Die Tätigkeits- und Lageberichte des Chefs der Sicherheitspolizei und des SD. Berlin 1997, S. 29–51.

Scheffler, Wolfgang: Das Schicksal der in die baltischen Staaten deportierten deutschen, österreichischen und tschechoslowakischen Juden 1941–1945. Ein historischer Überblick. In: Scheffler/Schulle, Buch der Erinnerung, S. 1–8.

Scheffler, Wolfgang: Massenmord in Kowno. In: Scheffler/Schulle, Buch der Erinnerung [2003], S. 83–190 [über die Deportationen aus Berlin, München, Frankfurt/M., Wien und Breslau].

Stadtarchiv München (Hrsg.): »… verzogen, unbekannt wohin«. Die erste Deportation von Münchener Juden im November 1941. Zürich 2000.

Stang, Knut: Kollaboration und Massenmord. Die litauische Hilfspolizei, das

Rollkommando Hamann und die Ermordung der litauischen Juden. Frankfurt/M. u. a. 1996.

Stang, Knut: Das Fußvolk und seine Eliten. Der Beginn der Kollaboration in Litauen 1941. In: Benz/Neiss, Judenmord in Litauen, S. 69–89.

Stang, Knut: Kollaboration und Völkermord. Das Rollkommando Hamann und die Vernichtung der litauischen Juden. In: Paul/Mallmann, Gestapo, S. 464–480.

Stang, Knut: Hilfspolizisten und Soldaten: Das 2./12. litauische Schutzmannschaftsbataillon in Kaunas und Weißrussland. In: Rolf-Dieter Müller/Hans-Erich Volkmann (Hrsg.), Die Wehrmacht. Mythos und Realität. München 1999, 858–878.

Steinweg, Reiner/Jörg Zägel: Bibliographie zur Auseinandersetzung mit den Erfahrungen kollektiver Gewalt im 20. Jahrhundert und zur Erinnerungspolitik in den Staaten der Ostseeregion [besonders Abschnitt 3.6.: Litauen]. Erstellt im Juni 2007. Hrsg. von SCHIFF, Arbeitsbereich Friedensforschung des Instituts für Sozialwissenschaften der Christian-Albrechts-Universität Kiel. http://www.schiff.uni-kiel/bibliographie-vergangenheitsdiskurse

Tauber, Joachim: 14 Tage im Juni. Zur kollektiven Erinnerung von Litauern und Juden. In: Bartusevicius/Tauber/Wette, Holocaust in Litauen, S. 40–50.

Tauber, Joachim: »Juden, eure Geschichte auf litauischem Boden isst zu Ende!« Litauen und der Holocaust im Jahr 1941. In: Litauisches Kulturinstitut: Jahrestagung 2003, Lampertheim 2004, S. 1–22.

Tauber, Joachim: Die litauische Verwaltung und die Juden in Vilnius, 1941–1943. In: Johannes Hürter/Jürgen Zarusky (Hrsg.): Besatzung, Kollaboration, Holocaust. Neue Studien zur Verfolgung und Ermordung der europäischen Juden. München 2008 (= Schriftenreihe der Vierteljahrshefte für Zeitgeschichte), S. 103–114.

Tauber, Joachim: Vergangenheitsbewältigung in Litauen. Politik, Gesellschaft und der Holocaust nach 1945. In: Sebastian Lehmann/Uwe Danker/Robert Bohn (Hrsg.): Das »Reichskommissariat Ostland«. Tatort und Erinnerungsobjekt: Konstruktionen. Erscheint 2010 als Publikation des Militärgeschichtlichen Forschungsamtes.

Truska, Liudas: Litauische Historiographie über den Holocaust in Litauen. In: Bartusevicius/Tauber/Wette, Holocaust in Litauen, S. 262–276.

[Vilnius Ghetto] The Days of Memory. International Conference in Commemoration of the 50th Anniversary of the Liquidation of the Vilnius Ghetto. October 11–16, 1993. Vilnius 1995.

Walser, Lothar: ›Ich war stets ein Mensch mit höherer Pflichtauffassung‹. Der NS-Massenmörder Jäger, die Stadt Waldkirch und wir. Südwestfunk (SWF), 1. Programm, 29. März 1990, 21–22 Uhr [Rundfunksendung].

Wette, Wolfram: Lieber als Helfer krepieren. Erstmals wird eine Bundeswehr-kaserne nach einem Soldaten benannt, der im Krieg Juden rettete: Anton Schmid, Feldwebel der Wehrmacht, wurde 1942 hingerichtet. In: DIE ZEIT Nr. 19, 4. Mai 2000, S. 19.

Wette, Wolfram: Die Stimme der Stille. Freiburger Schüler und Studenten auf den Spuren eines NS-Massenmörders aus der Region Südbaden und die un-erwartete Gesprächsbereitschaft bei Überlebenden des Holocaust. In: DIE ZEIT Nr. 5, 24. 1. 2002, S. 48.

Wilhelm, Hans Heinrich: Die Einsatzgruppe A der Sicherheitspolizei und des SD 1941/42. Frankfurt/M. u. a. 1996.

Wilhelm, Hans-Heinrich: Rassenpolitik und Kriegführung. Sicherheitspolizei und Wehrmacht in Polen und der Sowjetunion 1939–1942. Passau 1991.

Wette, Wolfram: Politik im Elztal. Ein historisches Lesebuch. Waldkirch 1990, Kap. VI/4: Der NS-Massenmörder Karl Jäger, S. 157–160.

Wette, Wolfram: SS-Standartenführer Karl Jäger, Kommandeur der Sicher-heitspolizei (KdS) in Kaunas. Eine biographische Skizze. In: Bartusevi-cius/Tauber/Wette, Holocaust in Litauen [2003], S. 77–90.

Wette, Wolfram/Detlev Hoffmann (Hrsg.): Litauen 1941 und 2001. Auf den Spuren des SS-Massenmörders Karl Jäger. Erlebnisberichte von Freiburger Schülern und Studenten. Bremen 2002.

Wette, Wolfram: Judenmorde in Kaunas aus Täter- und Opfersicht. In: Litau-en 1941 und 2001. Auf den Spuren des SS-Massenmörders Karl Jäger. Er-lebnisberichte von Freiburger Schülern und Studenten. Bremen 2002, S. 14–19.

Wette, Wolfram: Verweigerte Erinnerung. Der Fall Karl Jäger. In: Geschichte in Wissenschaft und Unterricht (GWU), 55 (2004), H. 2, S. 83–94.

Wette, Wolfram: Jäger. In: Spiegel Online 2008.

Wilhelm, Hans-Heinrich: Die Einsatzgruppe A der Sicherheitspolizei und des SD 1941/42. Frankfurt/M. u. a. 1996.

Zingeris, Markas: Juden in Litauen. Die Gemeinde im Leben danach. In: Bar-tusevicius/Tauber/Wette, Holocaust in Litauen, S. 290–299.

Zuroff, Efraim: Beruf: Nazijäger. Die Suche mit dem langen Atem: Die Jagd nach den Tätern des Völkermordes. Freiburg 1996.

Allgemeine Literatur zu Holocaust, Zweiter Weltkrieg und Nachkriegszeit

Angrick, Andrej: Besatzungspolitik und Massenmord. Die Einsatzgruppe D in der südlichen Sowjetunion 1941–1943. Hamburg 2003.

Angrik, Andrej / Peter Klein: Die »Endlösung« im Ghetto Riga. Ausbeutung und Vernichtung 1941–1944. Darmstadt 2006.

Asmuss, Burkhard (Hrsg. im Auftrag des Deutschen Historischen Museums): Holocaust. Der nationalsozialistische Völkermord und die Motive seiner Erinnerung. Berlin 2002 [Ausstellungskatalog].

Atamuk, Salomon: Juden in Litauen. Ein geschichtlicher Überblick. Hrsg. v. Erhard Roy Wiehn. Konstanz 2000.

Banach, Jens: Heydrichs Vertreter im Feld. Die Inspekteure, Kommandeure und Befehlshaber der Sicherheitspolizei und des SD. In: Gerhard Paul / Klaus-Michael Mallmann (Hrsg.): Die Gestapo im Zweiten Weltkrieg. ›Heimatfront‹ und besetztes Europa. Darmstadt 2000, S. 82–99.

Banach, Jens: Heydrichs Elite. Das Führerkorps der Sicherheitspolizei und des SD 1936–1945. Paderborn 2002.

Bar-On, Dan: Die Last des Schweigens. Gespräche mit Kindern von NS-Tätern. Hamburg 2. Aufl. 2004.

Benz, Wolfgang (Hrsg.): Dimensionen des Völkermords. Die Zahl der jüdischen Opfer des Nationalsozialismus. München 1991.

Benz, Wolfgang / Johannes Houwink ten Cate / Gerhard Otto (Hrsg.): Die Bürokratie der Okkupation. Strukturen der Herrschaft und Verwaltung im besetzten Europa. Berlin 1998.

Benz, Wolfgang (Hrsg.): Solidarität und Hilfe für Juden während der NS-Zeit. Bd. 2: Ukraine, Frankreich, Böhmen und Mähren, Österreich, Lettland, Litauen, Estland. Berlin 1998.

Birn, Bettina: Die Höheren SS- und Polizeiführer. Himmlers Vertreter im Reich und in den besetzten Gebieten. Düsseldorf 1986.

Böhler, Jochen: Auftakt zum Vernichtungskrieg. Die Wehrmacht in Polen 1939. Frankfurt / M. 2006.

Bönisch, Georg / Klaus Wiegrefe: Ich zielte ruhig auf die Säuglinge. 1933–1945: Nazi-Täter. In: einestages. Zeitgeschichten auf Spiegel Online, 10. 3. 2008.

Bräunche, Ernst Otto: Die Entwicklung der NSDAP in Baden. In: Zeitschrift für die Geschichte des Oberrheins, 125. Bd., Stuttgart 1977, S. 331–375.

Browning, Christopher: Ganz normale Männer. Das Reserve-Polizeibataillon 101 und die »Endlösung« in Polen. Deutsch von Jürgen Peter Krause. Reinbek bei Hamburg 1993.

Browning, Christopher: Die Debatte über die Täter des Holocaust. In: Ulrich Herbert (Hrsg.), Nationalsozialistische Vernichtungspolitik 1939–1945. Neue Forschungen und Kontroversen. Frankfurt / M. 1998, S. 148–169.

Bruchfeld, Stéphane / Paul A. Levine: Erzählt es euren Kindern. Der Holocaust in Europa. Übersetzung und Bearbeitung der deutschen Ausgabe von Robert Bohn u. Uwe Danker. München 2000.

Brunner, Bernhard: Lebenswege der deutschen Sipo-Chefs in Frankreich nach 1945. In: Ulrich Herbert (Hrsg.), Wandlungsprozesse in Westdeutschland. Belastung, Integration, Liberalisierung 1945–1980. Göttingen 2002, S. 214–242.

Dams, Carsten / Michael Stolle: Die Gestapo. Herrschaft und Terror im Dritten Reich. München 2008.

Dieckmann, Christoph / Babette Quinkert / Tatjana Tönsmeyer (Hrsg.): Kooperation und Verbrechen. Formen der »Kollaboration« im östlichen Europa 1939–1945. Göttingen 2003.

Dierker, Wolfgang: Himmlers Glaubenskrieger. Der Sicherheitsdienst der SS und seine Religionspolitik 1933–1941. 2. Aufl. Paderborn 2003.

Dressen, Willi: Befehlsnotstand. In: Wolfgang Benz (Hrsg.), Legenden, Lügen, Vorurteile. Ein Wörterbuch zur Zeitgeschichte. München 7. Aufl. 1995, S. 45–46.

Drossel, Heinz: Die Zeit der Füchse. Bensheim 1988, erweiterte und verbesserte Neuausgabe Waldkirch 2001.

Enzyklopädie des Holocaust. Die Verfolgung und Ermordung der europäischen Juden. Hauptherausgeber: Israel Gutman. Herausgeber der deutschen Ausgabe: Eberhard Jäckel / Peter Longerich / Julius H. Schoeps. 4 Bde. München, Zürich 2. Aufl. 1998.

Ezergailis, Andrew: The Holocaust in Latvia 1941–1944. The Missing Center. Riga, Washington, DC, 1996 (Published by The Historical Institute of Latvia in associaton with The United States Holocoust Memorial Museum).

Flechtmann, Frank: November 1944: »Und nun erst recht!« Ein Hornberger [Friedrich August Jeckeln] lässt schießen. In: Die Ortenau, 76. Jahresband (1996), S. 471–492.

Folttmann, Josef / Hanns Möller-Witten: Opfergang der Generale. Die Verluste der Generale und Admirale und der im gleichen Dienstrang stehenden sonstigen Offiziere und Beamten im Zweiten Weltkrieg. Berlin 1953.

Frank, Niklas: Der Vater. Eine Abrechnung. München o. J.

Frei, Norbert (Hrsg.): Hitlers Eliten nach 1945. München 2001.

Frei, Norbert: Vergangenheitspolitik. Die Anfänge der Bundesrepublik und die NS-Vergangenheit. München 1996.

Frei, Norbert: 1945 und wir. Das Dritte Reich im Bewusstsein der Deutschen. München 2005.

Gerlach, Christian: Deutsche Wirtschaftsinteressen, Besatzungspolitik und der Mord an den Juden in Weißrussland, 1941–1943. In: Ulrich Herbert (Hrsg.): Nationalsozialistische Vernichtungspolitik 1939–1945. Neue Forschungen und Kontroversen. Frankfurt / M. 1998, S. 263–291.

Gerlach, Christian: Kalkulierte Morde. Die deutsche Wirtschafts- und Vernichtungspolitik in Weißrussland 1941 bis 1944. Hamburg 1999.

Gilbert, Martin: Endlösung. Die Vertreibung und Vernichtung der Juden. Ein Atlas. Reinbek 1982,

Goldhagen, Daniel Jonah: Hitlers willige Vollstrecker. Ganz gewöhnliche Deutsche und der Holocaust. Berlin 1998.

Gottwald, Alfred/Diana Schulle: Die Judendeportationen aus dem Deutschen Reich von 1941–1945. Eine kommentierte Chronologie. Wiesbaden 2005.

Grabitz, Helge: NS-Prozesse – Psychogramme der Beteiligten. Heidelberg 1985.

Graw, Ansgar: Der Freiheitskampf im Baltikum. Erlangen, Bonn, Wien 1991.

Hartmann, Christian: Halder. Generalstabschef Hitlers 1938–1942. Paderborn u. a. 1991.

Haumann, Heiko: Geschichte der Ostjuden. München 2. Aufl. 1990.

Haumann, Heiko/Hartmut Zoche: Die Industrialisierung des Elztals: Das Beispiel der Nähseidenfabrik Gütermann. In: Der Fremde bin ich selber? Wo kommen wir Elztäler her? Hrsg. von Detlev Hoffmann und Wolfram Wette. Waldkirch 1997 (= Schriften zur neueren Waldkircher Stadtgeschichte, Bd. 6), S. 40–50.

Haupt, Werner: Heeresgruppe Nord 1941–1945. Bad Nauheim 2. Aufl. 1967.

Haus der Geschichte Baden-Württemberg (Hrsg.): Der Ulmer Einsatzgruppenprozess 1958. Die Mörder sind unter uns. Stuttgart 2008.

Headland, Ronald: Messages of Murder. A Study of the Reports of the Einsatzgruppen of the Security Police and the Security Service 1941–1943. London u. a. 1992.

Herbert, Ulrich: Best. Biographische Studien über Radikalismus, Weltanschauung und Vernunft, 1903–1989. Bonn 1996.

Herbert, Ulrich (Hrsg.): Nationalsozialistische Vernichtungspolitik 1939–1945. Neue Forschungen und Kontroversen. Frankfurt/M. 1998.

Herbert, Ulrich: Vernichtungspolitik. Neue Antworten und Fragen zur Geschichte des Holocaust. In: Herbert, Nationalsozialistische Vernichtungspolitik, S. 22–66.

Herbert, Ulrich/Karin Orth/Christoph Dieckmann (Hrsg.), Die nationalsozialistischen Konzentrationslager. Entwicklung und Struktur. Göttingen 1998.

Heuer, Hans-Joachim: Geheime Staatspolizei. Über das Töten und die Tendenzen der Entzivilisierung. Berlin, New York 1995.

Hilberg, Raul: Die Vernichtung der europäischen Juden. Eine Gesamtgeschichte des Holocaust. Berlin 1982, Neuausgabe in 3 Bänden Frankfurt/M. 1990.

Hilberg, Raul: Täter, Opfer, Zuschauer. Die Vernichtung der Juden 1933–1945. Frankfurt/M. 1992.

Hillgruber, Andreas: Der Ostkrieg und die Judenvernichtung. In: Gerd R. Ueberschär/Wolfram Wette (Hrsg.), Der deutsche Überfall auf die Sowjetunion. »Unternehmen Barbarossa« 1941. Frankfurt/M. 1991 (Neuauflage 1999), S. 185–202.

Hobsbawm, Eric: Das Zeitalter der Extreme. Weltgeschichte des 20. Jahrhunderts. München 2. Aufl. 1999.

Hoffmann, Jens: »Das kann man nicht erzählen«. »Aktion 1005« – wie die Nazis die Spuren ihrer Massenmorde in Osteuropa beseitigten. Hamburg 2008.

Hürter, Johannes/Jürgen Zarusky (Hrsg.): Besatzung, Kollaboration, Holocaust. Neue Studien zur Verfolgung und Ermordung der europäischen Juden. München 2008 [mit einem Kapitel über Litauen].

Jäckel, Eberhard/Jürgen Rohwer (Hrsg.): Der Mord an den Juden im Zweiten Weltkrieg. Entschlussbildung und Verwirklichung. Stuttgart 1987.

Jahn, Peter (Hrsg.): Mordfelder. Orte der Vernichtung in der Sowjetunion. Berlin 1999.

Jersak, Tobias: Die Interaktion von Kriegsverlauf und Judenvernichtung. Ein Blick auf Hitlers Strategie im Spätsommer 1941. In: Historische Zeitschrift Bd. 268 (1999), S. 311–374.

Johnson, Eric A.: Der nationalsozialistische Terror. Gestapo, Juden und gewöhnliche Deutsche. Aus dem Englischen. Berlin 2001.

Kaiser, Wolf (Hrsg.): Täter im Vernichtungskrieg. Der Überfall auf die Sowjetunion und der Völkermord an den Juden. Berlin 2002.

Keller, Sven: Günzburg und der Fall Josef Mengele. Die Heimatstadt und die Jagd nach dem NS-Verbrecher. München 2003 (= Schriftenreihe der Vierteljahrshefte für Zeitgeschichte 87).

Klee, Ernst: Auschwitz, die NS-Medizin und ihre Opfer. Frankfurt/M. 2001.

Klee, Ernst: Das Personenlexikon zum Dritten Reich. Wer war was vor und nach 1945? Frankfurt/M. 2003.

Klee, Ernst: Persilscheine und falsche Pässe. Wie die Kirchen den Nazis halfen. Frankfurt/M. 1992.

Klein, Peter: Die Erlaubnis zum grenzenlosen Massenmord. Das Schicksal der Berliner Juden und die Rolle der Einsatzgruppen bei dem Versuch., Juden als Partisanen auszurotten. In: Rolf-Dieter Müller/Hans-Erich Volkmann (Hrsg.), Die Wehrmacht. Mythos und Realität. München 1999, S. 923–947.

Klemp, Stefan: Nicht ermittelt. Polizeibataillone und die Nachkriegsjustiz. Ein Handbuch. Essen 2005.

Klemperer, Viktor: LTI. Lingua Tertii Imperii. Die Sprache des Dritten Reiches. Leipzig 1991.

Kley, Stefan: Intention, Verkündigung, Implementierung. Hitlers Reichstagsrede vom 30. Januar 1939. In: Vierteljahrshefte für Zeitgeschichte 48, 2000, S. 197–213.

Krausnick, Helmut/Hans-Heinrich Wilhelm: Die Truppe des Weltanschauungskrieges. Die Einsatzgruppen der Sicherheitspolizei und des SD 1938–1943. Stuttgart 1981.

Krausnick, Helmut: Hitlers Einsatzgruppen. Die Truppen des Weltanschauungskrieges 1938–1942. Frankfurt/M. 1985.

Krausnick, Helmut: Hitler und die Befehle an die Einsatzgruppen im Sommer 1941. In: Eberhard Jäckel/Jürgen Rohwer (Hrsg.), Der Mord an den Juden im Zweiten Weltkrieg. Entschlussbildung und Verwirklichung. Stuttgart 1985, S. 88–106.

Kufeke, Kay: Der Umgang mit dem Holocaust in Deutschland nach 1945. In: Asmuss, Holocaust (2002), S. 239–244.

Kühne, Thomas: Der Soldat. In: Ute Frevert/Heinz Gerhart Haupt (Hrsg.), Der Mensch des 20. Jahrhunderts. Frankfurt/M. 1999, S. 344–372.

Kwiet, Konrad: Erziehung zum Mord. Zwei Beispiele zur Kontinuität der deutschen ›Endlösung der Judenfrage‹. In: Michael Grüttner u. a. (Hrsg.): Geschichte und Emanzipation. Festschrift für Reinhard Rürup. Frankfurt/M., New York 1999, S. 436–457.

Lebert, Norbert und Stephan: Das schwere Erbe der prominenten Nazi-Kinder. München 2000.

Lemmermann, Heinz: Kriegserziehung im Kaiserreich. Studien zur politischen Funktion von Schule und Schulmusik 1890–1918. 2 Bde. Lilienthal, Bremen 1984.

Levi, Primo: Ist das ein Mensch? Erinnerungen an Auschwitz. Frankfurt/M. 1979.

Lichtenstein, Heiner: Himmlers grüne Helfer. Die Schutz- und Ordnungspolizei im »Dritten Reich«. Köln 1990.

Longerich, Peter (Hrsg.): Die Ermordung der europäischen Juden. Eine umfassende Dokumentation des Holocaust 1941–1945. München, Zürich 1989.

Longerich, Peter: Politik der Vernichtung. Eine Gesamtdarstellung der nationalsozialistischen Judenverfolgung. München 1998.

Longerich, Peter: »Davon haben wir nichts gewusst!« Die Deutschen und die Judenverfolgung 1933–1945. München 2006.

Longerich, Peter: Heinrich Himmler. Biographie. Berlin 2008.

Lustiger, Arno: Zum Kampf auf Leben und Tod! Vom Widerstand der Juden 1933–1945. München 1994.

Lutum-Lenger, Paula: Die Mörder sind unter uns. Eine Ausstellung zum Ulmer Einsatzgruppenprozess von 1958. In: Haus der Geschichte Baden-Württemberg (Hrsg.): Der Ulmer Einsatzgruppenprozess 1958. Die Mörder sind unter uns. Stuttgart 2008, S. 23–26.

Mallmann, Klaus-Michael: Vom Fußvolk der »Endlösung«. Ordnungspolizei,

Ostkrieg und Judenmord. In: Tel Aviver Jahrbuch für deutsche Geschichte 26 (1997), S, 355–391.

Mallmann, Klaus-Michael: Die Türöffner der »Endlösung«. Zur Genesis des Genocids. In: Paul/Mallmann, Gestapo (2000), S. 437–463.

Mallmann, Klaus Michael: Menschenjagd und Massenmord. Das neue Instrument der Einsatzgruppen und -kommandos 1938–1945. In: Paul/Mallmann, Gestapo, S. 291–316.

Mallmann, Klaus-Michael/Volker Rieß/Wolfram Pyta (Hrag.): Deutscher Osten 1939–1945. Der Weltanschauungskrieg in Fotos und Texten. Darmstadt 2003.

Mallmann, Klaus-Michael/Gerhard Paul: Karrieren der Gewalt. Nationalsozialistische Täterbiographien. Darmstadt 2004.

Matthäus, Jürgen: »Warum wird über das Judentum geschult?« Die ideologische Vorbereitung der deutschen Polizei auf den Holocaust. In: Paul/Mallmann, Gestapo, S. 100–124.

Matthäus, Jürgen/Konrad Kwiet/Jürgen Förster/Richard Breitman: Ausbildungsziel Judenmord? »Weltanschauliche Erziehung« von SS, Polizei und Waffen-SS im Rahmen der »Endlösung«. Frankfurt/M. 2003.

Matthäus, Jürgen: Konzept als Kalkül. Das Judenbild des SD 1934–1939. In: Wildt, Nachrichtendienst (2003), S. 118–143.

Meckel, Christoph: Suchbild. Über meinen Vater. Düsseldorf 1980.

Meier, Josef/Johannes Reidt: Katholische Kirche und Nationalsozialismus in Waldkirch. In: Waldkirch 1939 – davor und danach. Beiträge des Arbeitskreises Regionalgeschichte zu den Kulturtagen 1989 (= Schriften zur neueren Waldkircher Stadtgeschichte, Bd. 1). [Waldkirch 1989], S. 135–191.

Meyer, Kurt: Geweint wird, wenn der Kopf ab ist. Annäherungen an meinen Vater – »Panzermeyer«, Generalmajor der Waffen-SS. Mit einem Nachwort von Heinrich Trott zu Solz. Freiburg, Basel, Wien 1998.

Mitcham, Samuel W. Jr./Gene Mueller: Generaloberst Erich Hoepner. In: Gerd R. Ueberschär (Hrsg.), Hitlers militärische Elite. Bd. 2: Vom Kriegsbeginn bis zum Weltkriegsende. Darmstadt 1998, S. 93–99.

Müller, Norbert (Hrsg.): Die faschistische Okkupationspolitik in den zeitweilig besetzten Gebieten der Sowjetunion (1941–1944). Berlin 1991 (= Reihe Europa unterm Hakenkreuz 8).

Musial, Bogdan: »Konterrevolutionäre Elemente sind zu erschießen«. Die Brutalisierung des deutsch-sowjetischen Krieges im Sommer 1941. Berlin, München 2000.

Myllyniemi, Seppo: Die Neuordnung der Baltischen Länder 1941–1944. Helsinki 1973.

Myllyniemi, Seppo: Die baltische Krise 1939–1941. Stuttgart 1979.

Myllyniemi. Seppo: Die Folgen des Hitler-Stalin-Paktes für die Baltischen Republiken und Finnland. In: Bernd Wegner (Hrsg.), Zwei Wege nach Moskau. Vom Hitler-Stalin-Pakt bis zum »Unternehmen Barbarossa«. München, Zürich 1991, S. 75–92.

Nachama, Andreas / Stiftung Topographie des Terrors (Hrsg.): Topographie des Terrors. Gestapo, SS und Reichssicherheitshauptamt in der Wilhelm- und Prinz-Albrecht-Straße. Eine Dokumentation. Berlin 2008 [Ausstellungskatalog].

Ogorrek, Ralf: Die Einsatzgruppen und die »Genesis der Endlösung«. Berlin 1998.

Ogorrek, Ralf / Volker Rieß: Fall 9: Der Einsatzgruppenprozess (gegen Otto Ohlendorf und andere). In: Gerd R. Ueberschär (Hrsg.), Der Nationalsozialismus vor Gericht. Die alliierten Prozesse gegen Kriegsverbrecher und Soldaten 1943–1952. Frankfurt/M. 1999, S. 164–175.

Pätzold, Kurt / Erika Schwarz: Tagesordnung Judenmord. Die Wannsee-Konferenz am 20. Januar 1942. Berlin 1992.

Paul, Gerhard / Klaus-Michael Mallmann (Hrsg.): Die Gestapo im Zweiten Weltkrieg. ›Heimatfront‹ und besetztes Europa. Darmstadt 2000.

Paul, Gerhard: »Kämpfende Verwaltung.« Das Amt IV des Reichssicherheitshauptamtes als Führungsinstanz der Gestapo. In: Paul/Mallmann, Gestapo (2000), S. 42–81.

Paul, Gerhard (Hrsg.): Die Täter der Shoah. Fanatische Nationalsozialisten oder ganz normale Deutsche? Göttingen 2002 (= Dachauer Symposien zur Zeitgeschichte, Bd. 2).

Paul, Gerhard: Von Psychopathen, Technokraten des Terrors und »ganz gewöhnlichen« Deutschen. In: ders. (Hrsg.), Täter, S. 13–90.

Pohl, Dieter: Von der »Judenpolitik« zum Judenmord. Der Distrikt Lublin des Generalgouvernements 1939–1944. Frankfurt/M. u. a. 1993.

Pohl, Dieter: Holocaust. Die Ursachen – das Geschehen – die Folgen. Freiburg, Basel, Wien 2000.

Pöschko, Hans H. (Hrsg.): Die Ermittler von Ludwigsburg. Deutschland und die Aufklärung nationalsozialistischer Verbrechen. Hrsg. im Auftrag des Fördervereins Zentrale Stelle e. V. Berlin 2008.

Poliakov, Léon / Wulf, Josef: Das Dritte Reich und seine Diener. New York, London, Paris, Berlin 1978.

Robel, Gert: Sowjetunion. In: Wolfgang Benz (Hrsg.), Dimensionen des Völkermords. Die Zahl der jüdischen Opfer des Nationalsozialismus. München 1991.

Reklaitis, Povilas: Die Stadt Kaunas in Litauen. In: Acta Baltica 7/1967, S. 303–324.

Remmele, Adam: Staatsumwälzung und Neuaufbau in Baden. Ein Beitrag zur politischen Geschichte Badens 1914–1924. Stuttgart 1925.

Richter, Timm C. (Hrsg.): Krieg und Verbrechen. Situation und Intention: Fallbeispiele, München 2006,

Safrian, Hans: Die Eichmann-Männer. Wien, Zürich 1993.

Sauer, Bernhard: Schwarze Reichswehr und Fememorde. Eine Milieustudie zum Rechtsradikalismus in der Weimarer Republik. Berlin 2004.

Scheffler, Wolfgang: Rassenfanatismus und Judenverfolgung. In: Wilhelm Treue / Jürgen Schmädecke (Hrsg.), Deutschland 1933. Berlin 1984, S. 16–44.

Scheub, Ute: Das falsche Leben. Eine Vatersuche. München, Zürich 2006.

Schmalz-Jacobsen, Cornelia: Zwei Bäume in Jerusalem. Hamburg 2002.

Schnabel, Thomas: Die justizielle Auseinandersetzung mit den NS-Verbrechen in der Bundesrepublik. In: Haus der Geschichte, Mörder, S. 11–19.

Schneppen, Heinz: Ghettokommandant in Riga. Eduard Roschmann. Fakten und Fiktionen. Berlin 2009.

Schrimm, Kurt u. a.: 50 Jahre Zentrale Stelle in Ludwigsburg. Ein Erfahrungsbericht über die letzten Jahrzehnte. In: Vierteljahrshefte für Zeitgeschichte 56, 2008, S. 525–555.

Schwan, Gesine: Politik und Schuld. Die zerstörerische Macht des Schweigens. Frankfurt / M. 1997.

Schwarz, Thomas Alan: Die Begnadigung deutscher Kriegsverbrecher. John J. McCloy und die Häftlinge von Landsberg. In: Vierteljahrshefte für Zeitgeschichte 38, 1990, S. 375–414.

Silver, Eric: Sie waren stille Helden. Männer und Frauen, die Juden vor den Nazis retteten. München 1992.

Smelser, Ronald / Enrico Syring (Hrsg.): Die SS. Elite unter dem Totenkopf. 30 Lebensläufe. Paderborn u. a. 2000.

Streit, Christian: Keine Kameraden. Die Wehrmacht und die sowjetischen Kriegsgefangenen. Stuttgart 1978, Neuausgabe Bonn 1991.

Todorow, Tzvetan: Angesichts des Äußersten. München 1993.

Ueberschär, Gerd R. / Wolfram Wette (Hrsg.): Der deutsche Überfall auf die Sowjetunion. »Unternehmen Barbarossa« 1941. Frankfurt / M. 1991 (Neuauflage 1999).

Ueberschär, Gerd R.: Der Mord an den Juden und der Ostkrieg. Zum Forschungsstand über den Holocaust. In: Heiner Lichtenstein / Otto R. Romberg (Hrsg.): Täter – Opfer – Folgen. Der Holocaust in Geschichte und Gegenwart. Bonn 1995, S. 49–81.

Ueberschär, Gerd R. (Hrsg.): Der Nationalsozialismus vor Gericht. Die alliierten Prozesse gegen Kriegsverbrecher und Soldaten 1943–1952. Frankfurt / M. 1999.

Vestermanis, Margers: Juden in Riga. Auf den Spuren des Lebens und Wirkens einer ermordeten Minderheit. Ein historischer Wegweiser. Bremen o.J. (1996).

Viefhaus, Marianne: Zivilcourage in der Zeit des Holocaust. Karl Plagge aus Darmstadt, ein »Gerechter unter den Völkern«. Hrsg. von der Darmstädter Geschichtswerkstatt e.V. und dem Magistrat der Wissenschaftsstadt Darmstadt. Darmstadt 2005.

Waldkirch 1939 – davor und danach. Beiträge des Arbeitskreises Regionalgeschichte zu den Kulturtagen 1989. [Waldkirch 1989].

Walser, Lothar: »›Ich war stets ein Mensch mit höherer Pflichtauffassung‹. Der NS-Massenmörder Jäger, die Stadt Waldkirch und wir.« [Rundfunksendung] Südwestfunk, 1. Programm, 29. März 1990, 21–22 Uhr.

Wegner, Bernd: Schutzstaffeln (SS). In: Das Große Lexikon des Dritten Reiches. Hrsg. von Christian Zentner und Friedemann Bedürftig. München 1985, S.528–530.

Weißbuch über die Schwarze Reichswehr. Hrsg. von der Deutschen Liga für Menschenrechte. Berlin 1925.

[Weizsäcker, Richard von] Die Rede. Ansprache des Bundespräsidenten Richard von Weizsäcker am 8. Mai 1985 anlässlich des 40. Jahrestages der Beendigung des Zweiten Weltkrieges. In: Ulrich Gill / Winfried Steffani (Hrsg.), Eine Rede und ihre Wirkung. Berlin 1986, S.175–191.

Welzer, Harald: Wer waren die Täter? Anmerkungen zur Täterforschung aus sozialpsychologischer Sicht. In: Paul (Hrsg.), Die Täter (2002), S.237–253.

Welzer, Harald: Täter. Wie aus ganz normalen Menschen Massenmörder werden. Frankfurt a.M. 2005.

Westernhagen, Dörte von: Die Kinder der Täter. Das Dritte Reich und die Generation danach. München 1991.

Wette, Wolfram: Politik im Elztal. Ein historisches Lesebuch. Waldkirch 1990.

Wette, Wolfram: »Rassenfeind«. Die rassistischen Elemente in der deutschen Propaganda gegen die Sowjetunion. In: Deutsch-russische Zeitenwende. Krieg und Frieden 1941–1995. Hrsg. von Hans-Adolf Jacobsen / Jochen Löser / Daniel Proektor / Sergej Slutsch. Baden-Baden 1995, S.175–201.

Wette, Wolfram: Schießen müsst ihr! Beim Massaker von Babij Jar bei Kiew teilten sich Wehrmacht und SS die blutige Arbeit. in: DIE ZEIT, 22.11.2001, S.94.

Wette, Wolfram: Babij Jar 1941. Das Verwischen der Spuren. In: Kriegsverbrechen im 20. Jahrhundert. Hrsg. von Wolfram Wette und Gerd R. Ueberschär. Darmstadt 2001, S.152–164.

Wette, Wolfram (Hrsg.): Retter in Uniform. Handlungsspielräume im Vernichtungskrieg der Wehrmacht. Mit einem Vorwort von Fritz Stern. Frankfurt/M. 2002.

Wette, Wolfram: Oberleutnant Heinz Drossel. Judenretter in Berlin 1945. In: ders., Retter in Uniform. Frankfurt/M. 2002, S. 209–229.

Wette, Wolfram: Die Wehrmacht. Feindbilder, Vernichtungskrieg, Legenden. Frankfurt/M. 2005.

Wildt, Michael: Die Judenpolitik des SD 1935–1938. Eine Dokumentation. München 1995 (= Schriftenreihe der Vierteljahrshefte für Zeitgeschichte).

Wildt, Michael: Radikalisierung und Selbstradikalisierung 1939. Die Geburt des Reichssicherheitshauptamtes aus dem Geist des völkischen Massenmords. In: Paul/Mallmann, Gestapo, S. 11–41.

Wildt, Michael: Generation der Unbedingten. Das Führungskorps des Reichssicherheitshauptamtes. Hamburg 2003.

Wildt, Michael (Hrsg.): Nachrichtendienst, politische Elite, Mordeinheit. Der Sicherheitsdienst des Reichsführers SS. Hamburg 2003.

Wilhelm, Friedrich: Die Polizei im NS-Staat. Die Geschichte ihrer Organisation im Überblick. Paderborn 1997.

Wilhelm, Hans-Heinrich: Rassenpolitik und Kriegführung. Sicherheitspolizei und Wehrmacht in Polen und der Sowjetunion 1939–1942. Passau 1991.

Wohlfeil, Rainer: Heer und Republik. Frankfurt/M. 1970 (= Handbuch zur deutschen Militärgeschichte 1648–1939) Teil VI: Reichswehr und Republik (1918–1933). Frankfurt/M. 1970

Wojak, Irmtrud: Fritz Bauer 1903–1968. Eine Biographie. München 2009.

Zentner, Christian/Friedemann Bedürftig (Hrsg.): Das Große Lexikon des Dritten Reiches. München 1985.

Zentner, Christian/Friedemann Bedürftig (Hrsg.): Das Große Lexikon des Zweiten Weltkrieges. München 1988.

Zofka, Zdenek: Der KZ-Arzt Josef Mengele. Zur Typologie eines NS-Verbrechers. In: Vierteljahrshefte für Zeitgeschichte 34 (1986), S. 245–267.

Ortsregister

Personenregister

Retter in Uniform
Handlungsspielräume im Vernichtungskrieg
der Wehrmacht
Herausgegeben von Wolfram Wette
Band 15221

Es waren kaum 100 Soldaten, die sich über den Vernichtungskrieg und sein Mordprogramm hörbar empörten, die ihre Kooperation verweigerten, sich demonstrativ nicht an Exekutionen beteiligten oder gar zu Rettern von Juden und anderen politisch und rassisch Verfolgten wurden. Sie zählen zu den wenigen innerhalb der Wehrmacht, die sich ihre humane Orientierung bewahrt haben – und ihre Namen sind z. B.: Anton Schmid (nach ihm wurde im Mai 2000 die Kaserne der Bundeswehr in Rendsburg benannt), Reinholf Lofy, Karl von Bothmer, Wilm Hosenfeld, Erich Heym, Karl Laabs, Heinz Drossel und Max Liedtke. Wie die Angehörigen des Widerstandes und die Deserteure der Wehrmacht stehen die »Retter in Uniform« dafür, dass es neben dem militärischen Gehorsam auch Möglichkeiten individuell verantworteter Humanität im totalitären Staat gegeben hat – Handlungsspielräume, um »aktiven Anstand« zu praktizieren. Diese Wenigen halten Millionen von gehorsamen Befehlsempfängern den Spiegel vor.

Fischer Taschenbuch Verlag

Zivilcourage

Empörte, Helfer und Retter aus Wehrmacht,
Polizei und SS
Herausgegeben von Wolfram Wette
Band 15852

Im Zweiten Weltkrieg hat es vereinzelt Soldaten und Polizisten gegeben, die sich der Gewalt des rassistischen Vernichtungskrieges der Wehrmacht nach Kräften entgegengestellt haben. Nach dem Widerstand des 20. Juli 1944 sowie nach den Deserteuren und ›Wehrkraftzersetzern‹ tritt damit eine neue Form der Widerständigkeit ins Blickfeld: der Rettungswiderstand. Diese stillen Helden haben sich nicht nur empört, sondern – weit mehr noch – durch Taten geholfen und als Retter ihr eigenes Leben für andere aufs Spiel gesetzt.

»Den Autoren dieses Buchs ist es gelungen,
biographische Antworten auf die Schlüsselfrage
zu finden, was jene Retter und Helfer zu ihrem von der
Norm abweichenden Handeln motivierte und woher sie
die Kraft und den Mut nahmen, sich inmitten eines
repressiven und mörderischen Umfeldes
ihren humanen Impuls zu bewahren.«
Das Parlament

Fischer Taschenbuch Verlag

fi 15852 / 1

Wolfram Wette
Die Wehrmacht
Feindbilder, Vernichtungskrieg, Legenden
Band 15645

Die Wehrmacht hat von 1941 bis 1944 einen Vernichtungskrieg geführt. Warum sind die Generäle Hitler hierbei ge-
folgt? Der Autor zeigt als Erster, dass antirussische und antisemitische Feindbilder im Militär Tradition hatten. Ohne die
Verherrlichung von Krieg und Gewalt, ohne die traditions-
reiche Missachtung des Kriegsvölkerrechts hätte der Krieg im
Osten so nicht geführt werden können. Nach 1945 wurde
daraus die Legende von der sauberen Wehrmacht gestrickt.

»Man liest mit Faszination,
wie Wette manche durchaus bekannte
Forschungsergebnisse gegen
den Strich bürstet.«
Norbert Frei, Die Zeit

Fischer Taschenbuch Verlag

fi 15645 / 1